Vladimir Brânduș

PLIMBĂRI PRINTRE IDEI ȘI EMOȚII 2013 - 2014

Această carte este pentru mine o simfonie –
una a gândirii şi a sufletului!
Da, o simfonie cu sumedenia ei de elemente atât de diferite,
dar care ascultă cu toate de o singură lege-liant:
aceea a dramaturgiei Întregului
…poate a dramaturgiei vieţii…

Dedic prezentul volum tuturor celor ce au vărsat vreodată
o lacrimă, de tristeţe sau de bucurie, pentru Ideee şi pentru Emoţie.

Ideea şi Emoţia pot fi câteodată şi dureroase…

V.B.

VLADIMIR BRÂNDUȘ

PLIMBĂRI

PRINTRE IDEI ȘI EMOȚII

2013 - 2014

ESEURI ȘI ALTE SCRIERI PENTRU SUFLET

Ediția a doua revizuită

Bibliografische Information der Deutschen Nationalbibliothek:
Die Deutsche Nationalbibliothek verzeichnet diese Publikation in der
Deutschen Nationalbibliografie; detaillierte bibliografische Daten sind im
Internet über http://dnb.dnb.de abrufbar.

© 2015 Thomas Brandsdörfer– Düsseldorf
(Vladimir Brânduş este pseudonimul lui Thomas Brandsdörfer pentru
scrierile sale în limba română / Vladimir Brânduş ist das Pseudonym von
Thomas Brandsdörfer für seine in Rumänisch verfassten Schriften)

Herstellung und Verlag: BoD – Books on Demand, Norderstedt

ISBN: 978-3-7347-6085-3

Cuvânt înainte

Puţin timp înaintea verii anului 2011 am suferit un accident cardiac. Una dintre arterele coronare se închisese în proporţie de 95% – pe semne fusese tare supărată pe mine! Pe drept, căci toată viaţa am făcut din mine, fără să mă gândesc la consecinţe, cam toate năzbâtiile ce mi-au trecut prin minte... Plata a fost o intervenţie chirurgicală, din fericire doar „minimal invazivă", cum spun medicii.

Nici acum nu-mi pot explica prima mea reacţie psihologică după această intervenţie: eram dezamăgit, chiar supărat pe medici că totul a reuşit cu bine! Cred că mă simţeam a fi doar „o jumătate de om", a cărui viaţă va fi de acum înainte extrem de periclitată la fiecare pas. Eram dezamăgit că de acum încolo corpul meu îmi va dicta ce am de făcut, şi nu ca întotdeauna când îi dictam eu ce are el de făcut şi de îndurat. Penibilă schimbare de roluri! Şi pentru că am declarat sus şi tare regretul că medicii au reuşit intervenţia, oamenii din jurul meu m-au considerat ca a fi un potenţial candidat la sinucidere, fapt pentru care am fost mereu observat şi niciodată lăsat singur. Desigur, asta a fost pe de o parte plăcut, dar pe de alta destul de straniu. Totuşi, încet, încet dezamăgirea mea s-a spulberat – constatasem că totul merge destul de bine!

O altă reacţie a mea la intervenţia chirurgicală a fost că din acel moment nu am mai putut să scriu nici măcar un rând. Tocmai eu, care până atunci vedeam sensul vieţii mele în a scrie... Tocmai eu care scriam în medie opt din zece zile, începând la şase dimineaţa şi sfârşind pe la orele unsprezece! Refuzul lăuntric de a scrie a durat un an şi jumătate, până pe la începutul anului 2013. Cei apropiaţi mie, mare parte din ei admiratori ale scrierilor mele, încercau să mă consoleze prin fraze ca: „Este normal, spiritul tău are nevoie şi de o pauză regeneratoare!" Foarte frumos din partea lor, însă, mai ales după câteva luni de „stop literar", descifram în spusele lor şi o anumită îngrijorare. Şi eu mă îngrijorasem. Încercam să mă incit prin unele lecturi – dar nici asta nu prea mergea! Nu vedeam vreo ieşire.

Un vis, da, un coşmar pe care l-am avut la începutul anului 2013 a adus în mod absolut neaşteptat soluţia. Instinctiv simţeam că acest vis era important pentru mine. De ce? Nu ştiam încă. Mai întâi am vrut neapărat să notez undeva – adică să scriu! – conţinutul lui. Aşa am scris primele fraze după un an şi jumătate! Dar asta nu a fost încă ieşirea din criză. După ce am relatat visul am trecut automat, aproape fără să-mi dau seama(!), la interpretarea lui. Abia acest gest a însemnat ieşirea din criză, sfârşitul „stopului literar". Aripi mi-a dat mai ales faptul că interpretarea visului s-a arătat a fi foarte neprielnică, foarte critică faţă de persoana mea şi faţă de întreaga mea activitate spirituală de până acum. Am numit asta luciditate, obiectivitate. Mi-am zis: „de pe asemenea poziţii poţi merge mai departe". Şi am scris tot anul cu o verivă neaşteptată. Nimic din afară nu poate salva spiritul în criză! El se poate salva prin el însuşi, sau deloc!

Tocmai datorită nemiloasei oglizi pe care mi-a furnizat-o interpretarea visului am fost multă vreme de părerea că această scriere nu trebuie dată spre publicare, că ea face parte mai curând dintr-un jurnal intim. Acum, la sfârşitul anului 2013, mi-am schimbat părerea şi, iată, ofer cititorilor mei titlul *Muşuroi* chiar ca primul eseu – explicativ! – din prezenta carte care este rezumatul gândurilor şi emoţiilor mele din această etapă de revenire la scris.

În linii mari eseurile care urmează celui numit *Muşuroi* sunt aşezate în carte în ordine cronologică. A urmat aşadar *De ce în franceză?* care redă mai mult emoţii decât idei filosofice.

Dar cum era de aşteptat, pasiunea mea pentru analize mai profunde a reapărut şi ea, ceea ce m-a determinat să scriu eseul *Timp, ape şi priviri* care, vorbind despre vârstele omului şi mai cu seamă despre bătrâneţe, poate fi înţeles ca o consecinţă firească a şocului pricinuit de accidentul meu cardiac. Totuşi, am inserat acest eseu mai spre sfârşitul cărţii pentru a da întregului ansamblu o creştere în ce priveşte profunzimea analizelor – iată prima abatere de la ordinea cronologică. A urmat eseul *O lumânare*, scris în luna iulie, care însă, din motive estetice l-am aşezat aproape de sfârşitul cărţii – a doua şi ultima abatere de la cronologie.

În lunile august şi octombrie am scris eseul *Despre uşi* şi cel numit *Despre poduri*. Ele sunt rezultatul necesităţii imperioase de a scrie şi, ne având laîndemână o temă care se impunea cu stringenţă, am „inventat" teme (aparent banale)! Probabil vroiam să mă pun la încercare pentru a vedea ce şi cât se poate scrie despre un obiect oarecare. În ambele eseuri se poate vedea, de pe la jumătatea lor încolo, ce semnificaţii adânci poate dezvălui gândirea chiar şi pe o temă „uşoară", aleasă aproape la întâmplare!

În sfârşit, un loc cu totul aparte îl ocupă eseul *Tăcerea, cifra zero şi liniştea*. Ne fiind matematician, am crezut că abordând cifra zero intru „în gura leului" cum se spune şi că mă pot împotmoli. Truda nu a fost deloc mică. Îmi doream să ajung la partea filosofică – „acasă", spuneam eu. Dar, odată ajuns acolo, lucrurile s-au arătat a fi şi mai complexe, sarcina şi mai grea... Subiectiv văzut, am ars pur şi simplu pe acest eseu! O ardere care mi-a produs o plăcere uluitoare şi o satisfacţie rară. Pentru mine *Tăcerea, cifra zero şi liniştea* este încoronarea muncii din tot acest an de pomină 2013.

La sfârşitul cărţii am inserat şapte „convorbiri" cu moartea, scrise în diferite perioade. Am vrut astfel să punctez încă o dată aspectul emoţional al întregului volum. Poate că şi aceste minuscule texte au ceva comun cu accidentul meu cardiac... sau cu bătrâneţea care începe...

Aşa am vrut iniţial să închei această carte, exact aşa cum s-a încheiat şi anul 2013.

Însă anul 2014 mi-a furnizat o surpriză uluitoare: am lucrat timp de şase luni la un eseu foarte lung si extrem de profund – *Culoare şi Fiinţă*. Consider acest eseu ca a fi punctul culminant al activităţii mele teoretice. „Surpriza uluitoare" nu a fost scrierea acestui text, ci faptul că încă în ultimele pagini ale sale (scrise intenţionat cursiv) am simţit în mod spontan nevoia de a abandona – fie şi numai temporar – planul teoriei; de a-l abandona în favoarea emoţiei şi trăirii psihologice. Încă în primele mele texte teoretice am căutat instinctiv să exprim şi să reliefez cuantumul sau „aura" emoţională a ideilor pur raţionale. Asta a condus chiar la un anume stil. În această lumină nu mi se pare a fi de mirare că încă la sfârşitul eseului *Culoare şi Fiinţă* trăiesc o voltă nemaipomenită şi spun „adieu" propriilor mele teorii preferând o mângâiere tandră. S-a mai întâmplat ceva cu totul a-tipic: deobicei după scrierea unui text de amploarea si profunzimea asta timp de 2-4 luni nu mai pot scrie nimic – odihnă?, regenerare? Totuşi, de astă dată, la doar două zile după scrierea marelui eseu am simţit nevoia să scriu textul numit *Gheruţă*. El îmi apare ca o confirmare a voltei spiritului meu de la raiul raţiunii înspre cel al emoţiei. Când mă voi întoarce, dacă mă voi întoarce, ştie numai Dumnezeu. Tocmai din această cauză introduc în carte si cele două scrieri din anul 2014.

*

Se va observa la lectură că mai toate eseurile încep foarte „nevinovat", cu căutări, tatonări în jurul temei indicate de titlu, ba chiar cu descrieri mai de toată lumea cunoscute şi cu însemnătate redusă. Abia după acestea, apar, pas cu pas, şi reflecţii mai profunde şi interesante. Abia atunci eseul devine într-adevăr un eseu. De ce aşa? Mărturisesc: În prima parte sunt propriile mele căutări, sau, altfel spus, faza mea de „încălzire". Desigur, aş putea după terminarea lucrului să înlătur aceste pasaje anodine, pentru unii chiar plictisitoare. Totuşi nu voi face aşa ceva deoarece eu consider un eseu ca a fi un fel de spectacol de idei, adică o scriere ce ascultă de o anumită dramaturgie – care prin definiţie interzice dezvăluirea punctului suprem chiar la început. În plus, cred că este bine şi pentru „*cititorul-spectator*" să fie introdus în părţile mai dificile şi mai aride încet, pe nesimţite. Căci aceste scrieri nu sunt deloc făcute pentru profesioniştii filosofiei (caz în care le-aş fi scris cu totul altfel!), ci încearcă să câştige doritorii de cultură pentru un drum înspre, numai în direcţia(!) unei gândiri de factură filosofică – şi nu să îi introducă abrupt în filosofie „pură". „Încălzirea", căutarea mea de început, trebuie să fie şi cea a celuia căruia mă adresez.

Consider că aici este locul potrivit pentru încă o declaraţie în legătură cu scrierile mele teoretice: În cadrul acestora eu nu mă avânt atât de departe să caut adevăruri (noi!), aşa cum face orice filosof, ci, mult mai curând, mă mulţumesc să reinterpretez – parţial! – adevăruri ştiute, consacrate, şi să le pun în alte contexte de înţelegere, în lumini noi şi mai ales în structuri de gândire relativ inedite.

Nu-mi rămâne acum decât să-i mulţumesc cititorului de mă va însoţi în plimbarea printre idei şi emoţii consemnată în această carte.

V.B.
decembrie 2013
şi decembrie 2014

Muşuroi

Muşuroi este titlul ce-l dau rândurilor care urmează şi visului mai jos descris pe marginea căruia am ajuns la concluzii capitale privind persoana mea.

În al său *Dictionar etimologic la limbii române* Alexandru Ciorănescu arată că *muşuroi* se trage din particula *miş-* "ideea de furnicar", cf. *mişuna* "a furnica, a forfoti" + sufixul *-oi*. Autorul mai arată că Cihac "a intuit legătura cu *a mişui*, dar pleca de la slavonul *měsiti* care înseamnă *a amesteca*". Mai departe Ciorănescu arată că Puşcariu, ca şi Meyer-Lübke în *Romanisches etymologisches Wörterbuch*, interpretează cuvântul *muşuroi* ca venind de la *a mişuna* care la rândul său se trage, spun ei, din latinescul *mixtiōnem*.

Movila pe vârful căreia mă găseam nu era prea mare. Să fi avut vreo trei-patru metri înălţime. Avea un vârf ţuguiat de parcă ar fi încercat să imite munţii cu piscurile lor semeţe. Spre deosebire de aceştia, ea nu era alcătuită deloc din stâncă tare, ci dintr-un amestec ciudat de nisip şi mâl încă destul de umed. Era cheală movila – pe suprafaţa ei nu creştea nimic, nici măcar iarbă. Asta nu-mi plăcea deloc. Ţineam în mână un snop de spice de grâu frumos aurite de soare. La capătul de jos spicele aveau încă rădăcini. Aşa le-am smuls de undeva de pe un lan. Am înfundat rădăcinile în masa moale şi umedă. În sinea mea speram ca plantele să prindă din nou viaţă, acolo sus pe vărful nu prea înalt al movilei mele. Deodată m-am dumirit că rădăcinile îşi îndepliniseră deja misiunea, încă în timpul lor trecut, pe lanul auriu de unde le-am luat – misiunea de a hrăni spicele şi de a le aduce la maturitate. Vrând neapărat ca pe movila mea să prindă viaţă si să crescă noi spice de grâu m-am hotărât să înfund snopul atât de adânc, încât şi boabele de grâu coapte să intre în nisipul mâlos al movilei mele, nu numai rădăcinile acelea obosite ce trag să moară. Aşa începe totul: cu sămânţa! Mare mi-a fost stupoarea, chiar deznădejdea, când am simţit că pământul a cedat la apăsarea mea. A fost clar că o parte din movilă s-a prăvălit în interior, în acea cavitate în care eu deobicei mă adăposteam. Am riscat să dărâm propria mea casă!

Îngrijorat, am vrut să cobor ca să inspectez interiorul, să văd în ce măsură ameninţă să se prăbuşească întreaga construcţie. Încă nu ajunsesem jos când am zărit în jurul movilei mele o gloată de oameni. Erau urâţi, murdari, o mare parte din ei erau estropiaţi: aveau cicatrici înfiorătoare pe faţă, unora le lipsea un ochi sau vreun picior, altora le căzuseră dinţii şi rânjeau, in sus, spre mine, cu ştirbenia lor dizgraţioasă. Toţi îmi adresau priviri duşmănoase, ameninţătoare. Priviri de fiară! Gloata era înarmată primitiv, ca ţăranii din evul mediu: furci, ciomege, satâruri şi coase asemănătoare celor pe care le poartă moartea în stampele vechi. Fără îndoială eram în pericol. Pericol de moarte, pericol de a fi linşat! Ştiam că aveam undeva un topor. Mi-am dat seama că agresorii erau prea mulţi la număr ca să mă pot apăra eu singur şi numai cu un topor. Aş fi putut lichida unul, doi sau trei, poate chiar patru dintre ei, însă mulţimea s-ar fi răzbunat atunci şi mai fioros decât mi-aş fi putut închipui. Erau prea mulţi cei care cătau pieirea mea! Când gloata a început să se urce pe movilă am simţit că îmi îngheată sângele în vene. Hoarda de bestii era acum faţă în faţă cu mine pe movila mea. S-a petrecut o minune că, mulţimea fiind atât de aproape de mine, totuşi părea să nu mă recunoască. Ce noroc! Neobservat m-am strecurat printre făpturile bestiarului medieval ducându-mă jos, în spaţiul interior al movilei – acolo unde deobicei mă adăposteam.

Înlăuntrul movilei am întrebat cele două fete, angajate de-ale mele care se ocupau de galeria de artă, cum merg vânzările şi cum stăm cu numărul de vizitatori. „Merge, cât de cât...” a răspuns una. Cealaltă însă a adăugat: „Mai precis, nu merge deloc! Nu vine nimeni...” Mi-am amintit că nu demult am fost nevoit să aud aceleaşi cuvinte atunci când am întrebat despre interesul publicului pentru o înscenare de-a mea pe care o prezentasem tot acolo, înlăuntrul movilei mele. „Nu vine nimeni...” – răsună în cugetul meu. „Nu vine nimeni...” În acel moment am văzut cum pereţii interiori ai lăcaşului meu începuseră să cedeze sub greutatea gloatei ce acum se afla deasupra mea, pe movilă. Pretutindeni se căscau şi creşteau necontenit crăpături ameninţătoare. Rafturi de cărţi se prăvăleau. Obiecte de artă care însemnau chiar eul meu căzuseră cu toate în destinul pieirii iremediabile. Vacarmul şi deznădejdea cuprinseseră întregul lăcaş şi sufletul meu întreg. Urâta gloată era deasupra mea, deasupra coconului meu. Călca în picioare tot ceea ce pentru mine a însemnat ceva. Mă strivea urâta gloată! Simțeam că în mine se face frig, tot mai frig, îngrozitor de frig în trupul meu.

Zgâlțâit se frisoane m-am trezit. Mă durea pur și simplu frigul. Cănd la umeri, când la genunchi, la omoplați, pe pulpe și chiar și pe mâini mă lovea atroce frigul care acum vorbea chiar despre moarte. Am cerut ajutor celei ce dormea lângă mine. Am rugat-o să mă acopere cu toate păturile care se găseau în casă. Cinci pături una peste alta nu reușeau să-mi aducă puțina căldură după care tânjeam mai mult ca niciodată. Mi-era și frică. Frică de frig... numai de frig, căci moartea mi-o doream, tot așa: mai mult ca niciodată. Știam că numai moartea mă va elibera de frig și frică. Ea, moartea, ar fi fost atunci elixirul!

Din lașitate față de durerile frigului am cerut o doză dublă de un tranchilizant ce se afla în casă. Când mi-au fost servite pastilele și un pahar cu apă am încercat să scot o mână de sub plapumă. Am strigat de durere atunci când am simțit cu acea mână aerul rece, atât de rece, ce se afla în jurul meu. Am retras imediat mâna. Soluția a fost să beau apa cu ajutorul unui pai din plastic. Cuprins mai departe de o depresiune fără de margini am adormit într-un târziu.

În zilele ce au urmat am fost de-a dreptul obsedat de acest vis. Nu aș fi reușit să scap de povara lui dacă nu aș fi urmat principiul psihanalizei de a analiza atent toate semnificațiile ciudatei cascade de imagini care, perfid travestite în formă de vis, veniseră din străfundul subconștientului meu. Cu alte cuvinte am căutat – și am găsit! – puncte-le de sprijin, izvoarele absurdității nebune ale visului în realitate. Căci visul meu se trage întotdeauna din realitatea mea – și a nimănui altuia! Visul este în fond o avertizare plină de clemență (căci deghizată!) a subconștientului către conștient. Am despuiat așadar avertismentul visului de hainele lui ireale pentru a mă confrunta cu sensurile lui cele adânci și reale:

Prima constatare care s-a impus este că movila din vis simbolizează casa mea – casa mea spirituală. Fără îndoială movila-casă a mea era făcută de mine însumi, era produsul spiritului meu, era tot ceea ce eu față de mine însumi însemnam. Nu ne definim și diferențiem față de alți semeni prin *ce* și *cum* facem și gândim? Dar ceea ce facem și gândim este în același timp și *adăpostul* individualității noastre căci, în suma ei, individualitatea este un *scut apărător* împotriva generalizării depersonalizante. Primul gest împotriva generalizării este numele unui om, primit deja la naştere. Gestul definitiv împotriva generalizării este ceea *ce* şi mai ales *cum* el face/crează şi gândeşte. De aceea în vis movila este numită şi „casa mea" sau „lăcaşul meu", dar şi locul „unde deobicei mă adăposteam". Inconfundabilitatea (vezi unicitatea) este soră bună cu individualitatea!

Este limpede că în cazul meu movila-mea-casă, definitoare şi apărătoare a individualităţii, este alcătuită din tot ce am făcut şi gândit. Din *ce* şi *cum* este ea alcătuită în vis? Ea nu este „din stâncă tare, ci dintr-un *amestec* ciudat de nisip şi mâl încă destul de umed". Ea, movila mea, nu este deloc înaltă şi nici prea mare, de „parcă ar fi *încercat* să imite munţii cu piscurile lor semeţe" ...dar pe departe nu reuşise. E adevărat: în realitatea din spatele formelor visului şi în acelaşi timp (paradoxal!) în cea de dinaintea lui, mi-am pavat viaţa şi construcţia casei mele cu tot felul de *încercări*. Am *amestecat* actorie, regie, critică de artă, scenografie, grafică de afişe, ilustraţii sonore, muncă redacţională, eseistică, scris de romane etc.etc. Totul o *mixtură* amorfă („nisip şi mâl încă destul de umed") de *încercări*. Poate că dacă aş fi rămas la unul sau două din aceste începuturi de drum, dacă aş fi făcut din ele o temelie adevărată şi stabilă, casa mea ar fi fost, la sfârşit de viaţă, un munte cu pisc semeţ şi poate chiar din granit. Aşa, casa mea nu a reuşit să fie mai mult decât un *muşuroi*. Acest nume – *muşuroi* – mi se pare foarte potrivit, nu numai datorită rădăcinilor cuvântului însemnând amestec (vezi *mĕsiti* şi *mixtiōnem*) ci şi din punct de vedere fonetic. Mai ales din perspectiva vest-europeană (fr. *four-milière*, germ. *Ameisenhaufen*, engl. *antheap*) conotaţia fonetică a cuvântului *muşuroi* este mult mai plastică şi eficientă pentru redarea dimensiunii minore şi ambigue a ceea ce el în visul meu simbolizează.

Visul a fost cu mine încă destul de îngăduitor reprezentând faptele şi gândurile mele toate doar printr-o jalnică movilă-muşuroi. Dar asta nu a fost totul! Pe deasupra, movila-mea-muşuroi este în vis şi „cheală", căci nu poate ajuta la procesul rodului vreunei plante. Asta, exact asta „nu-mi plăcea deloc". În mai multe scrieri de-ale mele expun ideea că orice act de cultură/artă este unul de însămânţare şi rodire ciclică de noi plante. Sustin asta încă în *Critică şi artă...*, în *Panseluţe...*, în eseul *...vânt şi cuvânt, pâlnii şi leşin* din cartea *Gânduri altfel despre...* şi foarte desluşit în eseul *Über Samen, Blumen, Gärten* *und Wörter* (rom. *Despre seminţe, flori, grădini şi cuvinte*) ca introducere la cartea mea *Was die Wörter flüstern* (rom. *Ce şoptesc cuvintele*). Însămânţare şi rodire sunt imposibile fără brazdă bună – şi tocmai asta nu era muşuroiul meu! De aceea încercasem în vis, e drept artificial şi foarte stângaci, să sădesc acolo grâu. Muşuroiul meu nu a vrut şi nici nu a putut să primeasca sarcina rodirii. „Mai precis, nu merge deloc! Nu vine nimeni..." – îmi spusese vânzătoarea din galeria mea! Cum, Doamne Dumnezeule, să rodească în cineva sămânţele ce le-am cresut, pe când acel „cineva" nu există? Logic, nu? Cu mult înaintea acestui vis am notat de repetate ori în jurnalul meu (*Însemnări răzleţe II*) că eu scriu cărţi ce au destinul necitirii, că acestea sunt mai de nimeni citite.

Şi totuşi în vis a venit acel „cineva" pe brazda mea. Întotdeauna vine „cineva" pe brazda ta! „Vine" în sensul că joacă un *anume* rol în viaţa ta... chiar dacă acel rol nu-ţi este prielnic! În această perspectivă singurătatea poate apare ca a fi conservatoare. Ce bine ar fi fost să nu fi venit în visul meu acel „cineva" deghizat şi multiplicat într-o gloată rea şi hidoasă! Ce bine ar fi fost ca soarta să-mi fi dăruit în acel moment singurătatea conservatoare, acolo în muşuroiul meu de fapte şi gânduri! Nu a fost aşa! „Cineva" a venit în vis arătându-mi o indiferenţă duşmănoasă. Indiferenţa este dureroasă întotdeauna, dar când ea este şi activ-duşmănoasă se împerechează chiar cu moartea – ea, indiferenţa. Învăţătorul meu în de-ale criticii de artă, neuitatul Petru Comarnescu, mă îndemna să scriu (căci pot – aşa spunea el), dar dacă vreun artist nu-mi place sau nu-mi spune nimic să nu „dau cu el de pământ", să nu-l „demontez" sau „desfiinţez" ci, mai bine, să nu scriu deloc despre el. Renumitul critic îmi recomanda, în fond, să mă opresc la indiferenţă şi să nu trec dincolo, la indiferenţa duşmănoasă. Aşa înţelegea el umanismul în critica de artă. Din păcate însă planează din când în când deasupra făpturii artei şi a discursului despre ea o epidemie a atacului distrugător în numele unei absolut fals înţeleasă „higienă culturală". Defrişarea, epurarea peisajului cultural, adesea nici măcar ştiinţific argumentată, împrumută cu fatalitate trăsăturile înfricoşătoare ale eutanasiei. Nu este nici un secret că „eutanasia culturală" apare cu vădită frecvenţă în dictaturile politice.

În visul meu s-a petrecut exact acest act de eutanasie. Muşuroiul meu avea să fie distrus. Mai rău nici că se putea! Din fericire, visul meu a mers de data asta mai departe decât realitatea. În fapt, nimeni nu a putut sau a vrut, nu poate şi nu va putea să-mi nimicească muşuroiul! Nimeni! Totul a rămas şi va rămâne la nivelul indiferenţei dureroase. Atât şi nimic mai mult. Durere, dar nu chiar moarte! Fără îndoială, imaginea din vis a distrugerii muşuroiului meu îşi are izvorul doar în frica mea de a pierde adăpostul individualităţii. De aceea consider această imagine-simbol ca fiind singura din vis de factură prospectivă şi deloc retrospectivă, cum este tot restul. Dar chiar dacă ne ancorată în realitatea precedentă visului, imaginea distrugerii muşuroiului-cocon m-a tarat atât de tare încât apăruse disperarea. Simptomatic, disperarea s-a manifestat prin frigul acela nemaipomenit care a transcendat chiar visul încleştându-mi trupul şi în starea de veghe ce a urmat. Şi pentru acest monstru virtual am reuşit să găsesc o consolare întrebându-mă *cine* şi *cum* era gloata cea rea şi hidoasă. Cu toţii „erau urâţi, murdari, o mare parte din ei erau estropiaţi: aveau cicatrici înfiorătoare pe faţă, unora le lipsea un ochi sau vreun picior, altora le căzuseră dinţii şi rânjeau, in sus, spre mine, cu ştirbenia lor dizgraţioasă". Aşadar acelor oameni le *lipsea* ceva, erau „estropiaţi". Nu e vorba numai de vreun picior, ochi sau dinte care le lipsea – astea toate sunt elemente de travestire ale visului. Ei erau „urâţi şi murdari" – adică le *lipsea* Frumuseţea şi Curăţenia. Cum altfel, de vreme ce ei apăreau a fi răi şi duşmănoşi? Că răutatea este *urâtă* şi duşmănia *murdară* se înţelege de la sine. Contemporaneitatea a uitat demult acel loc comun cu semnificaţii uriaşe pe care gândirea morală cea dreaptă şi cristalină a antichităţii îl descria ca echivalenţa dintre *Frumos* şi *Bine*! Binele, în morală echivalentul unei conştiinţe *curate*, nu poate fi decât Frumos. Iar Frumosul, înţeles astfel, nu poate fi decât un semn al Binelui. Celor ce voiau distrugerea muşuroiului meu le *lipseau* tocmai aceste însuşiri şi echivalenţele lor. Cei ce voiau distrugerea muşuroilui meu erau *estropiaţi* moral. Estropierea morală este şi una culturală. Nu sunt primul şi nici ultimul care deplânge estropierea/decăderea moral-culturală din zilele noastre! Ce consolare subţire, anemică!

Totuşi, chiar şi după acest vis şi interpretarea lui de mai sus nu înnot acum în apa neagră a tristeţii. Prin această scriere nu cer sau cerşesc cuiva compătimire. Pe departe, nu! Îmi place ceea ce am făcut şi mai ales ceea ce am scris până acum. Spuneam cândva că eu nu sunt decât un om care-şi pune întrebări şi încearcă să dea răspunsuri la ele. Ei bine: mi-am pus toate întrebările cu putinţă şi mi-am dat răspunsuri croite pe spiritul meu. Altefel formulat: prin scrierile mele am spus tot ce am avut de spus. Sunt mulţumit cu ceea ce am scris, însă cu adevărat mândru sunt de scrierea de faţă care nu este mai puţin decât o scriere despre scrierile mele. Cred că prin această meta-scriere am atins un punct foarte rar şi înalt – mult mai înalt decât muşuroiul meu întreg! Este punctul în care, ca printr-un farmec, un spirit primeşte o sabie subţire, lucioasă şi tăioasă... Numele acestei lame ascuţite este *Spirit critic*, *Intransigenţă* şi *Luciditate* faţă de propria creaţie, faţă de proprii săi „copii". Numai cine posedă această magică sabie are permisiunea de a intra în „legiunea de onoare a gândirii". De aceea *Muşuroi* este cea mai importantă scriere a mea. Cea mai nobilă! ...căci semnificaţiile scrierii de faţă sunt de coloratură socratică (Nu spunea înţeleptul „ştiu că nu ştiu nimic"?).

Nu pot încheia această cea mai iubită scriere a mea fără a evoca încă un vis pe care l-am avut cu mai multe luni înaintea celui descris mai sus. Visul este foarte scurt, dar de data asta deloc tragic, ci satiric-ironic la adresa a ceea ce eu am scris până atunci. Conţinutul visului apare ca un fel de preludiu la visul despre muşuroi. El este probabil „scisoarea de recomandare" pentru intrarea în „legiunea de onoare a gândirii":

Camera în care lucram cu scrisul şi cărţile, adică bârlogul meu spiritual, se afla într-o casă ţărănească, undeva la marginea unui sat. Toată viaţa am avut dorinţa de a trăi în linişte la ţară. Numai acolo – îmi spuneam – pot gândi în pace, nestingherit, pentru a găsi şi urma drumul către esenţe. Însă după ce am citit micul dar fascinantul text al lui Martin Heidegger *Der Feldweg* (rom. *Drumul de câmp*), dorinţa mea de a trăi la ţară a devenit aproape obsesie, ţintă a vieţii mele. Prin fereastra camerei mele de lucru puteam vedea în vis peste un gard improvizat din scânduri câmpul întins cu liniştea lui fabuloasă. După lucru îmi plăcea nespus de mult să mă destind făcând o plimbare pe un drumeag ce traversa câmpul – exact aşa cum descrie Heidegger. Filosoful ştia bine ce făcea!

Într-o amiază de sfârşit de iarnă, ca deobicei, dădui să trec de hotarul gospodăriei pentru a mă avâta cu pas domol pe câmpul mult iubit. Un dulău mare şi negru mi-a tăiat calea mârâind răutăcios către mine. Parcă nu-mi dădea voie să trec mai departe... parcă acel câmp ar fi fost posesia lui... Am încercat să-l ocolesc. Fără rezultat, căci dulăul îmi tăie iarăşi calea:

-Mîrrrr, mîrrrr... – îşi arătă dulăul colţii impozanţi.

-Hai, dragule, lasă-mă să trec. Sunt obosit. Am scris mult în dimineaţa asta şi vreu să fac numai o plimbare pe câmp – i-am spus animalului cu voce calmă.

A mai mârâit o dată, ceva mai puţin ameninţător, după care mi-a întors spatele în semn că mă lasă să trec. Am făcut plimbarea heideggeriană binefăcătoare. Ha! Vorba dulce mult aduce!

A doua zi, pe când voiam iarăşi să fac plimbarea pe câmp, apăru din nou dulăul negru şi fioros. Mârâia agresiv. Nu mă îngrijorasem, căci acum ne cunoşteam – eu şi dulăul. Problema este numai ca el să mă recunoască. Când mă va fi recunoscut, îmi va da voie să trec, aşa cum a făcut-o şi ieri. M-am gândit că ar fi bine să-l ajut oleacă:

-Nu mă recunoşti?

-Mîrrrr, mîrrrr... rânjea neîncetat câinele-gardian către mine.

-Dragule, eu sunt cel de ieri. Eu sunt omul care scrie... – n-am apucat să mai zic ceva, că animalul mă întrerupsese:

-Mîrrrr, mîrrrr.... Ha!, tu eşt omul care scrie?... Mîrrrr... Atunci eu sunt câinele care vorbeşte! – spuse el cu voce umană! – Mîrrrr... Mîrrrr... Mîrrrr...

Nu m-a lăsat să trec spre câmp!

Când m-am trezit din acest vis am râs cu poftă! Am râs de mine, nu de dulău...

Am isprăvit scrisul la aceste rânduri azi, 26.02.2013.

De ce în franceză?

Textul de față nu trebuie înțeles ca o încercare sau exercițiu de critică literară. Am scris undeva, și acum repet, că eu nu am fost, nu sunt și nici nu știu a fi sau vreau a deveni critic literar. Motivația de a scrie acest text și mai ales ținta lui este mai curând analiza dorinței mele spontane, izvorâte din subconștient, așadar absolut necontrolată!, de *a plânge în limba franceză* – așa cum am exprimat-o cândva în scris.

Mai întâi este de subliniat că vorbind despre „dorința mea de a plânge în limba franceză" semnificațiile cuvântului „dorință" se adresează în mod egal atât lui „a plânge" cât și lui „în limba franceză". O dublă dorință așadar: aceea de a plânge și și aceea de a o face în limba franceză – dacă așa ceva este posibil!...

Aproape fără să-mi dau seama, în decursul anilor ce au trecut peste mine am uitat să plâng. Nu pentru că aș fi prea fericit... Pe departe, nu! Pur și simplu ochiul s-a uscat. Puterea de a plânge s-a ofilit. A plânge, a putea să plângi ca adult, însemnă *a lua parte*, a te cufunda adânc, cu trup și suflet, într-o situație dramatică fie personală, fie – și mai nobil! – a altuia sau altora. Plânsul este *puterea de a te dărui*. Lacrimile sunt daruri din cele mai prețioase. De ce ne lipsește această nobilă putere de a ne dărui total unei situații triste? De ce odată cu vârsta ne dezvățăm să plângem pentru nenorocirea fratelui sau a semenului, ba chiar și pentru cea care ne lovește în mod direct? Azi știm, mai ales când e vorba de nenorocirea altuia, cel mult doar a de-plânge – un act care presupune o clară distanță și nicidecum o participare. De ce oare modernitatea pare a fi pierdut sau omis unele semnificații ale cuvântului grecesc πάθος/pathos care înseamna „ceea ce i se întâmplă cuiva..., experiență trăită, nenorocire, emoție a sufle-tului, accident în sensul filosofic a termenului"[1] Aici este de subliniat cuvântul „nenorocire". Această nuanță devine și mai clară în derivatul lui πάθος/pathos, anume πάθημα/pathema („ceea ce se întâmplă cuiva, suferință, nenorocire, maladie")[2] – foarte frumos preluat în română, mai

---

[1] Pierre Chantraine, *Dictionnaire étymologique de la langue grecque* - Ed. Klincksieck, Paris 1999
[2] idem 1.

ales în context religios, ca *patimă*! Semnificaţiile lui *pathos* – în special cele pierdute sau omise/neglijate de modernitate – devin importante pentru noi în acest text când cuvântul primeşte prefixul συμ-/*sym-* (=împreună, în legătură cu...) formând o serie de cuvinte ca de exemplu *symphōnos*/simfonic (legătura armonică între sunete), *symmetria*/simetrie (afinitatea/ congruenţa măsurilor) şi nu în ultimul rând συμπάθεια/*sympatheia*. Într-un eseu în care mă ocup de muzică[3], având în vedere tocmai faptul că grecescul σύμφωνος/ *symphōnos* înseamnă armonia, congruenţa, da, chiar atracţia anumitor sunete între ele, declar uşor poetic: „muzica este iubirea dintre sunete". Dacă este aşa, apare o paralelă splendidă între σύμ-φωνος/*simphonos* şi συμ-πάθεια/*sympatheia*. Atunci putem afirma că, înţeleasă în semnificaţiile ei antice, *simpatia este iubirea dintre oamani*. Readucând la viaţă semnificaţiile adormite ale lui *pathos*, sim-patia ar însemna şi a *împartăşi* sau a *împărţi* durerea cu cineva, *a lua parte* la nenorocirea cuiva, a avea această generoasă *putere de a plânge* pentru nenorocirea fratelui sau a semenului. Doar atunci putem spune chiar că *simpatia este muzica umanului*. Din păcate însă simpatia a păstrat în modernitate numai semnificaţia unei asemănări/afinităţi între indivizi şi a unei atracţii reciproce cu iz de flirt. De ce? E mai comod, mai uşurel şi mai frumuşel aşa!... Modernitatea fuge de coridoarele mai întunecate ale existenţei. Numai ştiinţa medicală a păstrat ceva din semnificaţiile grave ale lui *pathos*, atunci când vorbeşte de *patologie*. Ştiinţa nu-şi frizează sau travesteşte niciodată limbajul din raţiuni psihologice.

Este adevărat că gânditorii antichităţii au atribuit cuvâtului *pathos* diferite semnificaţii. Platon vorbeşte despre *pathos* ba ca fiind o însuşire (în *Parmenide*), ba ca fiind o emoţie intensivă care ne sustrage de la linia raţiunii (în *Republica*) etc. În a sa *Etică nicomachică* Aristotel afirmă că toate sentimentele umane ce au legătură cu plăcerea sau durerea sunt *pathos*. Mai departe spune filosoful că asemenea sentimente, cu toate că vin din domeniul iraţional al sufletului, pot asculta şi de *logos* (ratiune). Epicur susţine că odată ce emoţiile se

---

[3] *Hommage der Orgel und ihrem Meister* (rom. *Omagiu orgii şi maestrului ei*).

bazează des pe păreri false, prin gândire filosofică este posibil a scăpa de *pathos*, sau cel puţin a-l schimba. Stoicii vorbesc despre *pathos* ca fiind generat de un impuls excesiv şi în acelaşi timp fiind la rândul său o motivaţie excesivă a acţiunii. In filosofia antică sunt încă multe şi foarte diferite interpretări ale acestui cuvânt.

Abia când e vorba de compozitul *sym-patheia*, apărut relativ târziu, în timpul helenistic, semnificaţiile se stabilizează. Unanim acceptat, *sympatheia* înseamnă că ceva se află în aceiaşi stare/situaţie cu altceva. Epicur precizează (*Scrisoare către Herodot* 50.64) că *sympatheia* desemnează echivalenţa/corespondenţa mişcărilor 1) între spirit şi corp (de ex. atunci când plâng sau îmi plâng nenorocirea) şi 2) între cel ce cunoaşte şi obiectul cunoaşterii sale, adică ceea ce el cunoaşte (de ex. atunci când plâng pentru nenorocirea semenului ce am aflat-o!). În această sincronitate (echivalenţă, corespundenţă) văd de data asta stoicii chiar baza armoniei universale. Distanţa dintre simpatie ca bază a *armoniei universale*, cum o înţeleg stoicii şi, de cealaltă parte, simpatie ca *muzică* (armonie!) *a umanului*, cum o înţeleg eu mai sus, nu pare a fi prea mare!...

Limbile moderne par a fi epurat cuvântul *sympatheia* de sensurile lui mai grave (a împărtăşi nenorocirea semenului) rămânând, aşa cum am arătat mai sus, la cel mai „comod" şi anodin. Totuşi trăirile umane, întotdeauna apriorice limbii, chiar determinante ale acesteia, şi-au cerut dreptul de a fi desemnate lingvistic:

De exemplu limba germană a tradus exact – tipic pentru spiritul celor ce vorbesc această limbă! – sensul grav al grecescului *sympatheia* prin *Mitleid* = suferinţă (Leid) cu... (mit). Din păcate însă frumosul şi exactul cuvânt abia dacă mai este folosit în limba germană actuală; el este chiar repugnat. Pentru vorbitorul contemporan cuvântul *Mitleid* are o conotaţie de jignire. Uluitor: a suferi cu cineva pentru nenorocirea lui înseamnă a-l jigni! Chiar după treizecişidoi de ani de viaţă în teritoriul limbii germane nu am reuşit să mă obişnuiesc cu această nuanţă şi cu atât mai puţin să o înţeleg!

Limba franceză camuflează elegant – cum altfel? – sensul grav la cuvântului grecesc antic *sympatheia* prin preluarea înlocuitorului său latin *pietatem* producând astfel cunoscutul *pitié* (rom. milă), „care în limba creştină preia sensul de compasiune pentru nenorocirea altuia"[4] Este vizibil că avem de a face doar cu o preluare de sens şi doar în context religios a cuvântului latin *compassio, -onis*, în antichitate exact tradus din limba greacă veche.

În limba engleză se pare că lucrurile nu stau altfel. Se anglicizează – ca deobicei! – cuvântul francez *pitié* rezultând *pity* (milă; ex.: to have pity on), dar, din fericire, se foloseşte şi exactul *compassion*.

Necontestat este că limba română datorează cuvântul *milă*, ca echivalent de sens a accepţiunii mai grave a grecescului *sympatheia* sau a latinului *compassio, -onis*, cuvântului slavon *milŭ* =demn de compasiune. Ca şi limba franceză şi engleză, româna întrebuinţeză foarte corect şi cuvântul *compsiune* şi, şi mai exact ca celelalte două amintite, *compătimire*, în care se ascunde – dar se aude! – grecescul *pathos*.

Toată excursia etimologică de mai sus a pornit de la întrebarea de ce modernitatea evită să preia semnificaţiile mai grave ale cuvântului *pathos* şi respectiv *sympatheia*.

Înclin să cred că gândirea şi sensibilitatea actuală, post-existenţialistă, post-modernă, turbo-capitalistă a instaurat un soi de neo-raţionalism, care nu este altceva decât un exacerbat neo-egoism şi neo-solipsism acompaniat îndeaproape chiar de agresivitate şi frivolitate. Gradul necesar şi raţional de saţietate *în toate domeniile* este demult depăşit! Mult prea mulţi oameni au mult prea mulţi bani – număraţi în miliarde – deseori într-o disproporţie bezmetică în relaţie cu ceea ce ei produc sau crează. În aşa-zisele societăţi dezvoltate se aruncă la gunoi mult prea multă hrană – milioane de tone. Şi libertăţile au devent mult prea multe – desigur nu e vorba despre cele fundamentale ale omului, înscrise în toate constituţiile ţărilor civilizate. Mă refer la libertăţile asumate, dacă nu chiar inventate de fetişişti ai liberalităţii şi libertinajului. Ele încep chiar la vârsta copilăriei, transformând această vârstă dintr-o şcoală pentru viaţă într-o şcoală a răsfăţului şi a bunului plac. Râvnă, simţ de răspundere, obligaţii, ordine, disciplină, respect pentru semeni şi mai ales pentru cei mai învârstă devin noţiuni absolut străine

---

[4] *Dictionnaire étymologique de la langue française*, Oscar Bloch / Walter von Wartburg, Ed. PUF, Paris 2004.

pentru cei ce se pregătesc pentru viață, numiți dealtfel, mai nou, și „prinți" sau „prințese". Mai sunt și libertățile acordate – absolut oficial! – economiei, de exemplu de a nu declara chiar tot ce se găsește într-un pachet cu hrană pe care îl comercializează. Despre libertățile acordate sectorului financiar, care prin speculații pe deplin legale te poate sărăci definitiv fără a purta vreo răspundere, nu mai e nevoie să vorbim. Și statele (vezi politicienii!) au libertatea de a se îndatora într-o asemenea măsură, încât generații întregi ce vor veni sunt falimentare încă înainte de naștere. Este de amintit și libertatea – mai corect spus: ignoranța și cinismul – cârmuitorilor de a așeza și dirigui statul numai pe criterii financiare și aproape deloc pe cele morale sau etice. La capitolul „libertăți asumate" mai trebuiesc amintite și cele ilegale, cum sunt infracțiunile fiscale sau cele de circulație a vehicolelor și o sumedenie de infracțiuni în economie și comerț. Se profită în plină „libertate" de îngăduința sau lipsa proverbială (voită?) de control riguros din partea statului. Se cântărește exact că avantajele, deobicei financiare, sunt mult mai mari decât posibilele riscuri de a fi descoperit și eventual pedepsit... căci însăși de pedeapsă se poate scăpa adesea, având în vedere epidemia majoră a timpului nostru, numită corupție. Libertatea mediilor de a propaga în proporții înfricoșătoare prostul-gust, frivo-litatea, lipsa de sens (absurdul!...) și chiar pornografia sau sexismul este și ea total acceptată, ba chiar încurajată, odată ce masele plătesc! Mult prea multă libertate! Ea depășește azi granițele necesarului și le sparge chiar pe cele ale rațiunii devenind decadență pură. Iar decadența este, așa cum frumos spunea Emil Cioran, *vacanța idealurilor*.

Este firesc faptul că într-o societate atât de tare fixată pe egoism și acumulare fără scrupule de avantaje materiale și putere nu se găsește nici un loc pentru *sympatheia*, așa cum înclin să interpretez acest cuvânt, pentru *compasiune*, pentru *pitié, pity, Mitleid* sau milă. Astfel de sentimente nu aduc nici un câștig! Nu există nici o disponibilitate psihologică pentru durerea semenului. Etica și morala actuală (dacă mai există așa ceva!) lasă asemenea preocupări pe seama organizațiilor caritative care suferă de o lipsă financiară cronică. S-a instaurat o răceală socială care face să domnească brutalitatea, egoismul exacerbat și indiferența. E cumva pe cale să se scufunde „titanicul" societăților noastre „dezvoltate"? Și pe legendarul vapor domnea în momentul cata-strofei, atunci la începutul secolului XX, lipsa de scrupule, egoismul fanatizat şi dezinteresul pentru semeni! Bărbaţi puternici sau bogaţi înghionteau pe cei mai slabi, femeile şi copiii pentru a obţine un loc în precarele bărci de salvare. Crezut nescufundabil, asemenea cum se crede şi încrede actuala societate şi orânduire – globalizată, se înţelege! –, *Titanicul* s-a scufundat, aducând moarte şi pieire! Nu vede chiar nimeni că actualul „titanic" are deja o înclinaţie ameninţătoare? Ba da! Urâta înclinaţie a punţii morale şi etice a „titanicului" nostru e constatată cu îngrijorare de unii intelectuali. Tot aceştia au simţit că, acolo jos, în cala vaporului, unde deobicei sunt depozitaţi pasagerii care nu posedă nici bani şi nici putere, se cască o fisură fatală. Dar ce folos are avertismentul intelectualilor, de vreme ce ei şi vorba lor nu mai contează?… Nici ea, vorba înţeleaptă, nu aduce astăzi bani! Drum bun, „titanicule", în jos, spre fundul mării, în cavou întunecat şi rece!

Aşa cum te cunosc, „titanicule", înfumurat şi-avar, vei şti să faci chiar din pieirea ta o groază de bănet – miliarde, fără-ndoială! Vei digitaliza şi medializa propria-ţi pieire în mod perfect! …aşa cum te cunosc…

Abia atunci, în urma naufragiului cel mare, vom fi reînvăţat cu toţii a plânge… a plânge şi pentru durerea semenului. Abia atunci va răsuna din nou *muzica umanului*, adică *sympatheia*.

Poate că din aceste cauze ochiul s-a uscat şi puterea de a plânge s-a ofilit. Cu siguranţă însă, tocmai din aceleaşi cauze am *dorit* să plâng, să pot a plânge.

A sosit momentul în care trebuie abordat şi cel de-al doilea punct al analizei de faţă: de ce am dorit să plâng *în limba franceză*?

Nici eu nu ştiu cum se poate plânge într-o anumită limbă. Aşa ceva este absurd! Plânsul nu are limbă şi nici nu ascultă de vreun vocabular anume. Plânsul se petrece într-o limbă universală – aceea a simţurilor. Toată chestiunea se arată a fi doar o metaforă. O dorinţă metaforizată! Dar, ca şi izvorul lor, metaforele pot fi analizate. Metaforele sunt mai rar construite raţional/conştient ci, asemenea viselor, sunt îndeobşte semne spontane ale subconştientului. Exact în această direcţie se îndreaptă şi faza secundă a analizei mele. Este clar că în asemenea împrejurări rândurile următoare conţin o mare doză de subiectivitate, lucru care le interzice orice fel de pretenţie ştiinţifică.

Faptul că prima limbă pe care am vorbit-o a fost limba franceză nu cred că stă la originea acestei ciudate dorinți. În prima copilărie când, cel puțin în familie, vorbeam exclusiv această limbă nu s-au întipărit în memoria mea subtilitățile ei splendide care m-ar fi condus, acum la bătrânețe, către dorința metaforizată pe care vreau s-o analizez aici. Franceza mea de atunci era probabil corectă, dar cu siguranță simplistă – așa cum este mereu limba copiilor. În plus, odată ce viața, interesele și contactele mele sociale s-au orientat sporit în afara familiei abandonasem din păcate, aproape complet și destul de mulți ani, limba franceză. Franceza rămăsese pentru mine limba copilăriei și cea a bunicii mele – adică una bătrână și prăfuită; așa gâneam eu atunci!... Deși o eventuală afirmație, cum că dorind să plâng în limba franceză aș fi dorit în fond o reîntoarcere la prima copilărie, ar părea din punct de vedere al psihanalizei foarte interesantă, ea ar fi inexactă. Nu cred că dorindu-mi refugierea plânsului în limba franceză doream evadarea mea din actual în prima copilărie. Nu cred că spiritul meu și-ar fi dorit o fugă înspre un spațiu lingvistic și emoțional lipsit de nuanțe și subtilități, așa cum este cel al primei copilării. Iată, cu ultima afirmație am pus spontan „degetul pe rană", găsind calea cea dreaptă:

În timpul în care începuse educația mea culturală reînviase interesul pentru limba franceză. A trebuit să reînvie căci, găsindu-mă într-o țară și într-un timp nefast, în care accesul la bunurile culturale universale și mai ales la cele ale contemporaneității era riguros îngrădit, limba franceză s-a arătat a fi un ajutor neprețuit. De exemplu, în această limbă am citit primele texte scrise de Nietzsche – autor pe atunci, în fapt, interzis. Știind limba franceză puteam deschide o cortină spre viața culturală cea largă. Franceza devenise pentru mine chiar limba libertății! Limba bunicii și a copilăriei devenise cea a libertății – așa se pot schimba perspectivele de valorizare! Desigur că atunci – încet, încet – mi s-au arătat și am cunoscut bogăția de nuanțe și subtilitățile acestei limbi. Un câștig fantastic pe care îl port în spiritul meu și acum, și îl voi purta până la sfârșit!

Și totuși nici acest al doilea rendez-vous cu limba franceză și, de data asta, cu bogăția ei de nuanțe și subtilități, nu m-ar fi determinat încă să doresc a plânge în acestă limbă. Mai lipsea ceva: cunoașterea „pe viu" a spațiului social-emoțional al vorbitorilor acestei limbi. Cu alte cuvinte cunoașterea Franței și a oamenilor ei, a felului cum aceștia reacţionează, gândesc şi simt. Profitând de avantajele strămutării mele în partea cealaltă, cea liberă, a Europei am întreprins poate mai bine de o sută de voiajuri în Franţa, de multe ori poposind un timp mai îndelungat. Ce m-a atras încolo este foarte uşor de ghicit. Am cunoscut acolo o sumedenie de oameni – francezi autentici şi nu emigranţi români! (până la câteva excepţii pe aceştia din urmă chiar i-am evitat, căci bârfa care domneşte în comunitatea lor este insuportabilă) – şi am legat multe prietenii, atât cu intelectuali, cât şi cu oameni simpli, atât cu locuitori ai Parisului, cât şi cu alţii din diferite oraşe mai mici sau sate din numeroasele provincii ale ţării. Spre deosebire de mine, mai toţi prietenii mei îi consideră pe francezi ca fiind înfumuraţi, urâcioşi, neprietenoşi şi aroganţi. Eu însă, am o părere exact opusă. Desigur datorită faptului că vorbesc limba lor, dar şi probabil datorită comunicativităţii mele, am reuşit în marea majoritate a contactelor cu francezii să le deschid inima, să-i determin să vorbească, pe scurt să stabilesc cu ei o relaţie reciproc plăcută. Aşa s-au ivit chiar prietenii. E adevărat: pentru a cunoaşte pe cineva trebuie să te apropii de el fără nici o urmă de prejudecăţi, suspiciune sau teamă. Trebuie să arăţi un anume interes pentru cel ce vrei să-l cunoşti şi – de ce nu? – să-i arăţi şi o anume simpatie, ca un fel de avans. Eu am făcut tocmai aşa şi am obţinut rezultate mai bune decât mă aşteptam.

De exemplu din mai multele formule pe care le-am avut pentru începuturi de contact cu francezii era declaraţia amintită mai sus, cum că pentru mine limba lor a însemnat limba libertăţii. Este inimaginabil cât de pozitiv reacţionează francezii la o asemenea frază! Se deschid deodată, pe buzele lor apare zâmbetul simpatiei. Apoi, de cele mai multe ori, poţi construi pe acest zâmbet o frumoasă amiciţie, dacă nu chiar o prietenie. Astfel Franţa mi-a oferit o sumedenie de momente de neuitat, nu numai prin peisajele şi locurile ei minunate purtând adesea nume cu seducătoare rezonanţă cum ar fi Locmaria, Sauzon, Kerlédan, Le Lavandou sau La Croix Valmer, ci şi prin oamenii de acolo şi frumoasele legături ce le-am avut cu ei. În această ordine de idei îmi face deosebită plăcere să evoc următorul crâmpei de viaţă:

Madamme Jacqueline de Champvallin avea în jur de optzeci de ani, dar era extrem de vivace şi adora să „bavardeze" cu oameni interesanţi, mai alles în jurul unei sticle de whisky. Cum o spune şi numele, ea se trăgea din viță nobilă. Convinsă regalistă, era încă tare supărată că în timpul revoluției franceze unii dintre strămoșii ei au fost scurtați cu câte un cap. Povestea cu mândrie, dar și cu un humor ușor cinic faptul că printre membrii de demult ai familiei ei se număra și doamna de Pompadour: „o curvă! ...dar o curvă imperială!", spunea ea. Prin gest, vorbă și felul de a reacționa, Jacqueline era o pariziancă „sadea", care dispunea și de o cultură deosebită. Avea relații amicale cu cel puțin jumătate din societatea de artă și cultură a celebrului oraș, iar pe vremuri fusese împrietenită și cu Sartre și Simone de Bovoire. Încă tânără fiind, imediat după război, înființase o editură pentru grafică, pe care o avea și conducea cu succes și acum (adică atunci când o frecventam eu la Paris). Ea mă „alimenta" cu opere de artă date în comision pentru galeria ce o conduceam în nordul Suediei. Ne-a legat o prietenie frumoasă și profundă, însă fără nici un iz amoros: ea spunea mereu că este foarte păcat că ne despart atâția zeci de ani, dar îmi promite solemn că dincolo ne vom reântâlni „și atunci să vezi tu ce se va întâmpla!... Oho!" Cochet, nostim și tulburător în același timp! Dar tenorul prieteniei noastre era o „ceartă tandră", cum spuneam noi, însă de nerezolvat. O discuție contradictorie repetată la infinit. „Vă iubesc pe voi francezii – spuneam eu – pentru că sunteți pascalieni!" (Gândirea filosofului francez Blaise Pascal îmi este cea mai apropiată din punct de vedere sufletesc.) „Te înșeli, prietene – riposta mereu Jacqueline –, noi francezii suntem cartezieni! Gândirea lucidă și rațională a lui Descartes ne caracterizează și nu scepticismul și slăbiciunea lui Pascal." Eu răspundeam: „E drept că Pascal are o anumită slăbiciune, chiar un strălucit analist al operei sale[5] spune că filosoful a *îngenunchiat în fața idolului pe care l-a distrus* – adică în fața lui Dumnezeu. Dar cât de nobilă și umană este această slăbicune, cum spui tu, care în fond este dovada unei puteri, mai ales când el o formulează atât de frumos spunând că *inima are rațiunile ei pe care rațiunea nu le cunoaște*[6], sau că noi *cunoaștem adevărul nu numai prin rațiune, ci și prin inimă ... și degeaba încearcă raționamentul, care nu are nimic de a face, să le*

---

[5] Henri Petit, *Descartes et Pascal*, 1930 Ed. Rieder, reeditat de Ed. L'Harmattan, colecția *Les introuvables*, 1995.

[6] Blaise Pascal, *Pensées* Nr. 680 (după numerotarea Sellier).

combată[7] (principiile prime cunoscute prin inimă). Şi voi, care vă dedaţi neîncetat cu trup şi suflet jocului iubirii, voi, locuitori ai acestui oraş, pe drept numit şi oraşul iubirii, susţineţi că sunteţi raţionalişti-cartezieni! Ha, ha!" Aşa, prin argumente şi contraargumente, prin atac şi ripostă se scurgeau pe nesimţite multe ore ale întrevederilor nostre delicioase.

Într-o seară, după ce sfârşisem discuţiile de afaceri şi, bineînţeles golisem câteva păhărele de *Famous Grouse*, whisky-ul ei preferat, Jacqueline mi-a propus să mergem să mâncăm la un bistrou bun de după colţ. În localul plin găsisem totuşi o masă liberă. Încă în timp ce mâncam se înfocase din nou disputa noastră despre Pascal şi Descartes. Amândoi ne ambalasem ceva mai mult ca deobicei şi vorbeam destul de tare. Tocmai când Jacqueline, poate fără să-şi dea seama, îl cita pe Henri Petit (vezi nota 5) cum că *geniul lui Descartes este înscris în axa limbii franceze*, că el *procedează în aceiaşi ordine care ascultă de mişcările şi ritmul acesteia*, un domn ceva mai învârstă a cerut politicos permisiunea de a se aşeza la masa noastră şi de a interveni în discuţia atât de interesantă. După ce am spus că eu nu pot accepta a defini individul uman doar prin gândire, la baza căreia stă numai dubiul, extins aproape bolnăvicios, chiar până la o suspiciune generală – aşa cum vrea Descartes – uitând emoţiile, afectul, subiectivitatea, intuiţia şi stările de spirit momentane sau permanente, dealtfel foarte prezente tocmai la voi, francezii, musafirul nostru a intervenit: „Dar bineînţeles, domnule! Îmi amintesc de faptul că însăşi Descartes într-una din celebrele sale *Meditaţii* dă dovada unei mari afectivităţi".[8] Jacqueline adăugase, foarte pertinent, că dubiul lui Descartes este numai metoda gândirii sale şi nu starea lui sufletească permenentă. Eu nu vroiam şi nici nu puteam să mă dau mulţumit! Căutam noi argumente. La masa noastră s-a alăturat încă un domn cu partenera sa. Deîndată acesta adusese în discuţie un alt celebru citat din opera filosofului meu preferat: „Să nu uităm – spuse acesta – că Pascal nu exclude deloc raţiunea, adică gândirea! E drept că el a declarat că *omul nu este decât*

---

[7] Idem nota 6, Nr. 142.
[8] El se referea probabil la preambulul celei de-a doua *Meditaţii* a filosofului.

un fir de trestie, cel mai fragil din toată natura, dar în aceiaşi frază adaugă că *el este un fir de trestie gânditor,* şi că *întreaga noastră demnitate consistă aşadar în a gândi ... Să ne străduim deci a gândi bine. Iată principiul moralei.*[9] „Bun – am convenit eu – asta pot şi trebuie să accept. Chiar dacă în proporţii diferite, amândoi preţuiesc gândirea, adică raţiunea şi, iarăşi amândoi, dau dovadă de sensibilitate. Dar tocmai acest concept fascinant al *raţiunii inimii* formulat de Pascal este solul fertil al sentimentelor, al nostalgiei, al iubirii împlinite sau nu, în general al poesisului care caracterizează aproape întreaga voastră cultură şi chiar pe voi, în viaţa voastră de zi cu zi, dragii mei francezi." S-au întrebat unii pe alţii, dacă întradevăr sunt ei aşa: sentimentali, nostalgici ascultând des vocea inimii. „Da, sunteţi aşa! ...sau cel puţin aşa vă văd eu!" – spusei cu hotărâre. Discuţia a mai durat destul de mult. Se făcuse târziu şi paharele au fost golite. Ne-am luat rămas-bun de la musafirii noştri de masă. Micuţa noastră adunare ad-hoc de „certăreţi" se destrămase. Afară se făcuse frig şi primii fulgi de nea ai anului cădeau domol din cerul întunecat. În drum spre locuinţa ei, chiar după colţ, unde aveam să înnoptez în camera de oaspeţi, Jacqueline mi-a spus: „Te-ai bătut foarte frumos pentru Pascal al tău!" „Pentru sufletele voastre frumose..." – am răspuns eu. În ascensor tăceam amândoi. Buna mea prietenă îşi ridică încet către mine faţa ei plină de riduri. Mă privea fix în ochi. Obrazul ei mi-l amintea pe cel al Giuliettei Massina în filmul *La strada.* A rupt tăcerea spunând cu un ton inocent, chiar cu o nuanţă de rugăminte: „Să ştii că pe vremuri, când am fost tânără, eram chiar frumoasă." Doamne, cât de pascaliană a fost ea în acel moment! Cât de evidentă a fost la ea *raţiunea inimii!* M-am abţinut să o mai zgândăr cu cearta noastră. I-am spus numai: „Ştiu, Jacqueline, ştiu asta..." Am îmbrăţişat-o. Ce strigăt mut, plin de tragismul ireversibilităţii timpului, răsunase în declaraţia ei! Mi se umeziseră ochii. Am trăit adevărata *sympatheia!* Rămăsesem aşa, îmbrăţişaţi, neclintiţi, până când uşa ascensorului s-a deschis la etajul nouă. În apartament ea mi-a arătat camera de oaspeţi după care ne-am urat, foarte simplu, „noapte bună". Întins în pat am privit prin fereastra camerei turnul Eiffel. Deşi ştiam că prin câteva ferestre ale apartamentului Jacquelinei se putea vedea bine renumitul turn, căci ea locuia nu departe, pe Rue de Javel,

---

[9] Idem 6, Nr. 231, respectiv 232.

de data asta am avut impresia că îl văd mult mai de aproape. Neobişnuit de aproape! Singur, pe fundalul negru al cerului nocturn, scăldat în lumină caldă, gălbui-portocalie, turnul Eiffel constituia o prezenţă covârşitoare, acaparantă. Maiestos în simplitatea lui elegantă, stătea celebrul turn în faţa mea! Nu mă lăsa în pace! Cred că dacă el ar fi putut vorbi, mi-ar fi şoptit ceva! Simţeam că bistroul bun de după colţ mai era încă deschis, ...că el era mereu deschis. Mereu! Pentru o clipită mi-am imaginat că Blaise Pascal nu ar fi murit... Oh! Franţa... Nici tu nu mă vei lăsa vreodată în pace.

Nu a trecut mult timp după seara de pomină în bistroul bun de după colţ şi Jacqueline de Champvallin murise. Într-o boccelută, bine ascunsă undeva în suflet, port cu mine toate amintirile legate de persoana ei.

Momente asemănătoare celui descris mai sus, în ce priveşte emoţionalitatea lor, am mai trăit în Franţa. Nu cred că este cazul să le descriu şi nici măcar să le enumăr. Nu ar contribui substanţial la elucidarea temei acestui text – de ce am dorit să plâng *în limba franceză*.

Pentru a merge mai departe şi a putea pune, în sfârşit, punctul final la gândurile mele legate de această temă este necesar să mai elucidez un aspect esenţial. Se pune întrebarea dacă francezii au şi ca popor, la nivel de mase adică, întradevăr un apetit sau o înclinaţie pentru sensibilitate, metaforă, poesis, sau mai precis exprimat pentru acea *raţiune a inimii*, cum spunea Pascal. Sunt de părere că întrebarea se poate pune pe drept, căci, oricât ar părea de ciudat şi în contradicţie cu teoriile socio-culturale, nu o dată se poate constata că o anumită înclinaţie, însuşire, ba chiar întregi domenii ale vieţii culturale „profesionale" (pentru a nu spune „de sus"!) nu găseşte vreun ecou în masele largi. Este vorba de aşa-zisa „cultură de nişă" care se produce şi propagă doar în cercuri restrânse, deseori elitariste. În acestă ordine de idei Germania, de pildă, oferă un exemplu elocvent şi totodată trist. Este greu de înţeles de ce într-o ţară a cărei intelectualitate a produs şi produce încă atât de multă, de variată şi de profundă filosofie, care dealtfel răzbate şi prin toţi porii literaturii ei beletristice, masele largi nu au nici o înclinaţie către aşa ceva. Desigur nimeni nu aşteaptă ca un popor întreg să cunoască şi să se ocupe de filosofie! Dar actual în

Germania este greu a constata măcar un apetit pentru gândirea/analiza ceva mai profundă, fie ea şi exprimată prin vocabular cotidian; mai mult: o asemenea înclinaţie este chiar repugnată cu dezinteres – a gândi este considerat ca ceva împovărâtor! O scenă ca cea descrisă mai sus, în bistroul bun de după colţ, la Paris, este inimaginabilă în Germania – nici măcar în cercuri aşa-zise intelectuale.

Aşadar: cum putem descifra înclinaţiile unui popor pentru anume bunuri culturale? Foarte simplu: trebuie să aruncăm o privire asupra ceea ce masele majoritare „consumă", ceea ce ele doresc şi – chiar dacă, pentru vreo ureche „academizată", sună a sacrilegiu! – ele sunt dispuse să plătească. E vorba de aşa-numitele genuri „uşoare", cum este cazul şi în muzică. Ne îndreptăm atenţia tocmai pe „muzica uşoară" căci în acest domeniu se realizează cifre de afaceri şi câştiguri nu rare ori mai înalte decât în unele industrii. Este proverbial exemplul formaţiei *The Beatles*, care prin vânzările făcute în lumea întreagă a ajutat Anglia în acea epocă să iasă dintr-un impas economic.

Premisa judecăţii noastre este ca mediile în cultura şi ţara analizată să fie libere a furniza ce se cere (şi se vinde!). Chiar în România s-a văzut clar, cum, odată mediile liberalizate, a apărut un nou gen de muzică: mănelele! Pătura socială care corespunde acestui gen, şi care a dorit aşa ceva, exista fără îndoială şi înainte de liberalizare, dar odată cu aceasta ea s-a mărit şi mai ales a avut ocazia să-şi „comande" muzica pe gustul ei.

Ne întoarcem la cazul nostru: Franţa. Nu, nu am căutat „mănele franţuzeşti", căci, din fericire, nu aş fi găsit niciodată ceva asemănător. Mi-am îndreptat atenţia asupra unui anume segment din muzica uşoară francofonă, adică inclusiv producţii belgiene în franceză, care pe departe nu este nou, de „ultim strigăt", cum se spune. Din contră, unele titluri pot apărea anumitor contemporani (mai tineri) chiar ca fiind prăfuite, desuete. Alegerea mea nu este numai subiectivă – eu savurez şi acum această muzică! – ci totodată şi obiectivă deoarece, spre surprinderea mea, până nu demult am auzit asemenea muzică foarte des ca fond sonor în diferite bistrouri sau cafenele din Franţa. Nu mi-a venit să cred că titluri de treizeci, patruzeci şi chiar cincizeci de ani, pline de metafore şi imagini de mare sensibilitate, mai sunt ascultate în locuri publice în timpul nostru când vorbe ca „te iubesc", „dragostea mea" etc. sunt taxate mai pretutindeni ca dulcegării inutile! Voi evoca numai câteva fraze din textele acestei muzici, conştient fiind că efectul se înjumătăţeşte, atât datorită traducerii mele ad-hoc, neîngrijite, cât şi, mai ales, datorită sustragerii lor din suportul sonor.

În suma lor, exemplele ce le-am ales dezvăluie o lume întregă. O altă lume. Este lumea sentimetelor, a afectelor sincere, lumea iubirii, a dorinţei şi a nostagiei. Pe scurt: ne vom plimba înlăuntrul unei lumi umane, exclusiv şi excesiv umane!, care nu poate avea alt izvor sau suport decât acea pascaliană *raţiune a inimii*.

Această lume se fereşte şi se apără de lumea „cealaltă", cea mare şi de zi cu zi. Acolo îndrăgostiţii îşi spun: *Vorbeşte mai încet, vorbeşten şoaptă căci am putea fi auziţi şi lumea nu e pregătită pentru noi, ar spune că suntem nebuni. Vorbeste-n şoaptă, dar vorbeşte încă despre iubirea mare, despre iubirea cea nebună!* (Dalida în *Parles plus bas*). Când iubirea e pe cale a dispare, poate fi acceptată chiar şi simularea. Este dorul de a iubi, dorul de iubirea însăşi: *Fă aşa, ca şi cum ne-am mai iubi. Doar o zi, nimic mai mult decât o zi, fă aşa, ca şi cum dragostea noastră ar mai fi adevărată. Fă aşa, ca şi cum dragostea nu s-ar mai sfârşi vreodată* (Edith Piaf în *Fais comme si*). Evocând acest titlu al neuitatei Piaf, nu pot să nu îl asociez cu vorba latinească *Mundus vult decipi* – lumea doreşte să fie amăgită (înşelată). Nu cred că se poate exclude ideea că şi amăgirea, dulce şi câteodată necesară, îşi are izvorul în *raţiunea inimii*.

A iubi şi mai ales a fi îndrăgostit înseamnă a *putea* iubi, a *putea* fi îndrăgostit, căci aşa ceva presupune o anumită valenţă, o disponibilitate apriorică, da, o putere şi un anume curaj al spiritului. Starea de a fi îndrăgostit ţine în totalitate de pascaliana *raţiune a inimii* şi nicicum de obişnuita raţiune sceptică şi pragmatică a lui Descartes. Nimeni nu poate explica exact, lucid, raţional şi exhaustiv, de ce este îndrăgostit! Cu toate că starea de a fi îndrăgostit – acest salt în nebunia inexplicabilă! – poate să se petreacă şi la vârste mai înaintate, ea este atribuită îndeobşte oamenilor mai tineri. Nu este deloc surprinzător că în segmentul muzical ales spre analiză se cântă şi slăveşte tinereţea:

Tinereţea râde când copilăria se trece – cântă Chaeles Aznavour în *Le palais de nos chimères* şi în alt text sfătuieşte că *trebuie să sorbi până la beţie tinereţea ta, căci clipele la 20 de ani sunt numărate* (*Sa jeunesse*). *Încă ieri aveam 20 de ani si mângâiam timpul jucându-mă de-a viaţa şi iubirea* – îmbrăţişează nostalgic prin cuvinte acelaşi Aznavour timpul trecut al inconştienţei superbe (*Hier encore*). *Era timpul florilor, noi ignoram frica, iar mâine avea gustul mierii. Ne luam de mână, vocea ta o urma pe a mea, eram tineri şi credeam în cer* (Dalida în *Le temps des fleurs*).

Dar, cu toate că îndrăgostiţii îşi jură mereu dragostea eternă, din păcate *viaţa îi desparte pe cei ce se iubesc, încet şi fără zgomot şi marea şterge pe nisip paşii amanţilor, paşii celor ce sunt uniţi* (Edith Piaf în *Les feuilles mortes*). Dragostea moare, lăsând în urma ei tristeţea fără de margini. Celui părăsit nu îi rămâne decât să o observe pe cea plecată *mergând apatică şi tăcută pe străzile oraşului şi fără ştirea ei să-i mângâie umbra* (Salvatore Adamo în *Elle*). *Milioane de lacrimi, milioane de flori mi-au înnecat sufletul. Tu nu ştii, marea mea iubire, că atunci când va ploua, este durerea mea ce intră in viaţa ta, că sunt lacrimile mele care te vor insoţi acolo departe unde eşti* – plânge Dalida moartea dragostei (*Des millions de larmes*). *În noapte de iarnă şi singurătate zăpada se pogoară şi sufletul meu se îmbracă în negru. Pogoară zăpada, tu n-ai să vii în seara asta! Totul e alb de disperare* – exprimă Adamo golul din sufletul său (*Tombe la neige*). Într-o asemenea situaţie-limită iubirea trăită şi acum pierdută este dese ori înlocuită prin virtualitate. Tot Adamo mărturiseşte coşmarul său nocturn: *Chiar dacă te uit în zi, noaptea, când luna se retrage, am sufletul gol şi inima grea. Noaptea îmi apari imensă. Întind braţele să te ating, dar tu te joci cu avansurile mele, râsul tău şterge tot, topeşte negrul şi nu mai ştiu unde să te caut. Noaptea devin nebun! Ziua disipă imaginea ta şi tu dispari înspre nu ştiu unde* (*La nuit*). Nu este aici şi încercarea de a se amăgi?

În deznădejdea pierderii iubirii, nimic nu mai are sens şi semnificaţie. Chiar frumoasa Veneţie pierde farmecul ei: *Ce tristă e Veneţia în timpul iubirilor moarte! Musee şi biserici – o inutilă frumu-seţe în faţa ochilor îndureraţi* (Charles Aznavour în *Que c'est triste Venise*). Totuşi, chiar şi în acestă situaţie sufletească apar licăriri de luciditate, mai bine zis de pseudo-luciditate: *Nu e nici un motiv să nu plângi cu toate amintirile ce le porţi pe braţele tale!* – spune Edith Piaf în *Padam, Padam*. Aznavour este chiar conştient că *trebuie să ştii a părăsi masa când iubirea este deservită, sa-ti ascunzi durerea sub masca cea de zi cu zi...* însă adaugă deîndată: *Trebuie să ştii, dar eu, inima mea, nu am ştiut!* (*Il faut savoire*). O recunoaştere mai clară a *raţiunii inimii* nici că se poate!

La prima vedere pare surprinzătoare declaraţia Edithei Piaf, cum că ea nu regretă nimic din ce a fost şi se distanţează radical de toate trăirile trecutului: *Nu, nu regret nimic, nici binele şi nici răul ce mi s-a făcut. Totul mi-este egal. Este plătit, măturat şi uitat.* O retragere din imperiul *raţiunii inimii*? Deloc! În aceiaşi suflare mărunţica şi firava Mare Doamnă a muzicii franceze devine recidivă şi face din nou „saltul în nebunia inexplicabilă" a iubirii: *Eu pornesc din nou de la zero, pentru că viaţa şi bucuria mea reîncepe astăzi cu tine* (*Non, je ne regrette rien*). Afirmaţia lui Pascal a câştigat încă odată!

Îngemănată cu *raţiunea inimii*, sensibilitatea lumii de care vorbim nu rămâne indiferentă nici la tema recunoştinţei, aşa cum se aude la Georges Brassens: *Câtecul acesta este al tău, tu care mi-ai dat patru bucăţi de lemn când era frig în viaţa mea şi toţi oamenii de bine mi-au închis uşa. Nu era nimic mai mult decât un foc de lemn, dar el m-a încălzit şi mai arde încă în corpul meu asemenea unui foc al fericirii. Când vei muri si cioclul te va lua, să te conducă printre ceruri la Tatăl etern!* (*Chanson pour l'auvergnat*).

În sfârşit, printre alte numeroase teme abordate în acest segment al muzicii francofone se cade să o evocăm şi pe cea a ecologiei. *A existat cânva o grădină numită Terra care sclipea în soare ca un fruct interzis. Nu, nu era nici paradis şi nici infern, dar era destul de mare pentru milioane de copii. Era locuită odinioară de srămoşii noştri. Unde este acum acea gradină unde ne-am fi putut naşte, unde am fi putut trăi fără dureri şi griji? Unde este acea casă cu toate uşile deschise? Eu o caut încă, dar n-o găsesc* (Georges Moustaki, *Il y avait un jardin*). Sau: *Din fericire mai este iarbă în oraşele noastre poluate – natura e superbă când creşte în taină. Şi dacă iarba ne va fi smulsă, ajunge doar puţină iubire şi puţin soare ca ea să crească din nou!* (Georges Moustaki, *Heureusement qu'il y a de l'herbe*).

Iubirea însă rămâne tema principală. Ea este cel mai clar izvor a emoţionalităţii în virtutea *ratiunii inimii*. De aceea cuvintele lui Michel Sardou pot funcţiona ca un fel de concluzie la analiza noastră: *Se perinde pretutindeni în goana ei boala iubirii. Ea curge prin inimile copiilor de la şapte la şaptezecişişapte de ani. Boala iubirii – un râu insolent ce cântă şi uneşte în patul său şi părul blond şi cel albit. Ea face bărbaţii să plângă şi-aduce câteodată suferinţă o viaţă-ntreagă. Ea se perinde şi goneşte pretutindeni – boala iubirii... (La maladie d'amour* – 1973!).

Cum pot oare afirma francezii, care de-a lungul multor zeci de ani au gustat din plin asemenea imagini şi metafore, că ei ar fi doar raţionalişti-cartezieni şi nu ascultă de *raţiunea inimii* a lui Pascal? Ei vor să fie eminamente cartezieni, dar o fatalitate omenească – atât de omenească! – îi face totuşi pascalieni. Văzut din alte perspective, mai de la nord de ei, apare duhul lor a fi doar unul pseudo-cartezian. Asta nu vor ei să recunoască!

La rândul meu, furat, purtat şi – pentru a câta oară? – fascinat de imaginile ce le-am evocat mai sus, m-a dus iarăşi gândul la prietena mea dispărută şi am simţit nevoia parcă să o strig pentru a reîncepe poate „cearta" noastră, azi uitată:

„Jacqueline de Champvallin, vlăstar nebun de viţă nobilă şi dintr-o amantă imperială, tu, de-a pururi îmbătată de oraşul tău, el însuşi beat de frumuseţea lui! Te strig acolo unde eşti, în cel dincolo fără de spaţiu şi de timp, fără tragismul ireversibilităţii de aici. Să ştii că voi veni la rendez-vous-ul nostru şi-atunci să vezi… Oho! N-ai spus tu odinioară Oho!? Aşa ai spus! Oatâ-ajuns, te voi convinge irevocabil că tu, şi poate toţi francezii tăi, sunteţi pascalieni şi ascultaţi cuminţi, fără de minte, de cea *raţiune dulce a inimii.* Eu sper că voi veni curând… Foarte curând, căci aici, dincoace de acel dincolo unde te găseşti, s-a făcut deodată tare frig. Vapoarele încep aici să se scufunde cu tot ce-a fost frumos şi bun vreodată, iar punţile moralei au o înclinaţie angoasantă. Nu poţi să te agăţi chiar de nimic – aluneci la tot pasul! Să mai ştii că pe Pascal al meu – şi sigur chiar şi-al tău! – l-au dus în groapa mută a uitării, înmormântându-l înc-odată. Îţi voi aduce-n dar, Jacqueline, bistroul bun de după colţ ce nu închide niciodată şi chiar şi turnul Eiffel, aşa, ca să te simţi şi dincolo puţin acasă".

Nu, nu am strigat nimic din toate astea. Nu ştiu cum aş putea vorbi-nspre dincolo. Dar ştiu c-am reînvăţat să plâng… să plâng mereu în limba lui Pascal.

Textul a fost isprăvit la 08.04.2013

Despre uşi

Uşile – o foarte utilă şi în acelaşi timp banală invenţie umană – au o magie cu totul specială. Simbolica lor este duală – ele se pot închide, sau deschide – şi tocmai asta ne poate chiar înnebuni. Uşile sunt bune şi rele, calde şi reci, prieteni şi duşmani. Pentru a ne croi cale în viaţă, sau prin viaţă, sau calea vieţii, trebuie să trecem prin mai multe uşi... şi le găsim ba dechise, ba închise. Pe cele închise le-am putea deschide cu forţă, dacă am fi avut aşa ceva... Dacă nu, căutăm o altă uşă, mai binevoitoare, care pentru noi se arată a fi deschisă. Dar şi uşile care ne apar a fi deschise pot fi uneori perfide, în sensul că ne înlesnesc un drum aparent delicios şi lesnicios, dar care duce spre niciunde... în orice caz spre unde nu am fi vrut să ajungem! Suntem întrucâtva subordonaţi uşilor, da, suntem uneori victimele uşilor! Cine însă este „zeul" sau „maestrul" lor, rămâne în perimetrul speculaţiei. O specu-laţie care de cele mai multe ori ne scuză (sau prin care ne scuzăm!...) şi ne consolează atât de eficient, încât îmbrăţişăm cu drag cuvântul *fatalitate*, în rezonanţă cu ceea ce Nietzsche numea *amor fati*.

Când cineva se află în faţa unei uşi închise el se află, în fond, în faţa unui *mister*. El nu ştie încă ce se găseşte dincolo. Dacă însă uşa îi va fi deschisă – sau o deschide el însuşi – cel în cauză *pătrunde* misterul, îl află. Or, a afla înseamnă a *învăţa*, a lua cunoştinţă. Orice act de *învăţare înseamnă* deci *a deschide o uşă*.

Şi atunci când oamenii de ştiinţă *descoperă* în natură un fenomen sau principiu, ei nu fac altceva decât să *deschidă o uşă* în spatele căreia se ascundea, încă mult înaintea cunoaşterii sale, fenomenul sau principiul în cauză. Cunoaşterea este întotdeauna *a posteriori*! Între cunoaştere şi necunoaştere se află o uşă care piteşte, sau *acoperă* adevărul şi care nu se deschide foarte lesnicios – e nevoie de multă răbdare şi perseverenţă (sau noroc, aşa cum a avut Alexander Fleming cu penicilina).

Şi tehnicienii, atunci când ei calculează pe baza principiilor şi fenomenelor descoperite de ştiinţă, de pildă cât de gros, ce formă şi ce armatură trebuie să aibe un planşeu de beton pentru a rezista la sarcina „x", *deschid uşi* în sensul că ei *află* date concrete pe care înainte nu le cunoşteau exact. Datorită faptului că orice calcul, din orice domeniu, are menirea de a ajunge la un rezultat necunoscut *a priori*, mă încumet să afirm că întotdeauna *a calcula* înseamnă *a deschide uşi* asupra unui adevăr.

Şi oamenii de artă deschid prin acţiunile lor uşi, însă de data asta în sens invers: dinspre înăuntru înspre afară. Gestul creator în artă pare a nu fi altceva decât a da expresie şi formă întregului conţinut de idei şi emoţii care se află în spiritul artistului. A *ex-prima, ex-presia* aşadar, înseamnă *a deschide o uşă*! Arta însemnă confesiune! Nu întâmplător poetul Paul Celan spunea că *„poezia nu se impune, ci se expune”* (la poésie ne s'impose pas, elle s'expose). Ar fi o greşeală diletantistică a se interpreta această „expunere” a poeziei (vezi a artei) despre care Celan vorbeşte ca o voită punere a creaţiei la dispoziţia verdictelor criticii şi sufragiilor publicului. Fiinţa artei nu trăieşte şi rodeşte prin *concurenţa* dintre opere sau artişti, ci prin *congruenţa* dintre creator cu opera sa. Cel puţin pentru creatorii cu adevărat de valoare sensul cuvântului în cauză este mult mai profund, chiar metafizic: ex-*punerea* interiorului intim al artistului prin creaţia sa este o *punere în lume* a propriei persoane. Cine este oare artistul fără de arta sa? ...fără a fi *deschis uşa* interiorului său înspre înafară?

Putem spune chiar că, într-o anumită măsură, adesea fără să-şi dea seama, mai toţi indivizii umani, deschid, sau cel puţin *întredeschid uşi* semenilor lor. Prin simpla apariţie, prin comportament, gestică şi atitudini, aproape orice persoană înlesneşte celorlalte persoane cu care vine în contact o privire asupra interiorului ei, asupra adevăratelor ei intenţii şi păreri, în sfârşit asupra caracterului sau firii ei. Viaţa în structuri sociale presupune în mod automat această deschidere, benevolă sau nu, a propriilor „uşi” către interiorul intim al individului. Că ceea ce se „vede” prin aceste uşi întredeschise este adesea fals, sau fals interpretat de către ceilalţi, este o altă problemă, care însă nu influenţează cu nimic fenomenul în sine. Suntem atât de obişnuiţi cu acest fenomen care ne furnizează o anume siguranţă – adevărată sau falsă – în relaţiile inter-umane, încât, atunci când întâlnim o persoană care nu se trădează în nici un fel, o persoană „închisă” aşadar, aceasta apare ca fiind nesimpatică, suspectă, căci imprevizibilă. Asemenea persoane sunt „acasă” mai cu seamă în cercurile jucătorilor pro-fesionişti de poker: chiar când au în mână chintă roială, pe faţa lor nu se vede nimic! Dar, cu toate că unii înțeleg viața socială ca un joc de poker, ea nu este deloc așa ceva. În mod normal nu trăim *contra* semenilor, ci *cu* semenii noștri ...în mod normal!...

Ușile *deschise* semnalizează așadar *posibilitate*, câteodată chiar *invitație*.

Trecem acum la domeniul ceva mai complicat și adesea trist al ușilor *închise*.

Mai întâi enumerăm totuși, în fugă, câteva cazuri de uși închise, binecunoscute de orișicine. Unul care ar dori să devină muzician, dar nu are deloc ureche muzicală și simț pentru această artă, se lovește în intenția sa de o *ușă închisă*. La fel, cel care visează să devină actor, dar este bâlbâit. Un altul, îndrăgostit până la disperare de cineva, care însă nu are pentru el nici interes și nici măcar o simpatie, întâlnește în pornirea sa sufletească o *ușă închisă* – săracul(!). În sfârșit, mai este și acela care își dorește o anume profesie, să zicem medic (de ce nu chiar medic-șef de clinică), însă nu răzbește nicicum să-și însușească uriașa materie de învățat și abandonează studiul. Și acesta întâlnește în aspirația sa o *ușă închisă*, mai precis și-o închide el însuși. Mai pot fi amintite și cazurile în care cineva, bine pregătit profesional, adică unul care aparent are toate ușile deschise în calea sa, va fi neglijat sau stingherit în evoluția sa, deoarece un altul, mai puțin capabil, dar dispunând de relațiile sociale și/sau politice necesare, este promovat și susținut, în fond, pe nedrept. Acest fel de *uși închise* sunt revoltătoare și nu aduc nimănui nimic bun (cu excepția celui pe nedrept preferențiat). Ele rostesc însă fraze deloc plăcute despre civilizație și firea umană.

Cunoașterea în general și mai ales cunoașterea științifică a deschis de-a lungul mileniilor un număr enorm de „uși" care de multe ori erau considerate ca fiind imposibil de deschis. Unul dintre punctele culminante în ce privește această performanță este actuala râvnă a comunității internaționale a oamenilor de știință de a reconstitui minuțios explozia originară care a dat naștere Universului și totodată Spațiului și Timpului – coordonatele fără de care nu este posibilă nici o percepție și cu atât mai puțin vreo înțelegere (vezi cunoaștere). În relativ scurt timp magnificul proiect va fi îndeplinit[10]. El va clarifica

---

[10] Este vorba în special de cercetările științifice actuale din cadrul organizației CERN (Conseil Européan pour la Recherche Nucléaire = Consiliul

naşterea şi evoluţia Universului pe o scală de timp uluitoare: de la milisecunde până la miliarde de ani. Însă, aceiaşi oameni de ştiinţă declară deja că o cunoaştere a ceea ce s-a aflat *înaintea* exploziei originare este şi va fi mereu imposibilă, printre altele datorită absenţei Spaţiului şi a Timpului. Că tocmai aceşti oameni-eroi-ai-cunoaşterii afirmă imposibilitatea cunoaşterii „mai departe" are semnificaţia unei gigantice *uşi închise* – tulburător pentru nobila minte umană cunoscătoare!

În faţa ştiinţei mai sunt încă o mulţime de uşi care aşteaptă să fie deschise. Iată câteva din cele foarte multe cazuri: Cum şi de ce ia naştere boala numită cancer la nivel celular şi, încă mai departe, la nivel molecular? Atâta vreme cât nu se cunoaşte în adâncime fenomenul, nu

---

european pentru cercetări nucleare) care au loc cu preponderenţă în localitatea Meyrin, lângă Geneva, unde se află cel mai nou, mare şi eficient accelerator de particule elementare din lume, numit LHC (Large Hadron Collider). În acest accelerator de ultimă oră, al cărui element principal este un tunel subteran în formă de cerc cu circumferinţa de 27 Km., diverse particule sunt, cu ajutorul unui sistem de electromagneţi, accelerate până la viteza luminii şi la o temperatură de -271,25° C. Prin extrem de complicate aparate de corectură a traiectoriei, particulele elementare, „zburând" prin tunel în sensuri opuse, sunt dirijate către coliziune, echivalentă în principiu cu explozia originară care a dat naştere Universului. Prin acest nou experiment oamenii de ştiinţă speră să obţină explicaţii cu privire la ivirea şi alcătuirea materiei, ba chiar o reconstituire a „momentului 0" şi următoarele miliarde de ani. În CERN, unde lucrează permanent 3.200 de persoane cu cea mai înaltă calificare, sunt 20 de state europene ca membri permanenţi. România are deja statutul de candidat. Împreună cu cercetătorii invitaţi, numărul de oameni de ştiinţă la CERN se ridică la 10.000, venind din 85 de ţări. Sub egida CERN au avut loc de la înfiinţare, în 1955, şi până acum un număr impresionant de experimente de extremă importanţă, iar cercetătorii de acolo au obţinut foarte des premiul Nobel. LHC este, împreună cu imensa mulţime de agregate hi-tec înglobate în el, cel mai complex aparat creat vreodată de om. Pentru cititorii neavizaţi în fizică nucleară: un vârf de ac este tot atât de „mare" cât ca. ein triliard particule elementare (10^{22} electronen sau 10^{23} quarks)! Bugetul pentru CERN a fost în anul 2010 ca. 850 milioane € – o părticică neînsemnată din suma ce s-a dăruit numai unei singure bănci (printre multele!) pentru a o salva de la faliment după speculaţii lipsite de scrupule!

este de aşteptat vreun remediu infailibil – „uşa" va rămâne deocamdată *închisă*. Genetica este cea care va da probabil un răspuns, la fel ca în multe alte întrebări nelămurite din domeniul medicinei. Ce este „materia neagră" (a nu se confunda cu petele negre din spaţiul cosmic!) – numită astfel numai pentru că existenţa ei este doar constatată, însă necunoscută în amănunt? Încă mai dificilă pare a fi „citirea" ştiinţifică, exactă, a viitorului – o „uşă" care aproape cu siguranţă nu va putea fi deschisă niciodată! O asemenea performanţă ar schimba radical şi imprevizibil întreaga viaţă umană. Aproape cu siguranţă ar fi o catastrofă, tocmai datorită faptului că fiinţa umană este alcătuită şi din psihic.

Asemănător oamenilor ştiinţelor aşa-zise exacte şi gânditorii în domeniul filosofiei, aparţinând celor mai diferite orientări, şcoli sau epoci, s-au lovit şi ei permanent de *uşi închise*; într-o oarecare măsură poate mai des decât colegii din ştiinţă, dar în orice caz au reuşit să le deschidă mult mai rar. Probabil această diferenţă dintre ştiinţă şi filosofie se iveşte datorită modului diferit de a pune întrebarea (căci ambele discipline pornesc întotdeauna de la o întrebare): în vreme ce ştiinţa se întreabă mai curând referitor la un obiect concret, care întotdeauna este, în fond, o singularitate, ţinta întrebării în filosofie este preponderent generală, urmărind chiar universalul. Cu toate că atât demersul ştiinţific, cât şi cel filosofic sunt acţiuni deductive, diferenţa dintre rezultatele lor (vezi *uşile deschise*) se mai iveşte şi din împrejurarea că demersului ştiinţific îi stau la dispoziţie instrumente concrete şi exacte – cum sunt, de exemplu, matematica, fizica sau chimia cu tehnicile lor de analiză –, în vreme ce demersul filosofic, sprijinindu-se, e drept, pe logică, este totuşi ca şi condamnat la o deducţie mai mult sau mai puţin speculativă, vezi personală. Îndeobşte, filosofia emite păreri şi viziuni, iar ştiinţa adevăruri concrete, incontestabile. Pe drept remarca D.D. Roşca faptul că omul de ştiinţă *se supune* ca persoană rezultatelor cercetării sale, spre deosebire de filosof care, ca persoană, *se impune* viziunii sale – el o *făureşte* şi nu o *descoperă*, aşa cum face omul de ştiinţă cu rezultatele cercetării sale.

Este de presupus că atunci când înţeleptul Socrate, profesorul marelui Platon (!), a rostit nemuritoarea frază *„Ştiu că nu ştiu nimic"* a simţit ceea ce noi numim în prezentul text *o uşă închisă* în calea gândului şi a cunoaşterii. Inconfundabil se aud în această frază rezonanţele smereniei faţă de adevăr, interferate cu cele ale unei tristeţi nobile prin umanitatea ei! Tocmai acest erudit şi gânditor exemplar, considerat de filosoful Karl Jaspers după două milenii şi jumătate ca unul din cei patru *„care au dat măsura umanului"*, a ştiut deja că există limite, adică *uşi închise!*[11]

Atunci când, în sec. XVII, filosoful francez Blaise Pascal declară cu o anume tristeţe şi deznădejde *„Dumnezeu este într-adevăr ascuns"*, şi că *„el a vrut să se ascundă"*[12], dă dovada că şi el s-a lovit de *uşi închise* gândirii sale, de astă dată în chestiunea Divinităţii. După ca. două sute de ani, afirmaţia lui Pascal îl entuziasmează de-a dreptul pe Nietzsche, care spune în a sa *Voinţa de putere: „Pascal – sângele lui curge prin venele mele"*[13]. Este uşor de ghicit că Pascal nu a putut trăi – mai ales la vremea sa! – cu deznădejdea pricinuită de *uşa închisă* a uni Dumnezeu „ascuns". A simţit, parcă, nevoia să fugă de acest nemilos impediment. Şi el a fugit! Tocmai de aceea în scrierile sale târzii, mai ales în lucrarea *Pensées sur la religion*, publicată în 1670, la opt ani după moartea sa, şi îmbogăţită cu comentarii de Voltaires, Pascal cade în misticism şi în devoţiune necondiţionată către Dumnezeu. Această voltă în gândirea francezului atrage, de data asta, dezamăgirea lui Nietzsche. Toată „povestea" lui Pascal cu *deus absconditus-uşă închisă* şi mai târzia *„îngenunchiere în faţa idolului pe care l-a distrus"*, cum s-a exprimat un comentator, mă determină să consider acest filosof ca a

---

[11] Vezi Karl Jaspers, *Die grossen Philosophen*. Această carte remarcabilă în care sunt analizate în profunzime operele câtorva filosofi de maximă importanţă (de ex. Platon, Sf. Augustin, Kant) începe, după câteva capitole introductive excelente, cu prima parte intitulă: *Cei care au dat măsura umanului – Socrate, Buddha, Confucius, Iisus.*

[12] Ambele citate din Pascal, *Pensées*, Nr. 260, respectiv 275 (după numerotarea lui Sellier) (în alte numerotări: Brunschvicg, anul 1904,: 751 şi 585; Lafuma, anul 1951,: 228 şi 242; Le Guen, anul 1977,: 213 şi 277). Adevărat este însă că Pascal a preluat afirmaţia din *Isaia*, XLV, 15: *„vere tu es deus absconditus"*.

[13] Cu privire la paralela dintre Pascal şi Nietzsche a se vedea neapărat cartea *Le langage chrétien, antichrétien de la transcendance: Pascal–Nietzsche*, scrisă de Geneviève Léveillé-Mourin, Librairie philosophique J.Vrin, Paris, 1978.

fi primul care a adus *momentul tristeţii* în demersul filosofic modern. De atunci tristeţea apare în filosofie din ce în ce mai frecvent şi se amplifică chiar până la disperare (Kierkegaard cu al său *Tratat al disperării*), atingând punctul culminant cu preponderenţă în filosofia de factură existenţialistă.

Şi Immanuel Kant – filosoful care a analizat după părerea mea în modul cel mai profund raţiunea umană, procesele de înţelegere şi sinteză ale gândirii, în sfârşit întregul proces de cunoaştere –, constată existenţa *uşilor închise*, adică a *limitelor* de nedepăşit ce stau în calea raţiunii. În scrierile sale el avertizează foarte des că „*...orice raţiune nu poate trece niciodată de câmpul experienţei posibile ... menirea acestei supreme facultăţi de cunoaştere nu este decât de a se servi de toate metodele şi principiile ei pentru a pătrunde până în intimitatea naturii ... dar niciodată de a depăşi limitele ei, în afara cărora nu există* **pentru noi** *nimic decât spaţiu vid.”* (sublinierea autorului) (C.R.Pur. 730). Tot despre raţiune spune Kant mai departe: „*Raţiunea noastră nu este o câmpie de o întindere indefinită, ale cărei limite nu le cunoaştem decât în genere, ci trebuie să fie comparată mai curând cu o sferă, a cărei rază poate fi găsită din curba arcului pe suprafaţa ei ... iar de aici pot fi indicate cu certitudine atât conţinutul, cât şi limita ei. În afara acestei sfere (câmpul experienţei), nimic nu este pentru ea obiect.”* (C.R.Pur. 790). Cu o undă inconfudabilă de tristeţe filosoful conchide, chiar la începutul capitolului al doilea al *Metodologiei transcendentale*, numit *Canonul raţiunii pure*: „*Este umilitor pentru raţiunea umană că în folosirea ei pură nu realizează nimic, ba chiar are nevoie şi de o disciplină, pentru a înfrâna excesele ei şi pentru a preveni iluziile care îi vin de aici. ... Cel mai mare şi poate unicul folos al oricărei filosofii a raţiunii pure nu este decât negativ, căci ea nu serveşte ca organon pentru extinderea cunoştinţelor, ci ca disciplină pentru determinarea limitelor, şi în loc să descopere adevărul, ea nu are decât meritul modest de a preveni erorile.”* (C.R.Pur. 823)[14].

---

[14] Lămurire: „C.R.Pur.” dintre paranteze înseamnă *Critica raţiunii pure*, în vreme ce cifra care urmează se referă la pagina unde se găseşte citatul în ediţia a doua a operei, numită îndeobşte „B”, care este revizuită de Kant şi a apărut în anul 1787 la Riga (prima ediţie: 1781). M-am servit de precisa şi

Această smerenie în faţa adevărului – a adevărului ca atare, dar şi a adevărului că există mereu limite – se reflectă şi în etica de muncă a lui Kant ca filosof: *„Cum filosofia poate utiliza ceea ce livrează oamenii de litere şi frumoasele spirite himerice, aşa şi filosoful pune preţ pe tot ce manifestă în grandoarea sa o anume forţă a spiritului. Dealtfel el este obişnuit să adopte diverse puncte de vedere şi, spontan, nu se mai încrede că judecata lui ar fi cea mai bună, deoarece lui nu-i scapă niciodată din vedere faptul că totul rămâne de neînţeles. Acesta este motivul pentru care filosofia face* (filosoful) *umil, sau, mai curând, ea face în aşa fel, încât* (filosoful) *se măsoară cu ideea, şi nu se compară cu alţii.”*[15] În relaţie cu ce se întâmplă în viaţa culturală post-modernistă din zilele noastre, vorbele-deziderat ale lui Kant sună de parcă ar veni din alte lumi!…

Părăsind acum domeniul filosofilor, amintim că fiecare fiinţă poate întâlni în cursul vieţii ei *uşi închise* în mod abrupt, imprevizibil şi irevocabil, fără a se fi gândit înainte că aşa ceva ar fi posibil. Este cazul trist, câteodată chiar dramatic, al accidentelor şi/sau bolilor grave, de care oricine poate fi atins. Se ştie, într-o asemenea situaţie individului îi sunt închise multe căi şi modalităţi (dacă nu chiar toate!) de a se împlini sau a-şi împlini dorinţele şi aspiraţiile. Exemple sunt, din păcate, multiple şi laîndemâna oricui.

Deşi ceva mai previzibile, uşile care se închid în calea unei fiinţe ajunse la o vârstă înaintată, şi mai cu seamă foarte înaintată, nu aduc mai puţină tristeţe, sau chiar dramatism, decât cele pomenite în aliniatul precedent. Oricât de dureros ar fi, trebuie spus că bătrâneţea aduce cu sine un număr din ce în ce crescând de limitări ale posibilităţilor, adică de *uşi închise*. Bătrâneţea închide uşi! La unele persoane fenomenul

---

frumoasa traducere în româneşte a lui Nicolae Bagdazar şi Elena Moisiuc, apărută la Editura ştiinţifică, Bucureşti, 1969.

[15] Acest citat din Kant, care mie îmi place în mod deosebit, l-am preluat din Karl Jaspers (*Die grossen Philosophen*), care însă nu indică locul în imensa operă a filosofului de unde a extras frazele cu pricina. Din păcate în relativ bogata, dar totuşi nu exhaustiva (!), bibliografie kantiană ce-mi stă laîndemână nu am reuşit să-l reperez. Având însă în vedere excelenţa personalităţii lui Jaspers ca om de cultură şi ştiinţă, este de la sine înţeles avenit să considerăm acest citat ca fiind original din Kant. Traducerea lui îmi aparţine.

apare mai devreme, la altele mai târziu sau, din fericire, foarte târziu. Dar presupunerea, senzaţia şi chiar teama că uşile încep să se închidă pregnează însă mereu această vârstă. Instinctul fiinţei umane începe atunci, pe de o parte să dezvolte strategii de *amânare* a fenomenului, iar pe de alta să găsească *înlocuitori* pentru drumurile blocate, adică să mai găsească *uşi deschise*. Într-o recentă scriere a mea vorbesc mai pe larg despre acest fenomen[16]. Citat: „*...la bătrâneţe, visurile-planuri de odinioară ale tinereţii sunt, cu ajutorul memoriei, înlocuite de amintiri. Este un mecanism de autoapărare a fiinţei împotriva rănilor sufletului, atunci când Timpul îi răpeşte perspectivele.*" Aşa încerc să explic în acea scriere trecerea de la *prospecţia subiectivă*, tipică tinereţii şi maturităţii, la *retrospecţia subiectivă*, preponderentă la bătrâneţe. Această trecere este „*una din cele mai frumoase şi eficiente strategii de supravieţuire ale spiritului uman. Ea este o dovadă fabuloasă a ingeniozităţii mentale*" – spun în acelaşi text.

Mai există încă un caz, dealtfel destul de rar, în care spiritul se loveşte de *uşi închise*. Este vorba, să zicem, de un intelectual care prin inteligenţa sa realizează, chiar este sigur (!), că ar putea merge în profesia sa pe drumuri mult mai avântate, mai dificile şi mai lungi, însă, tot prin inteligenţa sa, el îşi dă seama că îi lipseşte acel bagaj de cunoştinţe, mult mai profund şi mult mai vast decât el posedă, şi imperios necesar pentru o asemenea întreprindere. Nimic mai simplu – i s-ar putea răspunde – acumulează cunoştinţele necesare! Însă, există uneori în viaţă circumstanţe biografice, psihologice şi chiar biologice care pot face cvasi-imposibilă o acumulare vastă de cunoştinţe, cauzând astfel *uşi închise* în calea realizărilor de mare anvergură dorite şi, de data asta, numai teoretic-virtual posibile. S-ar putea ca cititorului acestor rânduri să-i apară un astfel de caz ca fiind straniu sau confuz. Dacă este aşa, îl rog să-mi dea totuşi crezare, căci ştiu bine ceea ce am spus.[17]

---

[16] Vladimir Brânduş, *Timp, ape şi priviri*, eseu scris în luna iunie a anului 2013.

[17] MĂRTURISIRE: Această situaţie o trăiesc eu acum în ce priveşte filosofia. Mai precis, *o simt* cu mare claritate. Biografia mea – care acum, retrospectiv privind, nu mă poate satisface – a fost marcată dintotdeauna de o ameţitoare, nebună şi în acelaşi timp nătângă, pendulare între cele mai diferite

Am spus mai sus că bătrâneţea închide uşi. Această închidere de uşi, pe măsura avansării în timp din ce în ce mai frecventă şi din ce în ce mai alertă în succesiunea ei, îmi apare ca un preludiu macabru al confruntării fiinţei cu ultima şi cea mai mare uşă, veşnic închisă: Moartea. Nimeni nu a reuşit să dea o explicaţie cât de cât valabilă la întrebarea *dacă* în spatele acestei infailibile uşi se află ceva, şi cu atât mai puţin *ce* s-ar afla dincolo. Cu toate că orice om moare, Moartea în sine rămâne pentru fiinţa umană o necunoscută. Această uşă nu se va

---

profesii şi locuri pe unde am poposit. Este de la sine înţeles că interesele mele, curiozitatea mea de a acumula cunoştinţe, s-a îndreptat şi ea înspre toate cele „patru vânturi". E drept, cu filosofia am fost logodit încă în prima tinereţe – şi nu numai o singură dată! De mai multe ori am plecat şi am revenit! O căsnicie trainică şi durabilă am întemeiat cu filosofia abia acum vreo doisprezece ani – mult prea târziu, căci ea, această Mare Doamnă, cere întotdeauna fidelitate statornică, necondiţionată şi măsurată în decenii. Sigur că am avut mereu şi am în continuare „iubiri filosofice" pe care le cunosc în sporită măsură, însă cunoştinţele despre ele nu satisfac încă iubirea mea pentru filosofie în general. Nu fără o anumită frustraţie îmi amintesc vorbele dascălului meu în ale filosofiei, Prof. Titus Mocanu, elev al lui Blaga, cum că *„bătălia cu marii clasici ai filosofiei trebuie să fie deja încheiată la vârsta de douăzeci de ani"*. Ce contrast cu subţirile mele cunoştinţe! Neîndoielnic este faptul că acum încerc cu râvnă să umplu golurile din cultura mea filosofică, adică să *deschid uşile*, cele multe, care mai sunt închise. Însă această „bătălie" târzie, mult prea târzie (!), ameninţă să devină una „cu morile de vânt". Pe an ce trece, simt din ce în ce mai acut o anume impermeabilitate a spiritului meu în ce priveşte acumularea de noi cunoştinţe şi înscrierea lor în structura celor deja existente. Să fie oare bătrâneţea, care deja a început? Ar putea oare avea valabilitate şi o teză potrivit căreia, în problemele culturii, tinereţii îi este specific şi mai laîndemână *imput*-ul, rămânându-i bătrâneţii *output*-ul? În orice caz, asimetria dintre cunoştinţele şi posibilităţile mele în ale gândirii va rămâne, *închizându-mi uşa* către abordarea de teme de mai mare anvergură şi profunzime. Discrepanţa despre care vorbesc mă obligă şi mă va obliga până la sfârşit să rămân la mici, sau ceva mai mari, mai reuşite sau mai puţin reuşite, eseuri. Plăcerea pe care o încerc la scrierea şi îngrijirea lor este enormă – de aceea voi scrie mereu. Însă mereu dându-mi seama că aş fi putut mai mult. Este locul să cer scuze cititorului pentru devierea de la firul principal al textului de faţă, sperând că voi fi înţeles în necesitatea mea imperioasă de a exprima această durere.

deschide niciodată! Datorită faptului că Moartea înseamnă o uşă definitiv închisă pentru viaţă, aşadar abolirea oricărei posibilităţi şi perspective pentru fiinţă, şi mai ales datorită faptului că ea este imposibil de cunoscut, rezultă o frică fundamentală de acest „soare negru la orizontul conştiinţei care orbeşte privirea" – cum se exprimă un comentator foarte inspirat. Numai animalele, care nu ştiu că vor muri, sau copiii care nu pricep şi/sau nu se gândesc la aşa ceva nu sunt cuprinşi de această frică ancestrală. Prinşi de viaţa cotidiană, oamenii maturi dau de o parte, gonesc pur şi simplu, gândul la inevitabila Moarte – altfel, ar deveni inapţi de a-şi croi drum prin viaţă. Pentru cei bătrâni însă, vine cândva momentul confruntării cu acest gând, şi automat şi frica ancestrală, evocată mai sus. O sumedenie de religii, filosofii şi scriitori au încercat de-a lungul veacurilor să dea explicaţii ce s-ar afla dincolo de uşa Morţii, unii zugrăvind chiar un câmp paradisiac în spatele nemiloasei uşi. Fericiţi cei care cred într-o asemenea consolare! O excepţie strălucită printre aceste încercări face nemuritorul dialog al lui Platon, *Fedon*, unde Socrate demonstrează convingător nemurirea sufletului şi mântuirea lui, sub condiţia de a fi trăit în mod înţelept. Textul este mult mai mult decât o încercare de consolare, el a fost socotit de-a lungul veacurilor a fi *cartea cea mare a umanităţii*, şi sunt oameni care au murit cu ea în mână, cum aminteşte Constantin Noica într-o scurtă prefaţă. Aşa ceva ajută într-adevăr! Este însă aproape sigur că majoritatea celor care cred în una sau alta din promiţătoarele sau consolatoarele doctrine, cel puţin în nemijlocita apropiere a Morţii, sunt şi ei cuprinşi de frică. Formule elegante, şi chiar adevărate(!), ca cea a lui Epicur „Dacă moartea este prezentă, eu nu mai sunt. Dacă eu mai sunt, ea nu este încă aici" (*Scrisoare către Menoikeus*), şi încă multe de acelaşi fel, nu ajută mai cu nimic, atunci când fiinţa se află în faţa *marii uşi închise*.

Moartea unei persoane foarte apropiate arată şi mai clar cât de opacă poate fi această uşă închisă. Într-un asemenea caz avem de a face cu o *uşă închisă în dublu sens*: o dată pentru cel dispărut, căruia uşa vieţii i s-a închis, şi, încă o dată pentru cel rămas, căuia i s-a închis orice posibilitate de contact şi comunicare cu cel plecat. Tocmai de aceea, cei părăsiţi prin dispariţia unei fiinţe apropiate, trăiesc adesea în convingerea de a avea totuşi un contact – fie şi prin mijloace indescriptibile, inexplicabile şi de nedovedit – cu cel plecat şi mult iubit.

Este bine aşa, şi le doresc din tot sufletul tuturor care se află într-o asemenea situaţie, să creadă mai departe şi cu profunzime în această legătură binefăcătoare.

Doamne, câte uşi! Prin câte uşi trebuie să treacă fiinţa în viaţa ei, şi câte dintre ele nu le va putea deschide?... Se pare că uşile au fost inventate mai curând pentru a *închide* cuiva un drum, pentru a nu-l lăsa să meargă mai departe. Altfel, o uşă mereu deschisă nu ar avea nici un sens.

Uşile *închise* semnalizează aşadar *imposibilitate*, câteodată chiar *interdicţie*.

Uşa este celălalt cuvânt pentru *limită*, iar *limita* nu este altceva decât *hotar*, sau graniţă. O uşă *deja deschisă* înseamnă un hotar sau o limită cu totul arbitrară, deci fără nici o însemnătate în plan concret-operativ. *A deschide* o uşă înseamnă a depăşi o limită concretă, un hotar sau o graniţă, *încă permeabilă*, şi presupune o acţiune, de cele mai multe ori conştientă, în plan concret-operativ. *A nu putea deschide* o uşă înseamnă a fi silit a accepta o limită sau graniţă concretă, de astă dată *absolut impermeabilă*, şi presupune excluderea definitivă a oricărei acţiuni în plan concret-operativ.

Odată evocată similitudinea dintre *uşi* şi *limite*, consider că am ajuns la locul unde recomand călduros cititorului să consulte două cărţi foarte interesante şi profunde ale filosofului român contemporan Gabriel Liiceanu: *Tragicul – o fenomenologie a limitei şi depăşirii* şi, mai cu seamă, poate cea mai importantă carte a sa: *Despre limită*.

Acestea fiind spuse, am ajuns la capătul gândurilor mele privind uşile – deschise, închise, sau de nedeschis – reţinând ideea că ele funcţionează ca un *element de nuanţare* a drumului vieţii umane între *posibilitate* şi *imposibilitate*. Uşile *invită*, uşile *îndeamnă* la depăşirea limitelor, şi tot ele, uşile, *trasează graniţe* de netrecut în calea fiinţei, câteodată înaripată de prea multă cutezanţă euforică.

Noaptea, când vreo uşă se închide „ca de la sine" datorită unei boare nevinovate de vânt, şi pe deasupra mai şi scârţâie, copiii, şi nu numai ei (!), se înspăimântă. Mintea zburdă deîndată către lumi urâte, duşmănoase şi străine zilei, lumi drapate în negrul lucios şi mătăsos al presimţirilor rele şi al fricii. Acest scârţâit atroce şi lugubru povesteşte oare subconştientului despre uşa cea din urmă, cea mereu închisă?

Uşile sunt înţelepte, căci ele ştiu bine că nu chiar toate trebuie să li se ofere omului în stare deschisă, comodă. Ele mai ştiu că atunci când sunt de nedeschis îl ajută totuşi pe om să se re-măsoare, să recapete ceva din smerenia cuvenită şi prea adesea pierdută, în sfârşit că îl învaţă să şi renunţe, să *poată* renunţa... căci, aşa cum spune Heidegger, *„Renunţarea nu ia. Renunţarea dă. Ea dă inepuizabila putere a Simplului"*[18].

Am terminat de scris acest text într-o zi de august târziu a anului 2013, zi în care s-au copt şi coarnele şi murele de-odată.

P.S. Ah!!! Am uitat să evoc cea mai banală şi cea mai docilă uşă de pe lumea asta: uşa propriei locuinţe! O deschizi şi o închizi, după bunul plac, de mii de ori. Ar fi totuşi greşit să se creadă că, deschizând-o din afară înspre înăuntru, nu este de întâlnit nici un mister, nici o necunoscută, aşa cum am afirmat la început că s-ar găsi în spatele oricărei uşi închise. Mister, poate nu tocmai, dar în orice caz se pot întâlni la deschiderea unor astfel de uşi, chiar în propria locuinţă binecunoscută, mari *surprize*. Pentru a ne mai descreţi frunţile, evoc trei deschideri de pomină ale uşii locuinţei mele:

Prima dată a fost atunci când, pătrunzând în locuinţă, am constatat stupefiat că podeaua era plină de apă. Inundaţie! La vecinul de sus s-a spart o ţeavă. Apă, revărsată peste tot pe podea şi, din păcate, nu vin, frumos îmbuteliat în sticle aşezate ca soldaţii la raport! Ghinion, da! Aşa e viaţa. Dar şi ce surpriză!

O altă dată, pătrunzând în locuinţa mea – bineînţeles deschizând uşa dinspre afară înspre înăuntru –, am crezut că înnebunesc: o dezordine şi o învălmăşeală indescriptibile. Sertarele, scoase toate şi răsturnate pe podea, plapuma în baie, chiar şi cutia cu zahăr din bucătărie era rasturnată etc. etc. Mă vizitaseră hoţii! Au furat tot ce s-a putut fura din nimicul ce îl posedam! Am dat un ochi prin rafturile de cărţi – nu lipsea niciuna! Pentru astea nu au avut nici un interes... dragii de hoţi!

---

[18] Martin Heidegger, *Der Feldweg* (Drumul de câmp), Vittorio Klostermann Verlag, Frankfurt am Main 1989 (ediţia a 3-a 2002).

În sfârşit, a treia oară le depăşeşte, în ce priveşte surpriza şi stupefacţia mea, cu mult pe cele amintite. În spatele uşii mi-a fost dat să o văd pe actuala mea prietenă stând în tovărăşie armonioasă la taclale şi cafea cu fosta mea prietenă, mai în vârstă, deci mai experimentată ca actuala. Am apucat să înţeleg că cea tânără şi actuală sorbea fascinată sfaturile celei foste şi experimentate, cum şi ce să facă pentru a-l „îmblânzi" şi a ajunge la bun liman cu Vladimir Brânduş. Orice comentariu este de prisos!

Să nu credeţi că, atunci când deschideţi uşa docilă a locuinţei voastre, ştiţi încă dinainte ce se află dincolo!

Despre poduri

M-am întrebat, aşa, într-o doară, ce Dumnezeu înseamnă un pod, ce semnificaţii mai profunde are podul – cuvântul şi obiectul în sine. Mi-am cufundat gândul, şi apoi şi cercetarea, pe făptura podului. Un ajutor deloc neglijabil mi-a venit amintindu-mi că la Institutul de Construcţii din Bucureşti o anume facultate se numea „Drumuri şi Poduri". Şi în Paris se află o venerabilă facultate numită „École nationale des ponts et chaussées" (şcoala naţională pentru poduri şi şosele). Inteligente denumiri! Inteligente deoarece drumurile şi podurile sunt legate fatal între ele, nu neapărat prin destin, ci prin *destinaţia* şi *funcţionalitatea* lor. Pentru început, doar atât: acolo unde există drumuri, există *des* şi poduri, iar acolo unde există un pod, există *mereu* şi un drum care se întrerupe *înaintea* podului şi îşi reia calea *după* acesta.

Pentru a pune mai bine în lumină însemnătăţile noţiunii de pod trebuie mai întâi să evocăm două însuşiri fundamentale ale fiinţei umane. Prima este de natură fiziologică şi aparţine instinctului, iar a doua este de natură mentală şi aparţine spiritului. Cu toate că aceste două însuşiri au izvoare atât de diferite, ele „cooperează", se îngeamănă şi se condiţionează reciproc.

1. Mediul specific vieţii umane este cel terestru – lucru bine cunoscut şi indiscutabil. Din momentul coborârii maimuţelelor humanoide din arborii gigantici unde îşi desfăşurau viaţa încă animale fiind, ele devin, acum ca. 1,8 milioane de ani, *homo erectus*. Acest proces, care desigur nu a fost un „moment", este considerat ca a fi actul de naştere al individului uman. Însemnătatea imensă a acestui proces este faptul că vieţuitoarele în cauză au reuşit să stea pe numai două picioare şi chiar să dobândească *siguranţă* şi sporită *autonomie* de mişcare sprijinindu-se pe pământ şi nu ca mai înainte agăţându-se de ramurile pomilor. Sunt aşadar aproape două milioane de ani de când omul îşi găseşte *siguranţa* şi *echilibrul* pe pământul *stabil*. Această necesitate de suport fix şi stabil este atât de înrădăcinată în instinctul uman, încât până

49

azi, deîndată ce punctul central de sprijin al corpului se clatină, pendulează sau se scufundă, apare în mod automat neliniştea, ba chiar şi panica. Faptul că în timpurile moderne unii indivizi se expun benevol lipsei de stabilitate – de ex. în practicarea unor sporturi numite „extreme" – dovedeşte tocmai această necesitate ancestrală de stabilitate a omului, căci prin astfel de îndeletniciri cei ce le practică vor să demonstreze curajul şi cutezanţa lor. Totuşi şi oamenii care au curajul să renunţe la stabilitate se culcă noaptea într-un pat pe care îl doresc a nu se clătina! Iar pe de altă parte, păsările de pradă care zboară ameţitor, „în picaj" cum se spune, prăvălindu-se parcă pe pământ pentru a-şi lua prada, nu dau dovadă de mai mult „curaj" decât un om normal care se plimbă liniştit pe trotuar. Orice vieţuitoare scoasă din mediul ei specific este confruntată chiar cu pericolul morţii.

2. Cealaltă însuşire a fiinţei umane – care în contextul de faţă pare a fi şi cea mai importantă – ţine de modul în care operează creierul ei cu informaţiile pe care şi le procură. Este bine ştiut că memoria se sprijină foarte des pe imagini. Dar mai ales când este vorba de reprezentări ale unor concepte ceva mai abstracte intelectul uman se sprijină şi pe un *more geometrico*, adică îşi reprezintă noţiunile abstracte ca fiind înscrise într-un spaţiu bi- sau tridimensional. Cel mai clar se poate constata acest fenomen ajutător al spiritului uman în cazul reprezentării valorilor. Valorile sunt înscrise aproape mereu pe un fel de scară, de la cele mai negative, *în sus*, spre cele pozitive. Tot ce este prielnic, demn de atins şi de a fi însuşit este situat în reprezentarea minţii umane undeva *sus*; în vreme ce tot ce este neprielnic şi deci de evitat se găseşte mereu *jos*! Exemplele sunt multiple. Se vorbeşte de *înalta* profesionalitate a cuiva (ca şi cum profe-sionalitatea ar putea fi şi ceva mai scundă!). De asemeni despre cineva care are o funcţie importantă se spune că

ar fi *sus* pus, sau că acesta a ajuns pe *scara* carierei foarte *sus*. Un pianist începător, de pildă, îşi doreşte să ajungă la *înălţimea* (vezi virtuozitatea) lui Arthur Rubinstein. Când ţelurile ciuva sunt percepute ca a fi favorabile şi demne de atins, ele vor fi numite *înalte*. Societatea avută – bogată aşadar atât pecuniar, cât şi în ce priveşte puterea – se numeşte pretutindeni societate *înaltă*. Tot aşa, însă în sens invers, atunci când o firmă dă faliment, se spune că ea s-a *prăbuşit* – adică a ajuns foarte repede *jos*. Când unul şi-a ratat cariera şi a devenit sărac, ba chiar alcoolic sau dependent de droguri, se exclamă adesea, cu autentică sau falsă compătimire: „săracul, a ajuns *jos*, s-a *prăbuşit!*" Sau: când un individ provenind dintr-o familie nevoiaşă şi fără tradiţie culturală ajunge un om de vază, se va spune despre el, din nou cu autentică sau falsă admiraţie, că a pornit de *jos*. În sfârşit, pentru a nu lungi prea mult o argumentaţie bine cunoscută, amintesc faptul că Maxim Gorki a sub-intitulat memorabila lui piesă de teatru *Azilul de noapte „La fund"*. Scriitorul a făcut asta cu siguranţă în intenţia de a sublinia că eroii piesei, trăind în mizerie şi fără speranţe, se află „la fundul societăţii", adică în punctul cel mai de *jos* al acesteia. Aşadar: *sus* virtuozitatea, capacitatea în profesie, averea, puterea – adică tot ce este de dorit, iar *jos* mizeria, sărăcia, incultura, lipsa de şanse şi aptitudini – adică tot ce nu este de dorit. *Binele sus*, iar *răul jos*! Aşa ne reprezentăm noi valorile, cel puţin valorile în acest domeniu. O scară, cum am spus, un *more geometrico*, însă destul de arbitrar, căci în filosofia valorii se pot întâlni doar cu greu indicii care ar conduce spre un soi de tabel (ascendent sau descendent) al valorilor şi cu atât mai puţin indicii cum că valorile de acest tip concurează între ele pentru un loc situat mai înalt. Este greu de spus – şi nici nu este tema noastră acum – de ce apare acestă scară. Totuşi înclin să cred că mitologiile şi credinţele dintotdeauna (până în ziua de azi!) poartă „vina" scării valorice a răului şi a binelui. Pornind de la faptul concret că lumina şi căldura, fără de care viaţa nu e posibilă, vine de *sus*, din cer, şi până la faptul că toate credinţele au situat zeii atotputernici tot acolo, *sus*, în cerul de neatins, sau în Olimp, omul a învăţat că *sus* ar fi numai Binele, Dreptatea şi Mântuirea celui de *jos*, adică a sa proprie. Înfricoşătorul loc al pedepsei celor „răi", Infernul, se află mereu undeva *jos*, în pivniţele existenţei de după moarte, în vreme ce minunatul Paradis, locul recompensei celor „buni", e de găsit doar *sus* în cer, chiar în apropierea zeităţii supreme. Lecţia a fost „predată" neîntrerupt milenii întregi!

Acestea fiind spuse, ne putem concentra acum pe făptura podului.

Atât la propriu, cât şi la figurat, fiinţa umană parcurge între ivirea şi pieirea sa o mulţime de *drumuri*. Ea are mereu ţeluri pe care doreşte să le atingă. Nimic mai normal că aceste drumuri sunt dorite a fi *sigure*, *stabile*, fără ocolişuri sau obstacole, deci *eficiente*. Realitatea arată însă că – din nou: atât la propriu, cât şi la figurat – drumurile sunt foarte des presărate cu tot felul de obstacole care le fac *instabile, nesigure* şi deci *ineficiente*. Dorinţei ancestrale de stabilitate şi echilibru, născută încă pe vremea lui *homo erectus*, i se opune incidentul, care este întreruperea siguranţei dorite a drumului, şi chiar şi perspectiva accidentului ce-l poate aduce parcurgerea unui asemenea drum nesigur. Fiinţa e cuprinsă de temeri, ba chiar de panică. Ce este de făcut? Ingeniozitatea umană a născocit pentru asemenea situaţii *podul*. Astfel înţelers, *podul* nu este altceva decât o modalitate, un instrument artificial, pentru a depăşi fără pierderi şi riscuri un obstacol întâlnit. *Podul* este *înlocuitorul unui drum*, atunci când acesta nu mai poate fi posibil. El poartă individul *deasupra* unui element neprielnic, rău şi adesea chiar periculos care se află mereu *dedesubt*, adică, aşa cum am văzut, *jos*. În fiinţa podului se împletesc *ingeniozitatea* umană, *tenacitatea* omului de a nu renunţa la încercarea de a atinge ţelul său, şi, în plus, o doză de *instinct de conservare*, care îl fereşte de a se aventura în confruntări neplăcute sau chiar periculoase.

Cu siguranţă primul pod – de data asta înţeles la propriu – a fost un trunchi de pom aşezat orizontal de la un ţărm la celălalt ţărm al unui râu. Traversarea a devenit posibilă. Drumul a fost înlocuit cu succes, chiar dacă „înlocuitorul" nu oferea siguranța drumului terestru. Din aceste timpuri străvechi (de altfel foarte greu de localizat) modalitatea, putem spune chiar arta de a construi poduri s-a dezvoltat până în zilele noastre în mod fabulos. Nenumărate tehnici și nenumărate materiale, de la liane împletite, lemn, piatră, cărămidă și până la beton, oțel, aluminiu sau material plastic, au înlesnit apariția unei neînchipuite mulțimi de tipuri de poduri. Foarte multe sunt de o frumusețe comparabilă cu opere de artă și, în timpurile mai recente, de o îndrăzneală tehnică uluitoare.

Atunci când cineva scrie despre poduri apare tentația de a le și vedea, cel puțin pe unele dintre ele, chiar dacă numai prin intermediul memoriei vizuale. Nici eu nu mă pot sustrage acestei tentații și, iată, voi enumera mai jos doar câteva din mulțimea de poduri care, fără îndoială, au ceva fascinant în făptura lor.

Pornesc de la *Ponte Vecchio* din Florența a cărui construcție a început în anul 1333 și a durat doisprezece ani. Acest pod, întrucâtva bizar, dar foarte pitoresc, susține în dreapta și stânga unei promenade pentru pietoni o sumedenie de mici magazine și ateliere meșteșugărești care în partea exterioară au ferestre și chiar balcoane. O stradă întreagă! Localurile de pe pod au fost la început ocupate de măcelari și tăbăcari care aruncau deșeurile lor direct în râul Arno pe care podul îl traversează. Mai ales deșeurile tăbăcarilor – ei foloseau la prelucrarea pieilor și blănurilor urină de cai! – puțeau îngrozitor. Din această cauză în anul 1565 Cosimo I de'Medici l-a însărcinat pe Giorgio Vasari, arhitect, pictor și biograf, considerat astăzi ca întemeitorul istoriei artei, să renoveze *Ponte Vecchio*. După renovare localurile și atelierele de pe celebrul pod au fost închiriate, și mai sunt și azi, numai bijutierilor, căci aceștia nu produc deșeuri care put.

În ordine cronologică trebuie să evoc *Pont Neuf*, care în pofida numelui este acum cel mai vechi pod dintre cele foarte multe ale orașului Paris. În anul 1578, regele Henri al III-lea a pus piatra de temelie a acestui minunat pod după un conflict îndelungat cu oamenii de comerț ai orașului(!) care se împotriveau acestei construcții. De la bun început regele a vrut un pod modern, fără case pe el. Podul, pe atunci doar al cincelea din oraș, a fost terminat după treizeci de ani, pe vremea regelui Henri al IV-lea. Dacă tot suntem cu gândul în Paris trebuie să evocăm și *Pont Alexandre III* – după părerea mea cel mai frumos din oraşul-lumină. Acest pod în stil neo-baroc a fost constuit ca omagiu adus alianţei Franco-Ruse din anul 1894. De aceea poartă numele ţarului rus. El a fost dat în folosinţă, de-o dată cu turnul Eiffel, cu ocazia Expoziţiei Mondiale din anul 1900.

Mai departe poposesc la celebrul *Tower Bridge* din Londra. Construit în anul 1894 în stil neo-gotic, acest pod peste fluviul Tamisa are, aş spune, două etaje. Partea de sus dintre vârfurile celor două turnuri, care este fixă, este rezervată pietonilor, în vreme ce partea de jos dintre cele două turnuri, care este destinată circulaţiei rutiere, se poate deschide pentru a înlesni trecerea vapoarelor mai mari. Acest pod a devenit emblema oraşului Londra. Este de remarcat că podul se numeşte *Tower Bridge* nu datorită celor două turnuri atât de specifice lui, ci datorită faptului că la capătul său din nord se află tot atât de celebrul *Tower of London*. Podul despre care vorbim nu este de confundat, cum adesea se întâmplă(!), cu *London Bridge* care este următorul pod în amonte pe fluviu.

America nu se lasă mai prejos în ce priveşte podurile – cum ar putea fi altfel? *Brooklyn Bridge* din New York este cel mai vechi pod suspendat din USA. El uneşte Manhattan-ul (centrul oraşului) cu cartierul Brooklyn, travesând East River. Locuitorii oraşului numesc frumosul pod şi „podul dorului" căci el simbolizează pentru ei „visul unei vieţi mai bune". Într-adevăr, la vremea construcţiei sale, între 1870 şi 1883, podul era considerat ca o minune a tehnicii. Cele două piloane enorme din granit – deosebit de frumoase în pofida masivităţii lor! – de care sunt ancorate tot atât de impresionantele cabluri din oţel, au un fundament de 23 de metri adâncime sub albia râului. A lucra într-un asemenea loc constituia la vremea aceea o imensă dificultate tehnică. Aceasta şi încă multe altele au costat 27 de vieţi omeneşti – muncitori muriţi în accidente. Ca un fel de blestem, chiar inginerul-şef, August Roebeling, care a şi proiectat podul, a murit de tetanos în urma unui accident pe care l-a avut pe şantier. Conducerea lucrărilor a fost preluată de fiul său, Washington. Însă şi acesta a devenit infirm în urma aşa-numitei „boli a scafandrilor" (decompresiune) de care a fost atins la vizitarea fundaţiilor adânci, sub apă, a pilonilor podului. Soţia lui, Emily, a preluat supervizarea şantierului, în vreme ce inginerul observa de acasă prin lunetă mersul lucrurilor. Probabil că astfel de întâmplări tragice au contribuit la crearea mitului ce învăluie şi azi *Brooklyn Bridge*, în sensul că orice progres cere un tribut, adică jertfe – tipic pentru mentalitatea americană de atunci!

În sfârşit mai amintesc podul din San Francisco numit *Golden Gate Bridge*, ce se întinde pe o lungime de 2737 de metri peste golful ce poartă numele cunoscutului oraş. Podul a fost numit „*Golden Gate"* (poartă de aur) căci aşa se numea în timpul febril al căutătorilor de aur locul pe care el se află. Timp de 27 de ani după darea lui în folosinţă, în 1937, el a fost cel mai lung pod suspendat din lume. Corzile din oţel care îl susţin au diametrul impresionant de 92,4 cm. Înălţimea celor doi piloni metalici care susţin podul este de 227 de metri. Pe sub pod pot trece vapoare mari, căci chiar în timpul fluxului sunt 67 de metri între suprafaţa apei şi construcţie (echivalentul unei case cu cel puţin 20 de etaje!). Din motive de siguranţă pentru avioane şi vapoare el este fastuos iluminat. Astăzi trec zilnic peste cele şase benzi destinate circulaţiei 120.000 de automobile, cifră care se măreşte anual cu 10%. *Golden Gate Bridge* este din păcate şi un loc preferat pentru sinucigaşi, ceea ce a devenit chiar o problemă naţională. Nici panourile de avertizare şi nici telefoanele directe pentru asistenţă psihologică ce se găsesc acolo (de la care abia se poate vorbi datorită vacarmului produs de circulaţie şi de vânturile puternice) nu ajută la reducerea numărului celor ce-şi iau viaţa aruncându-se de pe pod. Totuşi acest pod, pe cât de impozant – încă astăzi! –, pe atât de frumos, a devenit şi va rămâne, alături de Statuia Libertăţii din New York, un simbol al Statelor Unite.

Nu pot încheia enumerarea mea fără a aminti alte două poduri care deţin astăzi (încă!) recorduri mondiale. Cel mai lung pod din lume este *Marele Pod Danyang-Kushan* pe ruta Peking - Shanghai şi măsoară 164,8 kilometri. Cel mai înalt pod din lume se numeşte *Siduhe*, tot în China, şi are înălţimea de 496 de metri. În întreaga lume sunt acum 65 de poduri cu o înălţime de peste 175 de metri.

Atra podurilor formează într-adevăr un spectacol fascinant!

Consider că am ajuns la un punct în care este necesară o anumită specificaţie. Nu toate podurile se întind peste ape, continuând drumul acolo unde el nu mai este posibil şi purtându-l sau apărându-l pe drumeţ de scufundare în acestea. Deja romanii au sesizat că atunci când în calea drumului apar denivelări foarte severe, eventual chiar şi cu prăpăstii, este mai inteligent, da, mai eficient să construiască un pod, în chip de prelungire sigură şi fără pierderi de orice natură a drumului întrerupt, decât să facă ocoluri imense sau să se aventureze în construcţii riscante de coborâre şi apoi, din nou, de urcare. Întotdeauna, dacă o pierdere de nivel considerabilă nu poate fi acceptată, mai *lejera coborâre* se plăteşte mereu cu *truda urcării*. Aşa au apărut încă în antichitate *viaductele* romane, unele dintre ele existente şi acum. Ar fi însă fals să se creadă că viaductele sunt una (numai peste văi sau prăpăstii fără apă) şi podurile alta (în exclusivitate peste ape). După cât ştiu, toate limbile echivalează conceptul de *pod* cu cel de *viaduct* şi lasă la liberă alegere folosirea lor. Foarte normal, căci *viaduct* este celălalt cuvânt pentru *pod*. „Viaduct" descrie cu precizie funcţionalitatea podului: *via* înseamnă în latină drum, iar *dux, dŭcis, ductum* generează cuvinte care, printre altele, înseamnă *purtător*, conducător, călăuzitor (alte preluări în română: *Duce, ducat*, verbul a *duce*, con*duc*tă, de*duc*ţie, in*duc*ere în eroare şi cu sens de înşelătorie a *„duce* pe cineva de nas" sau „cu zăhărelul"). În secolul XIX, odată cu apariţia şi dezvoltarea transporturilor feroviare, construcţia de poduri/viaducte peste denivelările de teren semnificative (cu, sau fără apă) s-a răspândit considerabil. Două sunt motivele: mai întâi faptul că vehicolele pe şine nu sunt apte să parcurgă înclinaţii prea accentuate şi nici curbe prea stâmte, apoi a jucat un rol decisiv şi costul carburanţilor necesari pentru îndeplinirea unui asemenea lucru mecanic imens.

Trecem acum cu gândurile noastre la domeniul foarte vast şi mult mai profund al semnificaţiilor făpturii podului, de data asta înţeles la modul figurat.

Ca introducere în această materie aruncăm o privire asupra etimologiei cuvântului „pod", căci acolo putem (re)vedea atât sensurile adânci ale noţiunii, cât şi anumite variabile ale înţelesului acesteia, care parcă invită la folosiri figurative.

Conform *Dicţionarului etimologic al limbii române* alcătuit de Alexandru Ciorănescu originea cuvântului „pod" ar fi slavonul *podŭ*, care înseamnă platformă de scânduri. Această explicaţie mi se pare a fi prea frustă şi incompletă. Nu ştiu de unde vine cuvântul slavon *podŭ* (nu deţin dicţionare etimologice slavone), dar mi se pare de necrezut o ipoteză conform căreia cuvântul românesc „pod" nu s-ar trage din latinul *pons- pontis* (m), care înseamnă, în principal, în limba-mamă a românei, *pod, pasarelă*[19]. Este foarte adevărat – și vorbitorii de limbă română o știu bine! – că acest cuvânt panroman, *pontus*, era folosit și pentru a denumi o mare, de ex. *Pontus euxinus* = Marea Neagră. Ambivalența de sensuri vine foarte probabil din greaca veche, de unde latina a preluat cuvântul. În limba întemeitorilor civilizației și gândirii europene, πουτος (pontos) înseamnă *mare*, în sens de *trecere de la un țărm la altul*[20] – foarte explicabil având în vedere mulțimea de insule din Grecia. Pentru „pod" în sine, așa cum este cuvântul înțeles în românește și în franțuzește (pont), grecii foloseau noțiunea de γεφυρα (gephyra). Frumoasă diferențiere, însă, cel puțin după informațiile pe care le dețin, *gephyra* a dispărut fără a fi generat cuvinte asemănătoare în limbi mai noi. Folosirea lui *pontos* pentru a desemna marea este, cum am spus, frumoasă, dar în același timp ușor bizară dacă ne gândim la originea acestui cuvânt. Fără îndoială el se trage din indo-europeanul *pent-* care înseamnă a păși, a merge. Acesta generează în sanscrită cuvântul *panthah* și în avestică *panta*, ambele însemnând drum, potecă. Venerabilul cercetător Pierre Chantraine atrage atenția că, citam: „Totodată în limba vedică cuvântul *nu înseamnă un drum*, ci o cale pe care vi-o deschideți sau v-o deschide cineva, un drum cu obstacole, o *trecere peste obstacole*, o *depășire* a lor" (s.n.) (vezi nota 20, p.928). Nu este aceasta semnificația profundă a podului – ...*o trecere peste obstacole, o depășire a lor?* Ținând cont că limba vedică, alături de cea hetitică, este prima limbă indo-europeană fixată în scris și deci precursoarea sanscritei care a influențat puternic familia limbilor grecești, folosirea lui *pontos* pentru *mare* apare într-adevăr ușor figurativă. Căci marea, cu adâncurile ei înfricoșătoare și dese ori cu furtunile ei, nu este un loc peste care se poate păși (indo-europeanul *pent-*), și nu este nici un drum sau potecă (sanscritul *pathah* și avesticul *panta*). Ea este doar virtual, în domeniul eventualei posibilități, și doar la figurat o cale de trecere de la un țărm la altul. Marea în sine este mai curând un *obstacol* pentru dorita trecere. Pentru a face din *pontos* o posibilitate concretă, reală, un drum mai mult sau mai puțin sigur, este indis-

---

[19] Alfred Ernout et Antoine Meillet, *Dictionnaire étymologique de la langue latine*, ed. Klincksiek, Paris, 2001, a 4-a ediție.

[20] Pierre Chantraine, *Dictionnaire étymologique de la langue grecque*, ed. Klincksiek, Paris, 1999.

pensabil încă un element: *ambarcaţiunea*. Doar ea poate pluti *deasupra* apelor ameninţătoare aflate *dedesubt*. Doar o ambarcaţiune face din *pontos* un adevărat *pod*, aşa cum înţelegem noi astăzi şi aşa cum au înţeles acum mai bine de 4500 de ani cei ce scriau în limba vedică. Ca să ne exprimăm *„á la grecque"*, şi ca să ne amuzăm puţin, spun că ambarcaţiunea este *gephyra* pentru a putea trece peste *pontos* (podul pentru a putea trece peste „pod"…)! Deoarece grecii erau un popor de corăbieri, adică de „poduri mobile" peste ape, se naşte impresia că echivalenţa mare-*pontos* a izvorât, dacă nu neapărat din limbajul, cel puţin din mentalitatea marinărească specifică naţiunii lor.

Sper că cititorul a sesizat că, examinând etimilogiile cuvâtului „pod", am trecut, aproape fără să ne dăm seama, la semnificaţiile acestuia, înţeles la modul figurat. Da! Toate ambarcaţiunile, de la lotcă până la marile transatlantice sau vapoare comerciale gigantice, sunt *poduri* care duc oameni sau bunuri de toate felurile de la un liman la altul. Probabil că nu întâmplător, pe vapoare, locul pe care se poate păşi (aproape)tot atât de sigur ca pe drumurile terestre se numeşte *punte*. Ambarcaţiunile *poartă* ce au de purtat *deasupra* apelor, care pentru fiinţa umană, eminamente terestră, sunt primejdioase. Ele evită pericolul prăbuşirii – aşadar *în jos*! – la fundul apelor care este mereu mortuar, şi deci „miroase" al dracului a pieire.

Pe bun temei vom lărgi încă o dată sfera semnificaţiilor făpturii podului, ceea ce ne va înlesni constatarea că în viaţa noastră există mult mai multe „poduri" decât ne-am fi putut închipui.

Atunci când cineva are nevoie de un credit bănesc pentru a evita *coborârea* drastică a nivelului său de trai, sau chiar şi atunci când acesta doreşte neapărat să facă o investiţie fără de care planurile vieţii sale s-ar *prăbuşi*, el are nevoie, în fond, de un *pod*, indispensabil pentru a ajunge la limanul dorit. Nu întâmplător în limba germană un asemenea credit se numeşte *Überbrückung*, cee ce se traduce prin transbordare (un termen strâns legat de ape şi poduri), iar verbul corespunzător, *überbrücken*, înseamnă a construi un pod (*Brücke*) peste (*über*) ceva, peste un impediment/dificultate. Francezii spun în situaţii similare *surmonter une difficulté* ceea ce însemnă a trece *peste* o dificultate. Compus fiind din elementele *sur-* (=deasupra) şi *monter* (=a urca), rezonanţele acestui cuvânt parcă descriu un *pod*!

Dacă un muzician cântă undeva într-o clădire (studiou sau sală de concert), el nu va putea fi auzit de ascultătorii săi decât la o distanţă foarte limitată, ceea ce reduce şi numărul acestora. Vibraţiile sonore emise de el se pierd odată cu parcurgerea spaţiului, mai precis odată ce masele de aer pe care ele le pun în mişcare devin prea mari. *Drumul* acestor vibraţii devine ne sigur şi sfârşeşte chir prin a dispare, aşa cum se întâmplă câteodată şi cu drumurile terestre. Soluţia pentru a face muzicianul nostru auzit la distanţe foarte mari, şi deci a căpăta un auditoriu aproape nelimitat, este, asemănător cazului drumurilor terestre, crearea unui „pod". Şi inteligenţa umană a creat acest pod: *transmisiile prin unde electromagnetice.* Cuvântul este la origine latin: *trans-mitto, misi, missum,* ceea ce înseamnă a trimite dincolo, iar baza lui, *trans-eo,* înseamnă a merge dincolo, a trece *peste.* Tot ce nu poate fi comunicat „pe viu", adică în cadrul unui contact fizic-direct între cel ce comunică şi cel ce recepterază comunicarea, pentru a fi totuşi comunicat are nevoie de un intermediar, îndeobşte tehnic. Acest intermediar are semnificaţia unui pod, el *este mereu un pod.* Mulţimea podurilor/punţilor de comunicaţie este imensă. Trans-misiile de radio, tele-viziunea, tot felul de tele-comenzi în tehnică, tele-fonul, fax-ul, email-ul etc. etc. sunt cu toate *poduri între oameni* sau între *oameni şi maşini.* Cu greu ne putem imagina sistemul nostru comunicativ fără astfel de *poduri!*

Oricât ar părea de surprinzător, nici în lumea artei lucrurile nu stau altfel. Este cunoscut, şi chiar acceptat ca o lege fundamentală a creaţiei artistice, faptul că cel care crează se destăinuie prin opera ce o face, adică *oglindeşte* sau *exprimă* prin aceasta interiorul său emoţional şi de gândire. Dar să fim precauţi: opera nu *este* interiorul spiritual al artistului, ci numai *un mijloc de a ni-l transmite* pe acesta. Altfel, ar însemna că aristul oferă publicului chiar interiorul său spiritual – ceea ce ar fi o prostie fără de măsură şi ar aduce cu sine moartea spirituală a artistului odată cu făurirea primei opere (care ar fi mereu şi ultima). Mai ales atunci când e vorba de scriitori, de orice fel ar fi aceştia, fenomenul este şi mai clar: cel care scrie oglindeşte gândurile şi emoţiile sale în limbă şi apoi în scris, care nu este altceva decât o înşiruire de litere, cuvinte şi fraze, în fond moarte, dar care vor căpăta valoare numai la citire, adică în momentul re-învierii lor prin şi în mintea altuia. Textul ca atare este un *pod.* Gândurile şi emoţiile scriitorului rămân mereu în el, ele sunt „proprietatea" lui care va fi dezvoltată în continuare pentru viitoarea operă. În acest context este clar că toate gesturile artistice sunt *poduri între spiritul creatorului şi cel al admiratorului de artă*. Fără de *podurile-opere-de-artă* spiritualitatea artistului (dacă mai este vreuna!) ar rămâne încuiată undeva în interiorul său, condamnându-l pe acesta la autism. O lume fără *poduri-opere-de-artă* ar însemna o lume cenuşie şi ternă, fără culoare, fără vraja sunetului armonic, fără gând înaripat, fără emoţie, fără o mulţime de factori care constituie şi susţin civilizaţia spirituală umană.

În sfârşit, medicina se foloseşte şi ea de un număr mare de *poduri*. Atunci când unui pacient i se constată diagnosticul „arteră obliterată" (în limba curentă: obstrucţia sau înfundarea unei artere), el trebuie neapărat operat, căci sângele nu-şi mai poate continua *drumul* său. Chirurgul va instala un fel de tub, foarte asemănător cu artera, care porneşte puţin *înaintea* punctului obstrucţiei şi reintră în arteră *după* acest punct restaurând astfel libera circulaţie a sângelui. „Tubul" se numeşte *bypass* dar, funcţionalitatea lui este aceeaşi cu cea a *podului*: el înlocuieşte/continuă und drum (cel al sângelui) când acesta devine imposibil. Şi acele şine din titan pe care chirurgul-ortoped le montează de-a lungul unui os foarte bolnav sau chiar distrus printr-un accident, sunt, din punct de vedere static, *poduri*. Ele preiau sarcinile mecanice ale osului devenit incapabil pentru aşa ceva. Asemănarea cu drumurile şi podurile terestre este şi aici evidentă! Îndrăznesc să afirm că toată gama de medicamente *paliative* (aşadar cele care combat simptomele unei boli, în opoziţie cu cele curative care încearcă să combată cauzele) sunt şi ele *poduri*. Paliativele, de la simplele „hapuri" cotidiene împotriva durerii de cap sau de dinţi şi până la extrema morfină, nu fac altceva decât să reducă, sau în cazul fericit să elimine, durerea pricinuită de o anomalie în corp. Cu alte cuvinte, ele încearcă să restabilească o stare de confort care devine imposibilă datorită disconfortului pricinuit de durerile-simptome ale bolii. *Paliativele sunt poduri ale stării de confort* până la momentul fericit în care cauza-boală se stinge de la sine, sau un medic o va combate. Nu întâmplător în medicina de ultimă oră bate un „vânt" înnoitor şi foarte umanitar. El se numeşte *medicină paliativă* (în Germania sunt deja clinici pentru aşa ceva!), care, desigur, devine activă doar în cazurile de boli nevindecabile, ale căror simptome sunt dureri insuportabile – am numit, în primul rând, cancerul! *Anestezicele* sunt, evident, şi ele *poduri* – poduri peste durerile atroce ce se ivesc în timpul unei operaţii. Când anomalia sau boala atinge psihicul, nu mai este vorba de „confort" sau „disconfort", ci de o tragică şi ameninţătoare întunecare a orizontului fiinţei umane. Subiectul se vede *prăbuşindu-se* într-un hău adânc, fără de ieşire, sau într-o apă neagră „ca moartea" – el pierde atunci controlul asupra sa. El poate cădea în apatia tipică marilor depresiuni sau, printr-un pseudo-instinct de conservare, poate deveni furios şi chiar agresiv (împotriva acestei lumi „oribile" pe care el doar şi-o închipuie). Primul remediu este întotdeauna un *tranchilizant*, numit în psihiatrie *sedativ*. Dacă administrarea îndelungată a sedativelor ar putea combate boala psihică însăşi, se sustrage cunoştinţelor mele (mai curând mă îndoiesc de aşa ceva!). În orice caz, cel puţin pe moment, sedativele îl feresc întrucâtva pe bietul bolnav să se prăbuşească în acel hău adânc sau în acea apă îngrozitoare. Unele dintre ele, mai puternice, pot duce, pot *sus*-ţine psihicul pacientului chiar până la apariţia unui zâmbet pe buzele sale. Nu sunt oare şi *sedativele poduri*?

În situaţii asemănătoare celei descrise mai sus, unele persoane îşi auto-administrează „sedative" uşor de cumpărat, adică fără medic şi reţetă. Este vorba de consumul mărit de alcool sau de droguri. Efectul este uneori spectaculos, numai că acest fel de *poduri pentru psihic* conduc întotdeauna, după dispariţia efectului, la punctul lor de pornire din care a izvorât „necesitatea" de a le întrebuinţa. Apare dependanţa! Cercul se închide, el primeşte o autodinamică mereu crescândă. Tragedia rezultată este şi mai mare decât cea de care s-a fugit.

Cu toate că pe parcursul unor perioade destul de îndelungate ale vieţii neglijată, lăsată „de o parte" printr-un instinct de autoapărare, pieirea fiinţei umane, moartea ei, constituie pentru aceasta cea mai gravă problemă. Este doar firesc faptul că mai toate filosofiile (pe care aici le lăsăm de o parte) şi chiar absolut toate credinţele se ocupă intens de acestă temă majoră. Şi miturile, legendele sau simbolurile de pretutindeni şi dintotdeauna se referă foarte des la moartea fiinţei umane. Ar fi absolut imposibil să le amintim aici pe toate! Ne vom referi, selectiv, doar la câteva care au în conţinutul lor tema *podului*, a *apei* sau cea a *drumului*. La baza tuturora, ca un fel de pârghie determinantă sau impuls originar, stă dorinţa, visul şi chiar credinţa omului că odată cu moartea lui nu s-ar fi sfârşit totul, ci că el va *trece* de la acestă formă de existenţă, deja cunoscută aici, la o alta, încă necunoscută, dar fabulos reprezentată în mintea lui.

Prima remarcă foarte exactă şi totodată semnificativă este că *„în lumea simbolurilor podul nu se mai mulţumeşte să lege* (două puncte sau două ţarmuri – n.n.), *ci reprezintă trecerea la o nouă formă de existenţă"*[21]. Într-adevăr *făptura podului*, înţelesă ca mijloc de trecere, după moarte, înspre cealaltă formă de existenţă atât de mult dorită, apare în mai toate credinţele şi miturile omenirii. *Curcubeul* şi *Calea lactee* de pe firmamentul cerului au fost în vechime înţelese ca *poduri* între diferite nivele ale existenţei. În mitologiile nordice este închipuit un pod care începe să se clatine ameninţător deîndată ce unul care încă nu a murit îndrăzneşte să păşească pe el. În Islam *„Ţara Cerului"* este *un pod* tot atât de subţire „ca lama unei săbii". Cei păcătoşi şi imperfecţi nu reuşesc să meargă pe el şi, spre nenorocirea lor, cad în prăpastie adâncă. Şi chinezii îşi reprezentau drumul spre dincolo de viaţă ca a fi un *pod* foarte îngust de pe care păcătoşii cădeau într-o apă murdară cu sânge şi puroi. Chiar şi eroul lor legendar, pelerinul Hsüantsang, a trebuit să treacă peste acest pod atunci când a adus din India scrierile budiste. Se pare că el a trecut cu bine podul! În religia veche persiană, Mazdeismul, morţii trebuiau să treacă peste *podul Cinvat* care era subţire „ca un fir de păr". Cei care s-au dovedit a fi injuşti în viaţă cădeau de pe pod în infern. Ceilalţi, cei „buni" şi drepţi, erau aşteptaţi la capătul podului de zeiţa Fravarti, dublura angelică a sufletului lor. Această imagine s-a păstrat şi după reforma lui Zoroastru, şi dăinuieşte încă la unele etnii din Persia. În Roma antică podul era şi un simbol al legăturii între cetate şi zei. Tocmai de aceea la construcţia unui nou pod se dădea atenţie să se facă şi jertfe. Cei care supravegheau partea rituală a construcţiei erau numiţi *pontifices*, ceea ce înseamnă *făcători de poduri. Pontifexul* cel mai înalt al cetăţii, ales pe viaţă, a fost numit *Pontifex maximus*. Mai târziu, după creştinizare, episcopul Romei, deci Papa, moştenitorul scaunului lui Petru, a primit aceaşi titulatură pe care

---

[21] *Enciclopédie des symboles*, ed. Le livre de poche, Paris, 2000. (p. 548-550). Lucrarea este o variantă extinsă de către Michel Cazenave pe baza textului lui Hans Biedermann *Knaurs Lexikon der Symbole*.

o mai are şi acum în creştinismul de rit catolic: *Pontifex maximus*, înţeles ca a fi făuritorul de *poduri* între credincioşi şi Dumnezeu.

În mod intenţionat am lăsat la urmă o informaţie care m-a uluit şi în acelaşi timp m-a mişcat profund. În dicţionarul său etimologic, Alexandru Ciorănescu arată la titlul „pod" că acesta ar fi şi *„Bucăţi de pânză care se întind în calea cortegiului funerar, cu ideea de a uşura mortului trecerea pe puntea raiului"*[22]. Cel puţin pentru cei care, încă vii, iniţiază acest ritual, încerc un sentiment de duioşie şi admiraţie. El oglindeşte dorinţa, atât de umană şi altruistă, ca cel decedat să reuşească a trece în rai. Din punctul de vedere al celor care iniţiază ritul nu se pune vreo condiţie – se speră doar... *se speră şi se ajută!* Mai uman nici că se poate! Se pare că în ortodoxie, mai cu seamă în ortodoxia românească, se estompează stringenţa fatalistă a acelor drumuri neiertătoare ca „tăişul unei săbii", sau înguste ca „firul de păr". Desigur că şi în această religie există *Judecata de apoi* – la fel ca în alte religii –, dar aici ea este exercitată chiar de către zeitate, de la care se mai poate spera o blândeţe, şi nu de drumul/podul către ea. Gândul mă duce la Miguel de Unamuno care se împotrivea unui *„Dumnezeu pedepsitor"*, tipic bisericii catolice, şi îşi dorea un *„Dumnezeu iertător"*[23]. După cunoştinţele mele, doar în acest ritual ortodox din România apare (potrivit lui Ciorănescu) şi solidaritatea celor ce încă nu au murit cu cei ce au această întâmplare cumplită deja în spatele lor. Şi pentru că tot suntem în România nu las de o parte *Cimitirul vesel* de la Săpânţa, judeţul Maramureş. Humorul şi nota accentuat senină a textelor şi desenelor de pe crucile mormintelor sunt unice în lume. Această unicitate nu este neapărat numai în domeniul plastic-artistic (fără dubiu pictură naivă), ci mult mai curând în cel al sensului şi semnificaţiilor. Prin faptul că cimitirul amintit nu este unul sobru şi trist, ci încearcă să restabilească o bună dispoziţie, el este, mai ales în sensul textului de faţă, un *pod* – un *pod peste durerea celor părăsiţi* prin moartea defunctului.

---

[22] Alexandru Ciorănescu, *Dicţionarul etimologic al limbii române*, ed. Saeculum I.O. Bucureşti, 2001.

[23] Miguel de Unamuno, *Le sentiment tragique de la vie*, ed. Gallimard, Paris, 1937. O carte zguduitoare scrisă de filosoful spaniol, preofesor la Universitatea din Salamanca, ce înainte a fost teolog de prim-rang.

În spiritul deducţiei noastre potrivit căreia orice *ambarcaţiune* este şi ea un *pod*, un „pod mobil" peste ape, cum am adăugat, trecem acum – păstrându-ne totuşi la tema podul în relaţie cu moartea fiinţei umane – la motivul *lotcii*, al *bărcii* şi chiar al *vapoarelor*, aşa cum apar acestea în credinţe şi mitologii.

Barca apare frecvent în mitologie ca mijloc de a-i transporta pe cei decedaţi în „dincolo". Astfel, pe mormintele din epoca megalitică – adică din timpuri situate puţin înaintea sfârşitului preistoriei(!) –, se pot vedea şi azi încrustate siluete de bărci care, după toate presupunerile, îi transportă pe cei ce nu mai sunt pe lumea asta către legendara şi misterioasa *Insulă a Preafericiţilor*. În credinţa străveche, *„bărcile solare"*, descoperite în apropierea piramidelor din Gizeh, transportă zilnic soarele de la răsărit înspre apus, iar noaptea ele iluminează împărăţia morţilor. Sfântul Augustin (354-430), numit şi părintele creştinătăţii Europei, vede *barca* în felul următor: *„Viaţa în această lume este ca o mare tumultoasă care trebuie traversată pentru a conduce **barca** (s.n.) noastră către un port bun. Dacă reuşim să rezistăm seducţiilor sirenelor* (aluzie la *Odissea* lui Homer)*, ea ne va conduce la viaţă eternă"*[24]. De atunci clădirea principală a tuturor bisericilor creştine se numeşte, şi chiar sugerează!, o „navă", iar simbolul crucii este înţeles când ca a însemna un catarg de corabie, când o ancoră.

Dar din păcate, la fel ca în lumea reală, trecerea peste ape cu o ambarcaţiune nu este mereu simplă, lipsită de probleme sau chiar pericole. În mitologia greacă se credea că lumea celor vii este despărţită de cea a morţilor prin „fluviul infernului", numit Styx[25]. Tot aşa ca în

---

[24] Datorită simplităţii, frumuseţii şi forţei de expresie a acestor cuvinte (care, printre altele, arată clar că *barca* este şi un *pod*!) mi-am permis să preiau citatul întocmai cum apare el în *Enciclopédie des symboles* (vezi nota 21). Din care dintre scrierile filosofului-teolog este extras citatul (*Confessiones? De trinitate? De civitate Dei?* sau *Soliloquia?*) nu am reuşit din păcate să reperez.

[25] Acest râu există în fapt şi azi în Grecia, dar se numeşte *Mavro-Nero* (Apă neagră) sau *Drako-Nero* (Apa dragonului). El este un torent în nordul Arcadiei care dispare sub pământ şi reapare în estul Kalavrytei. Apa lui întunecată şi rece a inspirat întotdeauna teroarea. Numele lui derivă din adjectivul *stygeros* care înseamnă teribil sau oribil. Styx-ul este personificat ca a fi fiica lui Okeanos şi Thethis. Ea locuia sub pământ într-un castel fastuos cu

lumea reală, unde pentru a trece peste o apă este nevoie de un *pod* sau o *ambarcaţiune*, şi pentru traversarea Styx-ului era nevoie de o *luntre* şi de un luntraş. Ca atare în mitologie acestea au fost deîndată plăsmuite: legendarul luntraş se numeşte în Grecia antică **Χάρων** (*Khárôn*, lat. Charon)[26]. Numai prin serviciile lui, cei morţi puteau ajunge, peste Styx, în Hades, destinaţia lor definitvă. Charon făcea acest serviciu numai contra unei plăţi între unul şi trei *oboluri* (monedă veche grecească însemnând aprox. a şasea parte dintr-o drahmă), care se puneau sub limba defunctului la înmormântare. Cel ce nu plătea trebuia să rămână în veci pe malul infernal al Styx-ului. Asemănările cu unele rituri de înmormântare de azi, ca şi originea cuvântului „obol" (curent şi în franceză şi chiar în latină – *obolus*) nu mai trebuiesc subliniate. Bătrânul Charon se arăta a fi extrem de sever şi intransingent: el nu lăsa nici o persoană încă vie să treacă peste Styx spre Hades, iar pe cei ce au murit şi au trecut dincolo nu-i lăsa nicicum să se reîntoarcă în lumea celor vii. Totuşi au existat excepţii! Herakles s-a folosit de forţa sa pentru a-l convinge pe bătrânul luntraş să-l coboare în Infern, încă viu fiind, şi apoi să-l aducă înapoi, fără a fi plătit taxa „specială" pentru cei vii, anume o ramură de aur dăruită de o zeitate. Pentru această faptă Charon a fost timp de un an încarceruit. Şi Orfeu l-a încântat pe bătrânul morocănos, ca şi pe Cerberus (faimosul dulău ce străjuia la porţile Hades-ului), să-l lase să pătrundă în Hades ca să o readucă printre cei vii pe iubita lui, Euridice, pe care dealtfel pe drumul de întoarcere a pierdut-o definitiv. În cântul IV al *Eneidei* lui Virgiliu se

---

coloane de argint. În războiul dintre Zeus şi Titani, fiul ei, Cratos (puterea) împreună cu sora lui, Bia (forţa), care erau de partea lui Zeus, l-au prins şi încătuşat pe Prometheu. Se credea că Styx-ul, înainte de a-i aduce pe morţi la destinaţia lor definitivă, Hades-ul, îl înconjoară pe acesta de nouă ori. Odată traversat Styx-ul nu mai exista reîntoarcere. Unii cercetători consideră că „fluviul infernului" nu ar fi Styx-ul ci Acheronul. Toate aceste informaţii, şi încă multe în plus, se pot citi, printre altele, în *Nouveau dictionnaire de la mithologie*, alcătuit de Raymond Jacquenod, ed. Marabout, 1998.

[26] *Charon* este fiul Erebei (tenebrele) şi al lui Nix (noaptea). El este „vizitiul" infernului. Este reprezentat ca a fi un bătrân murdar, neîngrijit şi ursuz, ba chiar răutăcios. În mitologia etruscă el se numeşte *Charun* şi are ochi de animal, fiind înarmat cu un ciocan cu care îi maltratează pe morţi. Informaţii suplimentare adecvate: idem nota precedentă.

povesteşte cum Æneas coboară în Infern înarmat cu o ramură de aur dăruită de Apollon. Din nou ca în lumea reală (şi actuală!): cu relaţii, bani şi putere „merge totul" – se fac excepţii!

Semnificativ este însă faptul că mitul lui Charon şi luntrea sa a avut un impact apreciabil în cultura ce a urmat în Europa. Dante Alighieri este cel care introduce prin *Divina Comedie* personajul lui Charon în mitologia creştină. Michelangelo îl înfăţişează pe Charon în *Judecata de apoi* din Capela Sixtină. Într-o frescă din galeria de la Palazzo Medici Riccardi din Florenţa, făcută în 1684-1686 de către pictorul Luca Giordano, este arătat Charon cu luntrea sa într-un mod foarte expresiv şi impresionant. Unul dintre primele tablouri de mare succes ale lui Eugène Delacroix, pictat în 1822, poartă titlul *Barca lui Dante* sau *Dante şi Virgiliu* şi are ca temă mitul lui Charon. În celebra nuvelă *Moarte la Veneţia* a lui Thomas Mann apare Charon în chipul gondolierului care îl poartă pe Aschenbach prin canalele oraşului. În sfârşit, în domeniul teoriei, printre multe alte contribuţii la această temă, se cuvine a fi evocată mai ales celebra lucrare a lui Gaston Bachelard, *L'Eau et les rêves – Essai sur l'imagination de la matière*, unde filosoful consacră un întreg capitol mitului lui Charon. Lista exemplelor ar putea fi mărită, însă nu dorim să ne abatem de la firul central al acestui text.

La tema podului în relaţie cu moartea fiinţei umane şi ţinând cont de echivalenţa stabilită *pod - ambarcaţiune* în general, se impune acum formularea câtorva gânduri şi despre *vapor* şi legendele în care acesta are o funcţie extrem de importantă.

În cartea sa amintită de noi câteva rânduri mai sus, Gaston Bachelard spune: „*Adio-ul, rămasul bun la malul mării este cel mai sfâşietor şi în acelaşi timp cel mai literar dintre despărţiri. Poezia sa se trage dintr-un vechi fond de vise şi eroism. El trezeşte în noi ecourile cele mai dureroase. O mare parte a sufletului nostru nocturn se explică prin mitul morţii înţeles ca o plecare pe ape. ... Imaginaţia profundă, imaginaţia materială vrea ca apa să facă parte din moarte, ea are nevoie de apă pentru a păstra sensul morţii de plecare/voiaj. ... Toate sufletele trebuie să se urce în barca lui Charon. Foarte curioasă imagine, dacă ar fi trebuit să o privim întotdeauna cu ochii clari ai raţiunii. Însă, dacă ştim să interogăm visele noastre, o imagine familia-*

ră." (p. 90-91). Fabuloasa plecare peste apele cele mari, voiajul fără de reîntoarcere, se face întordeauna cu o *corabie* sau un *vapor*. Însă, ca în viaţa reală, nici vaporul miturilor şi legendelor nu ajunge mereu la destinaţia lui!... Pretutindeni şi în toate timpurile oamenii care trăiesc pe coastele oceanelor şi mărilor, de exemplu pe litoralul breton în Franţa, cred în legende şi poveşti fantaste potrivit cărora vapoare-fantomă, purtând marinari şi pasageri de mult dispăruţi, se apropie din când în când de ţărm, după care se pierd din nou în largul mării[27]. Imaginea este lugubră, tulburătoare şi înfricoşătoare. *Vapoare-poduri-nebune* ce au uitat menirea şi chiar ţinta lor, vagabondează, ca un om dement cu minţile pierdute, pe pânza nesfârşită a apelor indiferente. Legendele mai spun că marinarii, şi chiar şi ambarcaţiunile, se umflă, se dilată în timpul nesfârşitei pribegii pe apa rea şi rece. Adevărat: tot ce-a fost odată viu şi moare-n apă, creşte şi se deformează, se umplă cu Pieire, până la a nu mai fi. Aşa e apa, atunci când ea cavou devine! Se reîntorc la ţărmul lor de baştină bătrânii cei uriaşi, a căror ani se numără în sute, ca să-şi revadă miresele în alb, demult ţărână devenite? Ce vor bătrânii cinici după atâţia ani în care n-au venit? E oare mâna răutăcioasă a lui Charon din nou în joc? Sau e o stranie perversitate însăşi a legendelor? Unde este nebunia şi demenţa cea mai mare: în larg, unde colindă în bezmeticie vapoarele-fantomă, sau în mintea celor de pe ţărm, speriaţi, cu suflet scâlciat de frica morţii şi de apele adânci şi mari? Infernalele epave-apariţii continuă la infinit o Moarte ce nu vrea să omoare până la sfârşit, o Moarte ce nu mai poate să ajungă spre un „dincolo". Ele sunt un *pod* spre un *niciunde*. Un pod nebun, dement şi angoasant. Un *pod-coşmar* apocaliptic.

---

[27] Cel mai cunoscut vapor-fantomă este aşa numitul *Olandezul zburător*. El a devenit foarte frecvent o temă pentru mulţi oameni de artă. Amintim în fugă doar opera *Der fliegende Holländer* de Richard Wagner (1843), *Memorien des Herren von Schnabelewopski* de Heinrich Heine (1834), *Found in a Bottle* (Manuscris într-o sticlă) de Edgar Allan Poe (1833), nenumărate picturi, cum de ex. *The Flying Dutchman* a lui Albert Pinkham Ryder (1887) şi filmul *Pandora şi Olandezul Zburător* (1951) cu James Mason şi Ava Gardner. Dacă cineva se încumetă să consulte o listă a tuturor apariţiilor de nave-fantomă, adesea dispărute cu mulţi ani în urmă, va fi pătruns de un fior terifiant. Lista este imensă şi mărturiile convingătoare!... Se poate ajunge la gândul că legenda nu ar fi legendă, ci chiar realitate!

O mulţime incomensurabilă de poduri se întind *în* şi *prin* viaţa noastră! Poduri peste ape şi prăpăstii, poduri-mândrie naţională, poduri performanţă a tehnicii, poduri-încredere într-o viaţă mai bună, poduri-loc de a se sinucide, poduri peste impasuri materiale, peste dureri, peste prăbuşiri psihice, poduri de comunicare, poduri-opere-de-artă, poduri pentru după moarte, spre un „dincolo" mai bun şi poduri-coşmar apocaliptic, atunci când Moartea nu duce până acolo unde trebuie. Adaugăm aici şi „podurile peste timp şi spaţiu", care ajută la parcurgerea distanţelor imense şi la scurtarea timpului necesar pentru aceasta: *zborurile cu avionul*. Omul a mai născocit şi *structuri întregi* de *poduri* de comunicare, cu toate legate între ele, numite *internet*. Şi încă multe alte tipuri de poduri vor fi, cu siguranţă, inventate.

Fără îndoială civilizaţia noastră se sprijină în mare măsură pe poduri, ea are *nevoie* de ele – altfel nu ar mai putea funcţiona. Pe drept s-ar putea pune întrebarea *de ce* este aşa şi nu altfel. S-ar putea interpreta *nevoia de poduri* ca a însemna *nevoia de sprijin* a civilizaţiei noastre; cu alte cuvinte podurile ca un fel de prelungire şi amplificare a posibilităţilor fizice reduse ale fiinţei umane. Podurile înţelese ca un fel de cârjă? Nicicum! A înţelege astfel problema nu ar mai fi „pe drept", ci ar fi o greşeală gravă de gândire. Cu toate că pare straniu, chiar păstrând aceeaşi terminologie – podurile înseamnă *sprijin*, ele sunt o *prelungire şi amplificare a posibilităţilor fizice* reduse ale fiinţei umane –, dar privind dintr-o altă perspectivă vom ajunge la cu totul alt răspuns la întrebarea de mai sus „*de ce* este aşa şi nu altfel" (adică de ce civilizaţia noastră are nevoie de poduri). Spunem de la bun început, şi de data asta iarăşi pe drept, că apariţia şi dezvoltarea podurilor are aceleaşi izvoare determinante cu apariţia şi dezvoltarea uneltelor. Da, *podurile sunt şi unelte*! Motivul apariţiei şi motorul dezvoltării amândurora nu este dorinţa omului de a depăşi slăbiciunea sa fizică, ci, în mult mai mare măsură, dorinţa ancestrală a lui de a-şi *optimiza* viaţa. Aproape inutil să mai adăugăm că noţiunea de *progres* o include pe cea de *optimizare*! De la ciocanul sau toporul cioplit în piatră şi până la computer, în cazul uneltelor, şi de la trunchiul de pom peste un pârâu şi până la internet, în cazul podurilor, cu toate sunt *mijloace de optimizare* a vieţii; iar *optimizarea* este celălalt cuvânt pentru *eficienţă*. Nici *podul* şi nici *unealta* nu trebuiesc degradate la nivelul unei cârje, căci ele, şi mai ales dezvoltarea lor fabuloasă, constituie blazonul de onoare al minţii omeneşti şi fac parte din nobilele vlăstare ale spiritului optimizării/progresului, specific fiinţei umane. Dorim poduri! Cât mai multe, cât mai sigure, cât mai trainice şi cât mai bune poduri!

***

Este foarte posibil ca cititorul să fi înţeles că prin aceste ultime fraze uşor patetice aş fi încheiat eseul de faţă – s-ar fi putut bine să fie aşa, dar totuşi nu suntem încă la sfârşitul textului! Doresc să mai reţin atenţia bunului şi răbdătorului cititor asupra unui alt soi de poduri – promit, ultimul! – care nu-mi lasă linişte deloc. Este vorba de *„podurile politice"* cu toate consecinţele lor economice, sociale şi culturale.

Asemănător cu podurile înţelese la mod propriu, podurile politice apar, sau sunt necesare, atunci când *drumul* unei societăţi nu mai satisface majoritatea şi deci se arată a fi *ineficient*. La mai toate nivelele vieţii societăţii în cauză problemele se înmulţesc până ating o „masă critică". Necesitatea unui „pod" peste impas devine imperioasă. În acest caz, ori se petrece o „explozie", ceea ce în limbaj politic înseamnă o *revoluţie*, îndeobşte cu incalculabile riscuri şi pierderi, ori unul sau mai mulţi politicieni vizionari întreprind o *reformare* generală a sistemului, ceea ce înseamnă, în fond, a respecta şi înfăptui cerinţele crescute şi fireşti ale *evoluţiei*, deci a-i conferi acesteia un *salt calitativ* necesar. Atât *revoluţiile* cât şi *evoluţiile în salt calitativ* sunt *poduri politice* peste primejdioasele ape ale stagnaţiunii, care este mereu generatoare de nemulţumiri sociale. Ele sur-montează un impas politic grav, numit pe drept şi *criză*. Este adevărat că atât unele cât şi celelalte au eşuat uneori, sau au degenerat în ce priveşte scopurile lor iniţale; exemplul revoluţiei comuniste este elocvent. Îmi apare inutil a enumera aici celebre revoluţii sau evoluţii în salt calitativ – cititorul le cunoaşte cu siguranţă. Este însă avenit a reliefa diferenţa între cele două tipuri de poduri politice. Aceasta este exact diferenţa dintre Mao şi Deng Xiaoping în China şi cea dintre Lenin şi Stalin pe de o parte, şi Mihail Gorbaciov pe de alta, în Rusia.

Dictaturile comuniste au avut impertinenţa şi aroganţa auto-euforizantă să declare sus şi tare că sistemul introdus de ele ar fi cel mai bun şi deci cvasi-ultimul cuvânt al evoluţiei societăţii omeneşti. Chiar şi Hitler a fost ceva mai modest spunând că „Reich-ul" său va dura 1000 de ani! Mao vorbea de 10.000 de ani! Slavă Domnului, nici unul dintre cele trei sisteme nu a durat atât cât „părinţii" lor au prevăzut. Nimeni nu s-a încumetat însă să facă o prognoză cât va dura sistemul actual al democraţiilor capitaliste. Nici măcar nu a spus cineva că acesta ar fi infailibil. Este bine, este prudent şi inteligent aşa!

Sistemul capitalist a debutat rău, în sensul că era dominat de rapacitate şi egoism, ceea ce a determinat o exploatare fără scrupule a celor lipsiţi de capital. În treacăt fie spus că acestă situaţie disperată a celor mulţi a fost „apă pe moara" teoreticienilor comunismului ce tocmai atunci îşi formulau tezele. Cu alte cuvinte, prin debutul său strâmb capitalismul şi-a crescut adversarii de mai târziu. Analiştii vremii, cum de exemplu celebrul econom, filosof şi matematician englez John Maynard Keynes (1883-1946), vorbeau deja de un *„animal spirit"* care face capitalismul iraţional şi imprevizibil. *„Capitalismul –* spunea Keynes *– se bazează pe ciudata convingere că oameni rapace, se vor îngriji totuşi de bunăstarea generală."*[28] Din fericire, mai cu seamă după Războiul II Mondial, sistemul capitalist s-a redresat, actorii săi principali au părăsit acel *„animal spirit"* şi chiar şi rapacitatea exagerată, şi a devenit un sistem raţional şi cât de cât previzibil. Cei odinioară oprimaţi au ajuns la minunata situaţie de a gusta mult visata bunăstare generală. Desigur, politicieni-vizionari au contribuit hotărâtor la crearea acestui *pod-evoluţie în salt calitativ*. Este de presupus că o asemenea prefacere a fost posibilă, şi chiar necesară(!), şi datorită temerilor că sistemul comunist, adversarul de seamă al capitalismului, ar putea infecta masele de nemulţumiţi. Ideea nu este deloc speculaţie căci – ce straniu! – deîndată ce adversarul numit comunism s-a prăbu-şit, capitalismul a luat un avânt nemaiîntâlnit, sub forma de el mult iubită şi slăvită a *globalizării*.

Că falimentul unuia înseamnă des în economia liberă şansa celuilat se ştie şi nu este nimic de reproşat în asta. Dar că „celălalt", în cazul nostru sistemul capitalist, acum eliberat de concurenţă, fără alternativă, fără nici un „frâu" diriguitor, fără scrupule sau limite se îndepărtează vădit de obligaţii sociale şi morale, ascultând doar de

---

[28] Citatul este extras din renumita revistă germană DER SPIEGEL (Nr.20/11.05.09). Traducerea lui „liberă" îmi aparţine.

dictatul profitului și al egoismului, este ceva nou și brutal care atrage după sine, bineînțeles, reproșuri. Dar ce am spus că ar fi „ceva nou"? Din păcate fenomenul este vechi! Așa cum am văzut mai sus fenomenul a fost reperat și criticat încă de la începuturile capitalismului. Din punctul de vedere al marilor mase de oameni lipsiți de capital, globalizarea ne reglementată, care este „jocul" preferat al actualului capitalism, răpește o parte din bunăstarea celor care au avut-o, iar celor ce n-au avut-o niciodată nu le dăruiește mai mult decât o mică parte din ceea ce ei au sperat. Ambele grupuri de oameni – cei cărora în societățile capitaliste tradiționale li se ia, și cei cărora în societățile devenite recent capitaliste li se dă prea puțin – nu pot fi mulțumite. Și nemulțumirea crește pe an ce trece. Mulțumiți sunt doar „căpitanii" industriei ca atare și a industriei financiare, eminamente speculative, care primesc remunerații nerușinat de înalte, revoltătoare pentru toată lumea (chiar dacă uneori sunt vinovați de greșeli care au condus la faliment!) și, bineînțeles „echipa" lor de încredere. În acest fel, capitalismul revine azi la statutul său moral și etic de la începuturi, la „debutul său strâmb". Globalizarea nu este altceva decât varianta modernă, *high-tech*, a vechiului capitalism mânat de acel primitiv *„animal spirit"* rapace, fără scrupule și egoist. Bun-venit în secolul XXI, *animal spirit*!

A aștepta de la protagoniștii globalizării că ei, de la sine putere, *se vor îngriji totuși de bunăstarea generală* (Keynes), echivalează în naivitate cu a aștepta de la un tigru ca acesta să cedeze o parte din prada lui unui cățeluș fămând. Dar, în vreme ce tigrii și toate marile animale de pradă mai au un rest de „generozitate" și, după ce s-au săturat, lasă altora resturile pradei lor, marii actori ai globalizării nu fac nici măcar asta – ei nu se satură niciodată și, pe deasupra, sunt mari artiști în a face provizii, mult peste necesitate, după motto-ul „dacă am 100 de milioane nu strică încă 20". (Cred că am făcut iarăși o greșeală: profiturile cele mari nu se mai numără astăzi în milioane, ci în miliarde...)

Nu este menirea mea – nu am competența și nici dorința – de a schița soluții pentru a depăși această situație care a devenit chiar o *criză*. În plus, acest eseu despre poduri ar fi un loc ne potrivit pentru asemenea gânduri. O singură idee este evidentă: Statului, respectiv statelor, le revine sarcina urgentă ca prin măsuri politice și legislative să reformeze întregul sistem, în așa fel, încât chiar globalizarea să însemne un câștig pentru *toată lumea*. Odată ce politica nu a reușit la momentul potrivit să ia măsuri profilactice împotriva efectelor secundare nefaste ale actualei dezvoltări, cu atât mai mult ea *trebuie* azi să surmonteze criza. Numai printr-un catalog întreg de decizii politice de mare inteligenţă şi curaj, neapărat armonizate în întreaga lume!, ar fi posibilă făurirea unui *pod-evoluţie în salt calitativ* şi astfel evitarea ivirii unui *pod-revoluţie* cu toate riscurile pe care acesta din urmă în mod inerent le-ar avea. Sigur, este relativ uşor să se *spună*, însă extrem de dificil să se *facă* aşa ceva. Pentru o asemenea întreprindere este nevoie imperioasă de tocmai ceea ce pretutindeni lipseşte: *politicieni-vizionari*, adevăraţi *pontifices* în politică. În istoria omenirii au fost întotdeauna în momente de criză ceruţi şi aşteptaţi *Pontifexi politici*.

Dar din păcate politica de azi, vădit aservită protagoniştilor globalizării care o şantajează permanent cu desfiinţarea masivă a locurilor de muncă, se mulţumeşte să orbecăie pur şi simplu la nivelul superficial al problemelor. În campaniile electorale apar stupidităţi de genul „Cu noi spre un viitor luminos", „Mai multă dreptate şi echitate" etc. Aşa cum mulţi comentatori de mare profesionalitate şi integritate au observat, nu este de constatat în campaniile electorale nici o urmă de viziune politică şi nici măcar de răspunsuri-soluţii viabile privind viitorul. Când politica îşi aminteşte că totuşi trebuie să fie faţă de alegători concretă este atunci vorba doar de câteva procente aici şi alte câteva colo. Atât! Semnificativă este „boala" politicienilor că atunci când dau ceva, de ex. 15 € pe lună mamelor, se exprimă în miliarde, iar când măresc impozitele se exprimă în procente care dese ori încep cu un zero în faţa virgulei. Atât de mare este frica lor de armata influentă a lobiiştilor! Totul ameninţă a deveni o mascaradă tristă, mai ales atunci când politicienii *nu fac ceea ce spun şi nu spun ceea ce fac*, lucru care se întâmplă foarte des. În mod fatal îmi revine în minte celebra replică din *O scrisoare pierdută* de Caragiale: *„Din două una, dati-mi voie: ori să se revizuiască, primesc! dar să nu se schimbe nimica; ori să nu se revizuiască, primesc! dar atunci să se schimbe pe ici pe colo si anume în punctele esenţiale. Din această dilemă nu puteţi ieşi. Am zis!"* Chiar dacă această frază nu este tocmai identică celor ventilate de politică în zilele noastre, absurditatea şi goliciunea de idei pe care ea o sugerează este totuşi o caricatură a lipsei de idei şi viziuni a politicii din ziua de azi. Caragiale este actual – şi chiar pretutindeni! Până nu apar *Pontifexi* *politici*, nici noi nu putem „ieşi din această dilemă". Rezultatul este frustrarea politică, neîncrederea în politică. O masă mereu crescândă de cetăţeni nu mai fac uz de dreptul lor democratic de vot adoptând parola „Oricum, cei de sus fac mereu ce vor ei". Erodarea însăşi a democratiei şi principiilor ei nu poate trece ne observată!

Este neapărat de consemnat ideea că, privită în perspectivă filosofică, această criză social-politică declanşată de globalizarea economică, nu este un fenomen izolat, născut din voinţa cuiva, ci ea face parte organică dintr-o criză mult mai amplă şi profundă pe care eu o numesc *criza spiritului timpului* actual. „Spiritul timpului", aşa cum îl înţeleg eu, este instanţa care hotărăşte într-o epocă dată ce are valoare şi ce nu. Nu este necesar să dau prea multe explicaţii şi nici exemple. Doar atât: în evul mediu a nu crede în ceea ce religia propăvăduia era un caz pentru inchiziţie, adică execuţie – şi asta era considerat a fi un lucru bun, a fi bine! După părerea multor filosofi şi a altor oameni cu gânduri profunde, criza spiritului timpului de azi se datorează unei ciudate dizolvări, chiar aboliri a *coeziunii* şi interdependenţei dintre *Adevăr, Bine* şi *Frumos*. Acest principiu al *coeziunii* dintre cele trei sfere – în fond *Cunoaştere* (pentru Adevăr), *Morală* (pentru Bine) şi *Estetică* (pentru Frumos; dar „estetică" înţeleasă în cel mai larg sens al cuvântului, nu numai artă!) – a fost încă din antichitatea greacă „coloana vertebrală", sau, cum spune filosoful Peter Sloterdijk, „sistemul nervos central ontologic" al spiritualităţii europene. Subliniem: *coeziunea, interdependenţa* era principiul de bază şi nu cele trei sfere în sine, căci, aşa cum am sugerat mai sus, *Binele*, de pildă, este o noţiune care se defineşte de la o epocă la alta în mod diferit (vezi exemplul cu inchiziţia)! Acceptând că Binele ar fi tot ce este prielnic omului, însă fără a produce detrimente semenilor şi/sau întregii comunităţi umane, vom vedea că aproape toate permutările de condiţionare reciprocă dintre Adevăr, Bine şi Frumos sunt posibile. De exemplu: un *Adevăr* – niciodată interpretabil! – va fi considerat a fi *frumos* numai dacă este şi *bun* (crimele, de ex. sunt adevărate, dar deloc bune!); un lucru sau o faptă *bună* este *frumoasă* numai dacă este şi *adevărată* etc. etc. Dar, din păcate, coeziunea dintre aceste trei sfere pare a nu mai exista astăzi. Sloterdijk spune: *„Adevărul tinde să piardă legătura sa cu Frumosul şi Binele. Frumosul se emancipează cu grandioasă şi ameninţătoare încăpăţânare capricioasă, iar Binele devine ceva ce ar fi prea frumos ca să* *fie adevărat. ... Adevărul modern tinde să fie doar corect sau consecvent, Binele modern înseamnă folositor sau succes, iar Frumosul în timpul nostru este impresionant* (efect!, n.n.) *sau doar evident, fără de sens sau idee* (germ. *sinnfällig*) (decorativism, n.n.)"[29].

Dacă într-adevăr deriva centrifugală a celor trei sfere este motivul crizei *spiritului timpului* nostru, atunci trebuie consemnat că o emancipare exagerată a individului, începută foarte frumos în Renaştere, însă degradată printr-o falsă înţelegere a libertăţii, dusă până la liberalism, este catalizatorul principal al fenomenului. În acest caz ar fi fost – din nou! – artibuţia politicii să întreprindă măsuri profilactice împotriva fenomenului, sau, acum, să îl combată, dacă aşa ceva mai este posibil... Mă gândesc în special la sistemele de învăţământ care nu mai predau tinerilor valori morale şi etice fundamentale, dar şi la medii care, aşa cum am mai spus într-o scriere, au degenerat de la funcţia lor de *educator* la cea de *bufon* al maselor. Îndeplinirea unei asemenea sarcini uriaşe ar echivala construcţiei unui *pod splendid peste criză*, cel mai însemnat pod construit vreodată de fiinţa umană! Avem nevoie de un asemenea pod, avem nevoie de *Pontifexi geniali*!

Odinioară, copiii din România cântau un cântec frumuşel, fără să-şi dea seama că rosteau *filosofie politică*:

> *Podul de piatră s-a dărâmat,*
> *A venit apa şi l-a luat.*
> *Vom face altul pe râu in jos,*
> *Altul mai trainic şi mai frumos.*

Când? Când, Doamne Dumnezeule, când?

Filosoful Emil Cioran spunea undeva că în timp de criză e bine să dormi până aceasta trece. Eu nu pot să dorm... Am insomnii politice...

Am isprăvit acest eseu într-o noapte rece şi ploioasă de octombrie 2013

---

[29] Peter Sloterdijk, *Kopernikanische Mobilmachung und ptolemäische Abrüstung*, Suhrkamp Verlag, 1987. Citatele se găsesc la p. 30-31.

O lumânare

Chiar dacă vrem sau nu, vine un timp în viață în care aprindem lumânări pentru cei, odinioară dragi nouă, care au plecat fără de reîntoarcere sau au dispărut înaintea noastră. El, timpul în care aprindem lumânări, vine neîndoielnic. El vine! Vom aprinde din ce în ce mai multe lumânări, până când însăşi lumina noastră se va fi sfârşit. Atunci vor fi alții, pe care i-am iubit şi ne-au iubit, cei ce vor aprinde lumânări pentru noi.

Aşa, se creează prin ani şi veacuri, un lanț de lumini-lumânări care se întinde deasupra Vieții şi deasupra Morții, unind şi re-unind oamenii dintotdeauna şi de pretutindeni în splendida lor slăbiciune de mare noblețe – aceea de a se iubi. A iubi înseamnă a revărsa, a da lumină şi, totodată, a se ilumina, a se scălda în acea lumină. Iubirea este lumină. Plecarea nu determină sfârşitul iubirii, aşa cum nici moartea ființei nu determină şi moartea iubirii! Plecarea fără de reîntoarcere pricinuieşte un gol sufletesc abia de suportat, iar moartea este în subconştientul nostru colectiv asociată mai mereu cu întunericul, cu negrul. Tocmai de aceea vrem să le arătăm celor plecați lumină, adică dragoste. Tocmai de aceea aprindem lumânări pentru sufletele lor, dar şi pentru ale noastre.

Pentru cel rămas, plecarea fără de reîntoarcere a celuilalt echivalează cu o moarte. *Partir c'est mourir un peu* – se spune în franceză, a pleca înseamnă a muri puțin, sau „întrucâtva". Cât de adevărat, dacă ne gândim la sufletul pustiit şi la dorul ce-l stârneşte plecarea celui ce a fost, şi mai este, drag! Şi moartea ca atare nu este altceva decât o plecare definitivă. Moartea-prin-plecare, dar şi plecarea-prin-moarte arată mereu că *a rămâne* este probabil mai greu decât *a pleca*. De aceea lumânări aprinse pentru cei plecați fără de reîntoarcere, dar şi pentru cei dispăruți din lumea asta. Aşa cere datina noastră atât de frumoasă!

Dar de ce tocmai o lumânare? Ce este, ce simbolizează, ce „spune" lumânarea?

Introdusă în Europa de către veneţieni în secolul VIII după Cristos, lumânarea, la origini o invenţie arabă[30], s-a răspândit considerabil mai întâi ca mijloc de a ilumina. Ea înlesnea şi după căderea nopţii lucrul „cu acul şi cu pana de scris" – aşa cum frumos se exprimă un autor. În taina întunericului lumânarea se arăta a fi, pentru cei ce munceau cu scrisul, şi sursă de inspiraţie. Încă Voltaire exclama plin de încântare „a face poezie la lumânare".

Dar adevărata şi marea „carieră" a lumânării, care dăinuie şi după invenţia luminii electrice, până în zilele noastre, se datorează lărgirii considerabile a câmpului semnificaţiilor ei simbolice. Lumânarea însemnă, în fond, o minusculă flamă care este aşezată – şi trăieşte! – la capătul de sus al unei coloane-piedestal, asemenea unei statui. Înţelegem cu uşurinţă că flama, adică în comparaţia noastră statuia, este mai importantă decât piedestalul ei, adică lumânarea ca obiect. Statuia ca atare este „hrănită" şi îmbogăţită estetic de suportul pe care stă. Şi flama lumânării îşi datorează viaţa hranei, de data asta la modul concret!, pe care i-o furnizează micuţul ei piedestal din ceară.

Prin lumânare aşezăm aşadar flama la loc de cinste. O facem pentru că orice foc furnizează atât *lumină*, cât şi *căldură*. Lumânarea *simbolizează lumină şi căldură* – două elemente fără de care viaţa ar fi imposibilă. Spunem deci că lumânarea *simbolizează viaţa*. Şi pentru că ea, lumânarea, ne dă lumină şi căldură numai la nivel simbolic, în cantităţi minuscule, în vreme ce soarele este cel ce ne oferă în mod concret şi generos aceste două elemente fundamentale, ne avântăm să adăugăm că *lumânarea simbolizează soarele*. Când aprindem lumânări pentru cei dragi, plecaţi sau dispăruţi, le arătăm puţină *lumină*, puţină *căldură*, o fărâmă de *viaţă* şi de *soare*. Aprindeţi lumânări pentru cei ce nu mai sunt cu noi! Aprindeţi!

Elementele *Lumină* şi *Căldură*, respectiv *Foc*, atât de bine simbolizate de lumânare, au şi ele, la rândul lor, însemnătăţi fabuloase pentru dezvoltarea emoţonalităţii, dar şi, mai ales, a gândirii umane.

---

[30] *Bougie* – cuvântul francez pentru lumânare – se trage din numele vechiului oraş algerian *Bougie*, unde se producea în mari cantităţi ceara necesară pentru confecţionarea de lumânări. Vezi, printre altele, *Dictionnaire étymologique de la langue française*, Oscar Bloch şi Walther von Wartburg, ed. PUF/QUARDIGE, Paris, 2004.

Chiar tind să cred că aceste două elemente ocupă un loc central în formarea culturii noastre. Iată de ce: percepţia are loc întotdeauna *înaintea* conceptului, ea este apriorică acestuia. A numi şi denumi, a formula prin limbă, în mod univoc, percepţii privitoare la lumea exterioară, aşadar a trece de la *percept* la *concept*, este gestul cel dintâi în făurirea culturii. Or, în vremurile de început ale civilizaţiei, fără îndoială omul a *perceput*, înainte de toate şi poate la modul cel mai acut, *lumina* şi *focul* şi, mai ales, importanţa incomensurabilă a acestora pentru viaţa lui. Apoi, fireşte, le-a *denumit*, îndeplinind primul act de cultură(!), după care le-a dat şi *semnificaţii* din ce în ce mai diverse şi profunde, ţesând deja la marea pânză a culturii. În raport cu importanţa lor, este normal că aceste două elemente au preocupat intens fiinţa umană de la începuturi până în zilele noastre. Astfel, au apărut de-a lungul timpului zeci, poate chiar sute de semnificaţii, dar şi aplicaţii practice, ale luminii şi căldurii/focului, şi asta în mai toate domeniile culturale: în mitologie şi religie, în poezie, în toate artele, în filosofie, în navigaţia pe mări, în tehnologie, în agricultură, dar şi în cea mai mare parte a ştiinţelor numite exacte, începând cu fizica, trecând prin matematică şi sfârşind cu medicina.

Fie şi numai o enumerare necomentată a însemnătăţilor şi aplicaţiilor luminii şi căldurii care au fost găsite de cultura universală s-ar întinde pe mai multe zeci de pagini. O asemenea întreprindere mi se pare a fi aici neavenită. Voi evoca mai jos doar câteva puncte de maximă importanţă.

L u m i n a. Ea este cel mai mare dar pe care fiinţa umană l-a primit din partea naturii. O scurtă schiţă a etimologiei cuvintelor care se referă la lumină va oglindi, prin mulţimea de semnificaţii pe care gândirea umană la acordă acestora, cu siguranţă enorma lor însemnătate[31].

---

[31] Pentru toate aspectele etimologice evocate mai jos, a se vedea Julius Pokorny, *Indogermanisches Etymologisches Wörterbuch*, A. Framke Verlag, Tübingen und Basel, ed. a 4-a, 2002, Pierre Chantraine, *Dictionnaire étymologique de la langue grecque*, ed. Klincksieck, Paris 1999 şi Alfred Ernout et Antoine Meillet, *Dictionnaire étymologique de la langue latine*, ed. Klincksieck, Paris 2001.

Între sudul munţilor Ural şi nordul Mării Negre, ca şi în estul Turciei de azi, trăiau pe vremuri îndepărtate triburi etnice numite de noi astăzi indo-europeni sau, mai cu seamă în Germania, indo-germanici. Între anii 8.000 şi 1.000 înaintea lui Cristos ele au migrat în două direcţii: spre nord-vest şi sud-vest, înspre actuala Europă, şi spre est, înspre India. Limba acestor etnii este prima limbă pe care ştiinţa modernă a reconstituit-o aproape complet şi în forma ei scrisă. În Europa limba indo-europeană a înlocuit vechea limbă vasconă, vorbită odinioară de poporul basc, iar în India a înlocuit-o pe cea dravidică, născând astfel vechea indiană şi cea de cult, numită sanscrită. Influenţe hotărâtoare a avut limba indo-europeană şi asupra limbilor slave sau asupra celor arabe. Este deci de la sine înţeles că orice etimologie bine fundamentată pentru cuvinte de importanţă capitală începe mereu cu indo-europeana.

Pentru *lumină*, indo-europenii aveau chiar două cuvinte: *leuk-* (1: a lumina, lumină; 2: a vedea!) şi *bhā-*, *bhō-* (a străluci, a lumina, a apărea, dar şi a vorbi!). Forţa de impact a acestor două cuvinte în tărâmul lingvistic şi în cel al gândirii este impresionantă. Istoria lor trece prin milenii şi influenţează zeci de limbi! Numai dacă ne gândim la faptul că primul cuvânt înseamnă, pe lângă lumină, şi *a vedea*, iar cel de-al doilea, de asemenea pe lângă lumină, şi *a vorbi*, am fi deja convinşi de profunda importanţă a acestor cuvinte. Nu înseamnă *a vedea* şi *a vorbi* piatra de temelie a oricărui gest cultural? Dar asta este încă prea puţin. Semnificaţiile sunt şi mai profunde.

Iată numai câteva puncte în evoluţia cuvântului *leuk-*:

-În India el devine *rúc* – ceea ce în indiana veche şi în sanscrită înseamnă strălucire, lumină, dar şi în sens figurativ consideraţie, prestigiu şi prosperitate.

-În Europa *leuk-* devine în greaca veche *leykos* adică lumină, strălucire şi alb, iar în latină *lūx*, *-cis* ceea ce înseamnă lumină. Acest cuvânt latin stă la baza cuvintelor actuale *lux*, cu toate derivatele sale, şi *luciditate*, dar şi la baza italienescului *luce*. Nume ca *Lucifer*, *Lucia* sau *Luceafăr* au aceeaşi origine.

-Din *leuk-s-men*, un derivat al indo-europeanului *leuk-*, latinii au creat şi cuvântul *lūmen* care stă la baza unei lungi serii de cuvinte, cum de ex. *luna, lumière, lumină* etc. etc.
-În limbile germanice *leuk-* generează zeci de forme, cum sunt *liuhath* în gotică, *loug* în germana cultă veche, anglo-saxonul *lieg*, islandezul *leygr*, germanicul *leutha*, saxonul vechi *lioht* şi, în sfârşit, pentru a nu lungi prea mult enumerarea, actualul cuvânt german *Licht*. Toate acestea înseamnă lumină.
-În aria limbilor slave, *leuk-* devine în limba tocarică *luk*, a lumina, apoi în slava bisericească veche şi în bulgară *luča*, ceea ce înseamnă rază de lumină şi mai târziu în actuala limbă rusă *luč*, de asemeni rază de lumină. Numele *Luca* are aceeaşi origine.
-Mai amintim că englezescul *light*, spaniolul *luz*, sau suedezul *lijus* aparţin, printre încă multe altele, aceleiaşi familii bazată pe indo-europeanul *leuk-*.
Dar de-a dreptul senzaţională este însă evoluţia şi fertilitatea în domeniul intelectual al celuilalt cuvânt indo-european pentru lumină: *bhā-, bhō-* (a străluci, a lumina, a apărea, dar şi a vorbi!).
-În limba indiană veche şi în sanscrită, *bhā-* este preluat ca atare şi înseamnă lumină, strălucire, dar şi stea. Prin diferite combinaţii lingvistice el primeşte însă o mulţime de semnificaţii: *bhāti* = a lumina, a străluci; *pra-bhā* = a luci, a se lumina deodată (vezi revelaţie), a licări şi a apărea, sau a se ivi; *bhās* = a străluci, a ilumina, dar şi a lămuri; *bhan* = a lumina, dar şi a vorbi!
-Menţionăm numai că *bhā-* devine în tocarică *pam*, ceea ce înseamnă clar/claritate, iar în armeana veche *banam*, însemnând a deschide, a dezveli/descoperi, a arăta şi a face vizibil.
-În drumul său spre Europa „*bh*" din indo-europeanul *bhā-* se transformă, mai ales în perimetrul culturii greceşti, în „*ph*" adică litera *phi*, pronunţată astăzi ca „f". Astfel sunt generate cuvintele *phae-* (în greaca homerică a străluci şi a apărea), *phayos-* (în eolică lumină dar şi mântuire, fericire etc.) şi, în sfârşit, cuvântul din limba atică *phos-* cu

aceleaşi înţelesuri, dar al cărui genitiv este binecunoscutul *photos*, ce stă la baza cuvântului modern fotografie.

-Din homericul *phae-*, grecii au creat cuvântul *phaino* care înseamnă: 1 (tranzitiv) a arăta, a pune în lumină, a face cunoscut şi 2 (reflexiv) a deveni vizibil, a se pune în lumină, a se arăta, a apărea. Pe baza lui *phaino* a apărut cuvântul *phainomenon*, ceea ce astăzi se cheamă în toate limbile pământului *fenomen*. În *phaino* şi *phainomenon* răsună, prin miile de ani, toată bogăţia spirituală de semnificaţii ale cuvântului *lumină*: cele din indo-europeană şi sanscrită, a străluci, a apărea, a lumina şi a vorbi, cea de claritate din tocarică, cea de a arăta, a deschide, a dezvălui şi a face vizibil, prezentă în armenească. Aşa începe uluitoarea „carieră filosofică" a vechiului indo-european *bhā-*, aşa începe lumina să însemne filosofie sau, dacă vreţi, începe filosofia să însemne lumină.

Este meritul incontestabil al spiritualităţii greceşti antice, nu numai de a fi creat cuvântul *phainomenon*, ci şi de a-i fi conferit un rol filosofic de excelenţă. Traducerea exactă a acestui cuvânt este: a arăta, a aduce în lumină, a face vizibil, a apărea. Ce va fi arătat sau se arată? Ce este pus în lumină şi devine vizibil? Despre ce „vorbeşte" un fenomen? Răspunsul îl dau tot grecii, mai cu seamă Platon: prin *fenomene* se manifestă *principiile eterne, esenţele, Ideile*, care sunt mereu cauza acestora. Or, Ideile, principiile eterne, esenţele, nu pot fi *percepute* prin simţuri, ci doar *concepute* prin ceea ce grecii numeau *noos*, adică puterea gândirii, înţelegerea şi raţiunea. Astfel s-a născut cuvântul *nooymenon* ca antinomie la *phainomenon*. Drumul de la *phainomenon* la *nooymenon* este cel evocat mai sus, de la *percept* la *concept*. El este drumul cunoaşterii umane. Această metodă de gândire este preluată de toate filosofiile şi ştiinţele până în ziua de azi. Mereu se porneşte de la *apariţie*, pentru a ajunge la *esenţă*!

Lumina, care simbolizează şi însoţeşte, atât la propriu, cât şi la figurat, acest nobil drum, *dez-văluie* ceea ce bezna *în-văluie*, adică Lumea toată. Cei fără de „lumina ochilor", orbii, cunosc Lumea cu totul altfel decât noi... Lumina *dăruieşte Lume*! Când aprindem o lumânare pentru cei ce nu mai sunt printre noi, le dăruim un crâmpei de Lume –

un crâmpei din Lumea noastră, în care ei au fost, odinioară, atât de bineveniți și atât de dragi nouă!

F o c u l. Acest al doilea element simbolizat de lumânare are, la rândul său, o simbolică vastă, foarte adânc împământenită în gândirea omenirii, însă din punct de vedere al semnificațiilor și fertilității lingvistice el este mai sărac decât conceptul de lumină. De aceea renunțăm aici la etimologii. În plus, trebuie remarcat că simbolica sa este ambivalentă, adică atât pozitivă, cât și negativă. Negativ este faptul că focul, prin însușirea sa de a distruge aproape orice, apare în mitologii și credințe ca un instrument de *pedeapsă post mortem* a celor care în viață nu au respectat îndemnurile și poruncile sistemului religios-ideologic în vigoare. Locul „execuției" se numește *hades*, *infern* sau *iad*, iar *focul este călăul* principal.

Interesant este că tocmai datorită acelorași puteri de distrugere ale focului apar și semnificațiile sale pozitive – chiar în sporită măsură! Pozitiv este focul nu numai datorită utilității sale, dar și, mai ales, datorită puterii sale de a *distruge Răul*. Așa, focul este înțeles în mitologii și credințe ca un *element purificator*. Pe aceste temeiuri, în timpurile de început ale civilizației focul a fost respectat, invocat, cântat și adulat de toate popoarele lumii. Exemplul cel mai strălucit este și cel mai vechi în istoria omenirii: imnurile adresate zeiței focului, *Agni*, în celebra carte sanscrită *Rig-Veda*. Mai mult: focul a fost atât de prețuit, încât s-a crezut că la începuturi el era în exclusivitate privilegiul zeilor. Mai toate mitologiile povestesc faptul că el a fost furat din raiul zeilor și dăruit muritorilor. Mitul lui Prometeu, numit și binefăcătorul omenirii(!), care fură focul din Olimp ca să-l dăruiască oamenilor, fapt pentru care Zeus îl pedepsește cumplit, este semnificativ și, în simbolica sa, poate funcționa ca suplinitor pentru mituri asemănătoare din întreaga lume. Nu întâmplător tema lui Prometeu a fost preluată atât de des în literatură, muzică și arte plastice!

Și filosofia consacră focului, încă din timpuri străvechi, un loc aparte. În Europa, mai precis în Grecia antică, sunt Heraclit și Empedocle cei care numesc focul ca unul dintre cele trei, respectiv patru, elemente constitutive ale universului: foc, pământ, apă și aer. Heraclit consideră focul chiar ca fiind elementul de bază din care se nasc, dar şi în care se reîntorc celelalte[32]. Ceva mai târziu, Aristotel preia doctrina celor patru elemente consacrând, de asemenea, un rol primar focului.

În China exista o carte a oracolului, numită *I Ging* (= cartea schimbărilor; *„totul se schimbă, neschimbată rămâne schimbarea"*) în care, încă mai devreme de secolul XI înainte de Cristos, sunt enumerate opt elemente fundamentale ale naturii: cer, pământ, mare, munte, foc, apă, tunet şi vânt. În aşa-numita „perioadă a primăverii şi a toamnei" (770-476 î.C.) şi în cea următoare, a „regatelor în conflict" (475-221 î.C.), apare o nouă viziune asupra elementelor fundamentale, de data asta cinci la număr, prin care se explică originea şi unitatea însuşirilor tuturor lucrurilor în lume. Aceste elemente formează cunoscutul tabel chinezesc: lemn, foc, pământ, metal şi apă. Filosoful chinez Zhou Dunyi (1017-1073), întemeietorul „Şcolii ideilor" în timpul dinastiei Song, aprofundează şi nuanţează definitiv sistemul celor cinci elemente, care de atunci se numeşte *Diagrama Taiji*. Semnalăm că în cadrul acestei diagrame focul simbolizează: yang bătrân, inimă, vene şi artere, ordine, căldură, sudul, vara şi nota muzicală „*la*"[33].

În Europa secolului XX, printre alţi autori care au publicat lucrări interesante privind focul, filosoful francez Gaston Bacherard aduce prin cartea sa *Psihanaliza focului* o contribuţie de excepţie. Din bogăţia de semnificaţii şi simboluri pe care filosoful le descifrează în fiinţa focului amintim aici doar dimensiunea erotică a acestuia[34].

Având în vedere cele expuse mai sus cu privire la foc nu este de mirare că acest element ocupă, de-a lungul miilor de ani, un rol primordial în multe ritualuri, mai ales de jertfă, şi tradiţii[35]. Pentru a nu

---

[32] Vezi, printre altele, şi Wilhelm Capelle, *Die Vorsokratiker*, Alfred Körner Verlag, Stuttgart, 1968.

[33] Mai multe nuanţe sunt de citit în cartea mea *Gânduri altfel despre…* (cap. *…lemn şi bunătate*), ed. Clusium, 2007 şi/sau Shaoping Gan, *Die chinesische Philosophie*, Primus Verlag, Darmstadt, 1997.

[34] Gaston Bachelerd, *La psychanalyse du feu*, ed. Gallimard, Paris, 1949.

[35] Pentru o descriere mai amplă a miturilor legate de foc, a se vedea *World Mythology* editată de Roy Willis, © Duncan Baird Publishers Ltd. 1993, şi *Enciclopédie des symboles* ed. Livre de poche, 1996.

lungi prea mult expunerea de faţă amintesc numai câteva datini care mai sunt actuale. În Mexic se aprind lumânări la fiecare început de an – pentru un an nou mai bun. În mai toate locurile de cult religios se aprind candele sau lumânări, iar lumânarea de botez şi cea de nuntă sunt păstrate în familie adesea ca obiect de mare preţ. În sfârşit, pe pomul de Crăciun, ca şi pe tortul de aniversare, se aprind, de asemenea, lumânări. Dar poate cea mai elocventă datină este cea din credinţa creştin-ortodoxă, atunci când în noaptea Învierii credincioşii aduc, cu ajutorul lumânărilor aprinse, *lumina* şi *focul* simbolic în casele lor.

În multe limbi se asociază focului sentimentele şi percepţiile intense. În română sunt cunoscute, printre altele, expresii ca „o fată frumoasă foc", cineva se poate supăra „de mama focului", a izbucni „cu foc", „focul privirii" cuiva, „focul iubirii" şi al tinereţii, a se „înfoca" sau „înflăcăra" pentru o idee sau cauză.

Nu trebuie uitată nici ideea că focul simbolizează locul unde se adună familia – pe vremuri mereu în jurul unui foc. Cuvintele „cămin" şi „vatră" desemnează atât soba ca atare în care arde focul, cât şi casa părintească. Focul „de tabără" şi cel în jurul căruia seara, după ziua întreagă de lucru, mai ales ciobanii povesteau poveşti şi legende uneori năstruşnice, au aceeaşi semnificaţie. În jurul său, *focul uneşte oamenii*.

În sfârşit, încheiem mica dizertaţie despre foc evocând teza lui Bachelard, expusă în aceeaşi carte amintită mai sus, potrivit căreia acest element simbolizează şi *principiul verticalităţii*. Flama, spune filosoful, derivă, pâlpâie la cea mai mică adiere de vânt, de parcă ar trage să moară, dar se redresează mereu spre în sus, asemenea voinţei spiritului de a trăi. Ce asemănare cu afirmaţia lui Blaise Pascal, potrivit căreia omul nu este decât un fir de trestie, cel mai slab din natură, căci doar o boare sau o picătură de apă îi ajunge acestuia pentru a fi distrus. Însă, adaugă filosoful, omul este un fir de trestie care gândeşte, iar aceasta îi conferă toată demnitatea[36]. Flacăra la Bachelerd şi firul de trestie la Pascal sunt la fel ca fiinţa umană: slabe, sensibile, periclitate. Însă numai în aparenţă! Amândouă se redresează spre în sus, spre viaţă şi demnitate – prin voinţă la Bachelard şi prin gândire la Pascal. Flacăra simbolizează *voinţa de a trăi*, dar în acelaşi timp, ca lumină, şi *puterea*

---

[36] Vezi Blaise Pascal, *Pensées* (nr. 231-232 după numerotarea Sellier).

de a gândi. Lumânarea le simbolizează pe amândouă: voinţa de viaţă şi gândirea întru cunoaştere.

***

Dacă în moment de răgaz gândul se avântă în raiul amintirilor şi se iveşte în suflet dorul de un zâmbet cald, prietenos, dorul de un sfat bun şi de acea strângere de mână care redă speranţa şi încrederea, dorul de tot ce a dat cândva fiinţa dragă, dispărută sau numai plecată fără de reîntoarcere, dacă se face frig în suflet, aprindeţi o lumânare! Prin ea veţi primi din nou puţin din ceea ce a fost şi nu mai poate fi. O singură lumânare ajunge. O lumânare…

Am încheiat lucrul la acest text la începutul lunii iulie 2013

Timp, ape şi priviri

Că totul în această lume se schimbă în permanenţă este deja de mult timp un loc comun în gândirea umană. Ideea a formulat-o încă Heraclit din Efes, cu cinci sute de ani înaintea naşterii lui Cristos. Pentru tot ce există – fiinţe şi lucruri – nu *a fi* este etern, ci *a deveni*![37] Acest adevăr este *ştiut* – aşadar în prealabil *înţeles* şi *învăţat*.

Necontenita schimbare universală se sustrage percepţiei imediate – la fel cum, de exemplu, deriva continentelor. Totuşi, atunci când fiinţa umană a parcurs deja o parte din drumul ei de la ivire înspre pieire, ea este în stare să perceapă şi chiar să priceapă – deci să *înţeleagă!* – unele aspecte ale fenomenului schimbării/prefacerii permanente. Capacitatea de a percepe şi mai ales aceea de a înţelege fenomenul se lărgeşte şi adânceşte odată cu înaintarea în vârstă. Nu în ultimul rând, propriile schimbări – sub toate aspectele! –, îi sunt fiinţei umane „semnal de alarmă", indicator, dar şi îndrumător în înţelegerea fenomenului devenirii şi deci al ireversibilităţii în timp. Aşadar, odată cu trecerea *timpului* fiinţa umană *devine* conştientă de fenomenul schimbării permanente, deci al *Devenirii* universale.

Prin această ultimă afirmaţie am legat noţiunea de *Timp* cu cea de *Devenire*. Foarte corect aşa, căci orice *Devenire* se petrece în *Timp*, are nevoie de timp, ea are, se mai spune, „timpul său". Dar acest „timpul său" este, în fond, o ficţiune cu iz poetic, o reprezentare subiectiv-perceptivă, deoarece nici o *Devenire* nu poate poseda *Timp* şi nu are mai nimic comun cu *Timpul*, care este o idee (vezi Platon, respectiv nota 37), deci este etern şi fără vreun început, sfârşit sau geneză. Convenabil este mai curând a numi timpul unui proces de devenire/schimbare nu „timpul său", ci *durata* sa. Unii filosofi au recurs la

---

[37] Platon a descris şi formulat definitiv acest gând hotărâtor pentru toată gândirea filosofică ce a urmat. În al său dialog *Timaios* (27 d) el arată că tot ce există este în permanentă geneză şi prefacere, în vreme ce numai ideea este eternă şi nu are devenire. Întrebarea – devenită celebră – de la care porneşte filosoful în demonstraţia sa este: „Ce *este* mereu fără a *deveni* (fără a avea o geneză/origine), şi prin urmare ce *devine* în permanenţă, în mod concret, şi nu *este* nicicând?".

această nuanţă semnificativă[38]. Timpul, ca idee, se sustrage total percepţiei, în vreme ce *durata* unei deveniri/schimbări se oferă acesteia ca o unitate de măsură *sui generis* şi doar condiţionat valabilă a Timpului. În limbajul de zi cu zi se spune „totul la timpul său", „a sosit şi timpul recoltei" sau despre o persoană care a murit că „i s-a isprăvit timpul". Fals! ...dar în acelaşi timp cuceritor şi chiar fascinant prin naivitatea atât de omenească de a lega *durata* cea scurtă şi limitată de *Timpul* cel fără de margini! Timpul nu „soseşte" sau „se isprăveşte" sau „aparţine" cuiva – mult mai rău: indiferenţa lui faţă de tot ce există (şi va pieri) este înfiorătoare. Totul depinde de el şi se încadrează în tactul său necunoscut, în vreme ce el nu depinde de nimic şi de nimeni. El, Timpul, este duhul şi tatăl angoasantei ireversibilităţi a tot ce este, devine şi dispare. Nu Timpul cuiva, al unui fenomen sau proces, „curge" sau „se scurge", cum se mai spune, ci numai *durata* acestora!

Tocmai de aceea, când ne gândim la fiinţa umană, a cărei devenire este încarcerată fatal într-o *durată* limitată între ivire şi pieire, purtând pe umeri povara sufocantă a ireversibilităţii, apare ca o posibilă metaforă *curgerea* şi *scurgerea* ei prin timp. Putem oare asemui viaţa fiinţei umane cu apele care curg şi se scurg? Desigur! Şi asta nu numai datorită însuşirii apei, dar şi, ceva mai metaforic exprimat, a vieţii umane de a curge. Mai mult: a) atât apa, cât şi viaţa fiinţei umane ajung la lumina zilei prin izvorâre, respectiv naştere. Ambele acte au aceeaşi simbolică, anume cea a juisării dintr-un pântec matern unde s-au format, ori adunat, din minuscule fragmente. Pentru viaţă, fabulosul pântec este mama, iar pentru apă este pământul, numit adesea şi „pământul-mamă"; b) spre deosebire de mai tot ce există, atât viaţa cât şi apa nu au nici formă şi nici culoare specifică. Ele împrumută formă şi culoare de la împrejurimile în care se găsesc – apa şi viaţa sunt formate de acestea. În sfârşit, c) atât apa, cât şi viaţa pot dispărea: sau *coborând* înapoi, spre pământul-mamă, sau se pot volatiliza, *ridicându*-se spre cer, cum atât de des se vorbeşte în filosofia antică (şi nu numai!) atunci

---

[38] Filosoful francez Henri Bergson aduce în discuţie conceptul de *durată* (mai ales în *Durée et simultanéité. A propos de la théorie d'Einstein* – 1922). Atrag atenţia că în lucrarea de faţă întrebuinţez noţiunea de *durată* nu întocmai cu semnificaţiile date de Bergson.

când e vorba de spiritul ființei umane după moartea acesteia. Pe drept, se spune că ele pot seca.

Enumerăm câteva apariții specifice ale apei: imediat după nașterea/izvorârea ei, apa este un pârâu, apoi ea devine un râu, un fluviu și, în sfârșit, o Mare. Ea mai poate fi și un lac (celelalte înfățișări ale ei – rouă, ploaie, nori etc. – le lăsăm deocamdată deoparte). Continuând încercarea de a face o paralelă între ape și viața ființei umane, se impune acum cu claritate o corespondență simetrică între *aparițiile apei* și *vârstele vieții*, atât de specifice și atât de diferite. Astfel:

1. Pârâului îi corespunde prima copilărie.
2. Râul se asemuie tinereții.
3. Fluviul poate simboliza maturitatea.
4. Marea poate însemna maturitatea avansată și bătrânețea.
5. Lacul este în însușirile sale aidoma bătrâneții avansate.

Vârste și ape

▶ *Pârâul* este *apă-copil*. Abia ivit din pântecul mamei-pământ se pune să gonească înspre un undeva pe care nici măcar nu îl cunoaște – la vale, pur și simplu la vale. Goana este joaca lui de copil – și tare îi place asta! De întâlnește în drumul-lui-joacă vreo pietricică ceva mai mare sau vreo treaptă în micuța-i albie, nici că se sinchisește – el le ocolește și se rostogolește mai departe, face piruete glumețe, tumbe și salturi îndrăznețe, volte mici și elegante. În naivitatea lor, pârâul și copilul *nu înțeleg* ce înseamnă un *obstacol*, fie și într-o goană fără de voință și de țel spre nu se știe unde sau spre joc de dragul jocului. Simpatica și senina naivitate fără de griji a pârâului-copil ne transportă într-o *lume bucolică*.

▶ *Râul* este *apă-tinerețe*. Masa și forța fostului pârâu-copil a crescut considerabil. El pare acum a avea o voință și un țel precis. Se pare că a înțeles că *obstacolele* trebuie, cu orice preț, învinse. Zi cu zi, clipă de clipă, el *învață*, chiar de la obstacolele ce-i stau în cale, ce și cum trebuie să întreprindă pentru a le învinge. Lucrarea lui nu mai este jocul, ci necesitatea și lupta de a-și croi un drum după bunul său plac. În urmărirea acestui țel, râul-tinerețe este în stare să mobilizeze forțe incredibile. El poate sfârteca, tăia, zdrobi și nimici chiar munții din granitul cel mai tare – în pofida faptului că durata acțiunii se întinde uneori pe mii de ani. Nici măcar timpul nu-i este obstacol! Dacă este animată de voinţa şi dorinţa râului, nimic nu poate fi un obstacol pentru fiinţa tânără! Acest permanent „cu orice preţ" conferă râului-tinereţe o *notă romantic-eroică.*

▶*Fluviul* este *apă-maturitate.* Avântatul şi bătăiosul râu de odinioară s-a liniştit. El are o linişte suverană sau o linişte pe care i-o conferă suveranitatea lui. El este lat, adânc şi mare. Bătăliile decisive sunt demult date şi câştigate. Din trecutul lui, fluviul a *învăţat* tot ce a fost de învăţat – el *ştie* acum aproape tot. Mai ales, el ştie că a sosit momentul lui *a da, a dărui* din ceea ce a învăţat despre menirea lui ca apă sau ca fiinţă umană. Asemănător unui zeu fabulos din timpurile demult trecute, el se plimbă tihnit prin natură, când la dreapta, când la stânga, desenând meandre tandre şi împrăştiind cu generozitate udul-său-bărbat, fără de care nici o naştere nu e posibilă – nici naşterea vie-ţuitoarelor şi nici cea a lui a şti! Prin echilibrul ce-i este specific, fluviul-maturitate are o amprentă de clasicism, iar prin funcţia lui fecundatoare – de umezeală, dar şi de ştiinţă! – el apare ca o făptură mitologică. Fluviul-maturitate este deci *clasic-mitologic.*

▶*Marea* este *apă-bătrâneţe.* Aşa cum în natură, mai ales în cazul fluviilor foarte largi, graniţa exactă între fluviu, la vărsarea lui în Mare, şi Marea ca atare nu poate fi percepută, tot astfel vârstele fiinţei umane: nu se poate spune cu precizie când se sfârşeşte maturitatea şi când începe bătrâneţea. În fond, bătrâneţea este o maturitate avansată, mult prelungită. Orice formulă fixă în ce priveşte o delimitare a acestor vârste ar avea riscul imens al artificialităţii şi arbitrarului. Siguranţa de sine şi independenţa de tot ce există sunt în cazul Mării supreme. Ea îşi ajunge sieşi pe deplin şi nu-şi mai părăseşte locul. Dacă fluviile sunt suverane, atunci Marea, dar şi bătrâneţea, sunt *senioriale* – şi asta în ambele sensuri ale cuvântului! Nici măcar *a învăţa* sau *a şti* nu mai sunt menirile primare ale Mării-bătrâneţe, căci ea a învăţat şi ştie tot. Ea a devenit *înţelepciune* pură! Furtunile ei năprasnice, de orişicine temute, nu mai sunt lupte împotriva obstacolelor, ci gigantice convulsii interne, nelinişti ale propriei reflexiuni. Marea şi bătrâneţea sunt reflexive! Ele se întorc mereu spre sine însuşi. Apa-Mare este logodită doar cu Vântul şi cu Luna – cu Duhul lumii şi cu Cerul, s-ar putea spune. „Respiraţia" Mării este Vânt-Duh, iar atenţia ei începe să se îndrepte înspre alte lumi, îndepărtate şi sclipitoare. Doar cu aceste două elemente cooperează Marea, influenţând totul pe lumea asta şi nelăsându-se influenţată de nimic. În cazul fiinţei umane, înţelepciunea bătrâneţii-apă-de-Mare ar trebui să funcţioneze în societate ca un far luminos, dăruitor de orientare şi desenator de orizont şi de hotare. În vremurile trecute, şi câteodată chiar şi azi, „sfătuitorii-far-luminos" ai celor ce cârmuiesc destinele au fost mereu cei bătrâni şi înţelepţi. Din aceste cauze voi spune că bătrâneţea-apă-de-Mare este o *stare apolinică*.

▶ *Lacul* este *apă-bătrâneţe-avansată*. Lacul este apă pe deplin liniştită. Legăturile lui cu alte ape, dar şi cu tot ce este în jur, sunt reduse aproape la zero. O apă care parcă s-a retras din orice fel de activitate, în afară de aceea de a *oglindi* tot ce este în jurul ei, dar şi întreaga boltă cerească, spre care este în permanenţă orientată. Lacul este o apă care parcă se pregăteşte pentru marea plecare înspre dincolo, înspre a nu mai fi. Deodată cu filosoful francez Gaston Bachelard spunem că „*Lacul este un mare ochi liniştit. Lacul absoarbe toată lumina, făcând din ea o lume întreagă. Prin el, lumea este contemplată şi reprezentată*"[39]. Desigur că lacul, „ochi al lumii" de aici şi de dincolo, nu este numai contemplativ, ci este, la rândul său, şi contemplat, ceea ce înseamnă că el devine şi o sursă de inspiraţie şi meditaţie poetică. În sfârşit, Bachelard conchide citându-l pe Paul Claudel: „*Astfel, apa este privirea pământului, aparatul acestuia de a privi timpul...*"[40]. Dacă Marea mai „cooperează" doar cu Vântul şi cu Luna, lacul, ca oglindă privitoare, e şi mai îndepărtat de orice element străin lui: el e logodit doar cu *Lumina*. El *vede* Lumina lumii de aici şi de dincolo, oglindind pasiv întreaga lume a Luminii. Prin asta putem spune că lacul *nu este* meditativ, ci, mult mai mult, el *invită* la meditaţie. Când făptura umană, împinsă de o înclinaţie narcisiacă bine ascunsă în subconştientul ei, se oglindeşte pe pânza apei de lac, ea păşeşte pe drumul meditaţiei. Ea se miră de propria apariţie, de Lumina

---

[39] Gaston Bachelard, *L'eau et les rêves, Essai sur l'imagination de la matière*. Această lucrare a lui Bachelerd este o meditaţie superbă asupra misterelor, simbolisticii şi semnificaţiilor apei. Ea este o carte de referinţă care în mare măsură ne-a inspirat pentru textul de faţă.

[40] Paul Claudel, *L'oiseau noir dans le soleil levant*, citat de Bachelard în lucrarea evocată la nota 39.

ei oglindită în ape, ea se supără, se dezamăgeşte sau se minunează şi pricepe, în sfârşit, diferenţa, dar şi interferenţa(!), dintre *apariţie* şi *esenţă*. În afară de a fi *ochi* şi *oglindă*, lacurile nu fac nimic altceva decât *să aştepte*. Ele aşteaptă să se fi scurs *durata* lor. Aşa, lacul este supus, şi el, ca toate cele şi, asemenea fiinţei umane, dictatului Timpului. Când li s-a scurs durata, lacul şi fiinţa umană seacă şi orbesc. Orbire înseamnă ruperea Luminii şi îndepărtarea definitivă de Lume. Atunci, lac şi fiinţă umană nu mai *privesc* şi nu mai *oglindesc* nimic, ci doar *se* oglindesc într-un ungher ascuns al amintirii noastre. Amintirea este oglindă a ceea ce a fost şi nu mai este! Dorul nostru de fiinţa dispărută şi dorul de magia lacului liniştit înseamnă deseori *dorul de Întreg* şi acela de a depăşi *Timpul*. Datorită liniştii absolute, a pasivităţii şi a orientării permanente spre în sus, spre bolta cerului, tind să consider apa-bătrâneţe-avansată ca având o *stare siderală*.

Privirile vârstelor

S-ar părea că prin această paralelă între înfăţişările apelor şi vârstele fiinţei umane am enumerat, fie şi doar punctat, ca într-un inventar, caracteristicile lor esenţiale. Din păcate nu este cazul, căci, mai ales în ce priveşte vârstele fiinţei umane, tema are o amplitudine imensă şi cere o aprofundare considerabilă.

Când am spus despre ape că ele „învaţă" sau „ştiu" a fost, fără îndoială, o metaforă care se referea mai cu seamă la corespondentul uman al unei sau altei înfăţişări ale apei. În adevăr, nici o apă nu poate *învăţa* sau *şti* ceva, căci îi lipseşte conştiinţa, atât de specifică fiinţei umane şi numai ei. Tocmai din perspectiva acestei diferenţe fundamentale între fiinţa apelor şi cea umană este necesară o analiză mai detaliată a procesului de *cunoaştere conştientă* specifică numai omului. Nu ne vom avânta aici în teoria cunoaşterii în general, ci vom aborda selectiv numai câteva aspecte.

Pornim pe calea deducţiilor noastre în spiritul bunei tradiţii filosofice de a distanţa în gând *subiectul* de *obiect* – altfel spus: subiectul cunoscător şi obiectul de cunoscut, sau omul/eul său şi lumea în care se găseşte (adică tot ce nu este el însuşi).

Este de netăgăduit că încă de la cea mai fragedă vârstă copilul descoperă lumea din jurul său, începe să o cunoască. Procesul se sfârşeşte probabil abia cu moartea. Încet, încet, el devine conştient că se află într-o relaţie indisolubilă cu lumea înconjurătoare de la care primeşte sau nu ceva, de la care doreşte sau nu ceva, de care trebuie, în anumite circumstanţe, chiar să se ferească sau să se apere. Orice vieţuitoare, chiar şi animalul, ştie sau, respectiv, simte asta. Spre deosebire de animale, oamenii, înzestraţi cu conştiinţă şi o anume putere de analiză, reuşesc să-şi facă o imagine despre lumea lor, adică dobândesc o anume *privire* asupra lumii. Deja devine evident că, spre deosebire de fiinţa umană, apele nu pot fi subiect şi cu atât mai puţin au vreun obiect ce stă în faţa lor.

Important este că această *privire* (în filosofie numită – cvasiintraductibil! – *Weltanschauung*) este mereu prezentă, chiar dacă sub aspectul calităţii şi al gradului de exhaustivitate sau profunzime ea variază extrem, în funcţie de subiect, de la primitiv, simplist, normal şi până la marile sisteme ştiinţifice sau filosofice. Pe acestea două din urmă, ce ţin evident de profesie şi vocaţie, le lăsăm deoparte şi ne ocupăm numai de *privirile* asupra lumii, care sunt personale şi hotărăsc sau configurează acţiunile fiecărui individ în parte.

Privirea fiinţei umane asupra lumii poate fi *obiectivă* sau *subiectivă*, însă mai poate fi şi *prospectivă*[41] sau *retrospectivă*. La o analiză mai atentă se evidenţiază chiar permutări între cele patru concepte: privirea poate fi prospectiv-obiectivă sau prospectiv-subiectivă, dar şi retrospectiv-obiectivă sau retrospectiv subiectivă.

---

[41] *prospecţie/prospectiv* este format pe baza prefixului greco-latin *pro-* şi latinescul *spectō. Pro-* are mai multe sensuri (apărare/protecţie, în interesul cuiva sau a ceva, substituţie = în locul cuiva, sau desemnează o *proporţie* – ex. „la sută"). În cazul cuvântului *prospecţie, pro-* funcţionează în sensul său de *înspre înainte* sau *înspre în afară* – local sau temporal. Cuvântul latin *spectō, -ās* înseamnă a *privi*, a se *orienta* spre..., a *observa* (de unde se formează, printre altele, şi cuvinte ca spectacol, spectator, expectativă etc.). În *Vocabulaire technique et critique de la philosophie* al lui André Lalande (Quadrige/PUF ed. a 5-a, Paris, 1999, p. 846) este citat filosoful francez Maurice Blondel care în *Annales de philosophie chrétienne*, 1906, I, 342 propune pentru prima dată introducerea termenului *prospecţie* în terminologia filosofică.

Privirile obiective

Acestea sunt nici mai mult şi nici mai puţin decât acte de cunoaştere a lumii exterioare subiectului. Funcţia lor este aşadar *cognitivă*. Orice act de cunoaştere este, mai întâi, o *prospecţie* a subiectului în imperiul obiectului. În cadrul proceselor de cunoaştere privirea *prospectiv-obiectivă* este indisolubil legată de cea *retrospectiv-obiectivă*. *Retrospecţia* asupra cunoştinţelor dobândite prin *prospecţie* înseamnă permanenta re-valorizare şi aprofundare a acestora, înseamnă înglobarea lor în structuri cauzale, ceea ce deseori conduce la lărgirea orizontului semnificaţiilor lor. Maurice Blondel (vezi nota 41) arată că în opoziţie cu gândirea – în termenii folosiţi aici „privirea” – *prospectivă* „*care este concretă, sintetică, practică şi finalistă*”, gândirea (privirea) *retrospectivă* sau „*reflecţia analitică*” se repliază, speculativ sau ştiinţific, mereu asupra sa. Mai departe autorul spune că „*aceste două forme de cunoaştere nu se despart niciodată ... ele se armonizează*”. Pe scurt: *privirea retrospectivă* este în cadrul proceselor cognitive una *reflexivă, meditativă, analitică* şi, nu în ultimul rând, *valorificatoare*, adică *interpretativă*.

De aici se înţelege că nu *cantitatea* cunoştinţelor dobândite prin prospecţie ci *calitatea* lor, sporită prin reflecţia analitică şi meditativă a retrospecţiei pe timp îndelungat, poate deschide drumul chiar spre înţelepciune. Tocmai din această cauză este mai greu de imaginat un înţelept la vârstă fragedă. Înţelepciunea cere timp, răbdare şi linişte pentru retrospecţia meditativă, fapt pentru care ea aparţine mai curând celor ce au avut şi folosit aceste bunuri de preţ – adică bătrânilor. Cantitatea cunoştinţelor aduce cu sine doar erudiţia, care nu are încă nimic de a face cu înţelepciunea. Nu întâmplător Nietzsche recomanda lectura a numai treizeci de cărţi. Ne întrebăm care sunt acele cărţi. Deoarece filosoful nu dă nici o bibliografie(!), este evident că el se referă mai ales la cum şi în ce măsură vor fi valorificate/aprofundate informaţiile primite.

Mai adăugăm că în cadrul procesului cognitiv *retrospecţia* este, la fel ca perechea ei inseparabilă, *prospecţia*, o *constantă* de-a lungul întregii vieţi – chiar dacă în diferite perioade procesul variază calitativ şi/sau cantitativ. Nu trebuie omis nici faptul că *retrospecţia* funcţionează doar cu ajutorul *memoriei*, a aducerii aminte a cunoştinţelor dobândite prin *prospecţie*. Aşadar: *retrospecţia* este în cadrul procesului de cunoaştere o *constantă valorificatoare, structuratoare* şi *analitic-meditativă*, sprijinindu-se pe *memorie* şi secondând mereu *prospecţia.*

Privirile subiective

Din capul locului trebuie subliniat că acestea nu mai au o legătură directă cu procesul cunoaşterii şi că, diferit de cele obiective, ele sunt *variabile*. În funcţie de vârstele fiinţei umane, privirile subiective se diferenţiază hotărât între ele. Terminologic putem deci reveni la paralela de mai sus dintre înfăţişările apei şi vârstele fiinţei umane.

►Este evident că la începutul *vârstei pârâului* privirea subiectului asupra lumii consistă mai întâi în a o cunoaşte prin joacă pe aceasta din urmă. Mai devreme sau mai târziu apare pentru prima dată şi problema relaţiei individului cu lumea – altfel spus, fiinţa umană se *înglobează subiectiv* în privirea ei asupra lumii, ea *se vede* în lumea pe care a început să o cunoască. Ea îşi pune deja întrebarea *Ce scopuri şi dorinţe am?* Dar privirea ei asupra lumii, nefiind încă la această vârstă destul de exactă şi exhaustivă, răspusurile-dorinţe sau scopuri vor fi naive. De exemplu, băieţii doresc să devină, să zicem, mecanici de locomotivă sau fetele prinţese.

►Când privirea obiectiv-cognitivă asupra lumii se dezvoltă şi aprofundează suficient, apar scopurile şi dorinţele realiste, aşadar practicabile. Se doreşte pe drept o anume profesie, întemeierea unei familii, un anume mod de a trăi etc. Atunci apare şi întrebarea *Pe ce cale merg?* – care îndeobşte înseamnă la această vârstă alegerea şi planul pregătirii profesionale. Este clar că avem de a face cu *râul-tinereţe* şi marile sale bătălii pentru a-şi găsi un loc sau un *curs*(!) în viaţă. În această fază *privirea subiectivă* este accentuat *prospectivă*, căci nu este altceva decât o proiecţie programatică şi conştientă a propriei persoane şi a acţiunilor sale pe fundalul cunoştinţelor deja dobândite obiectiv despre lume ca obiect. Deoarece se referă la un timp viitor, vom califica acest fel de *prospecţie* ca fiind una *virtuală*; aşadar, o *privire prospectiv-virtuală* şi *subiectivă*, spre deosebire de cea *prospectiv-cognitivă* şi *obiectivă* care, mai cu seamă acum, atinge intensităţi maxime. Nu întâmplător în franceză *prospectus* (derivatul lui *prospection*) se traduce în limba greacă veche prin τὸ πρόγραμμα (pre-scriere/program!).

► Încet, pe nesimţite, râul devine fluviu. Aşa cum am spus, *vârsta fluviului* este vârsta maturităţii, în care totul se domoleşte şi merge pe o cale sigură. Este timpul de a culege şi savura rodul râvnei şi eroismului vârstei precedente. Este şi timpul de a împărtăşi celor mai tineri tezaurul adunat prin şi în privirea obiectiv-prospectivă asupra lumii ca obiect al cunoaşterii. Suveranitatea fluviului este de necontes-tat.

Ne întrebăm dacă este aşa întotdeauna. Cu evidenţă, nu! Suveranitatea-model a fluviului poate fi contestată de realitate atunci când, poate pentru prima dată, apare privirea *retrospectiv-subiectivă* asupra propriei vieţi.

Din păcate numărul celor care reuşesc să-şi îndeplinească exact scopurile- şi dorinţele-proiect formulate în tinereţe pare a nu fi majoritar. Şi mai mic pare a fi numărul celor care se pot bucura de realizări concrete ce depăşesc cu mult din punct de vedere calitativ şi/sau cantitativ proiectul iniţial. Căci, pe măsură ce vârsta maturităţii avansează, viaţa – cel mai bun şi eficace învăţător! – îi prilejuieşte individului adesea şi deziluzii. Acestea înseamnă diferenţa, câteodată enormă!, între proiectul tinereţii şi realitatea maturităţii, între dorinţă ca *prospecţie subiectivă* şi realizare, constatată în cadrul *retrospecţiei subiective*. În psihologie dureroasa şi adesea paralizanta situaţie se numeşte diferenţa dintre *existenţa proiectată* (în tinereţe) şi cea *dată*, concretă (la maturitate). Lista posibilelor deziluzii este probabil interminabilă. Numim câteva: decesuri, divorţuri, nereuşită profe-sională, boli grave, accidente, război, prăbuşiri social-politice, catastrofe etc. etc. Este necesar să adăugăm aici şi deziluziile pricinuite din vină proprie, cum ar fi hotărârile personale inadecvate privind acţiunile ce răspund la întrebările *Cum pot realiza ceea ce vreau în această lume şi viaţă?* şi *Pe ce cale merg?* În timpul maturităţii târzii, mai ales dacă asemenea deziluzii au avut loc şi se stă în faţa unei grămezi de cioburi ale proiectelor-dorinţe de odinioară, apare şi întrebarea sumbră *Ce fac eu din viaţa mea?* Această întrebare are rezonanţele disperării şi ar putea suna: *Ce mai pot face din viaţa mea?*

Astfel corectată, întrebarea nu numai că indică o îngustare drastică a câmpului opțiunilor în cadrul unei deja slăbite *prospecții subiective*, dar prevestește și bătrânețea. În aceste condiții, fluviul își pierde suveranitatea, devine pasiv și intră, mai precis este împins, în virtutea inerției, înspre *vârsta-apă-de-Mare*. Foarte puțini sunt cei care au puterea și curajul să repornească de la zero, reformulând întregul proiect al vieții lor.

▶ *Apa-de-Mare*, atât ca apă în sine, cât și ca simbol al bătrâneții ființei umane, nu-și mai schimbă locul, nu mai tinde spre altundeva. Ea atinge, într-un anume sens al cuvântului, o stabilitate. Pur și simplu, Marea și bătrânețea *sunt* – și își ajung lor însele. Așa cum am spus, ambele sunt preponderent reflexive și marcate de o anume înțelepciune. Dacă în stadiul de fluviu, ființa umană a reușit să-și păstreze suveranitatea, ca *apă-de-Mare* ea va fi, fără îndoială, seniorială. În acest caz, temutele furtuni ce o răscolesc pot fi înțelese doar ca rezultate ale reflecției filosofice despre ape, sau, în cazul ființei umane, despre oameni și viață – căci Marea este mereu un „filosof". Dacă însă în stadiul de fluviu vârsta ființei umane la maturitate avansată se revarsă în cea a apei-de-Mare fără a mai avea o suveranitate intactă, furtunile acesteia pot fi interpretate și ca gigantice convulsii generate de *retrospecția subiectivă* privitoare la propria viață, acum pe cale de a se sfârși.

La *vârsta-apă-de-Mare* subiectul percepe și pricepe că timpul rămas până la dispariția sa este în orice caz mai scurt decât timpul deja petrecut. Sfârșitul vieții devine pentru prima dată o temă concretă. Subconștientul său, dar foarte des și rațiunea!, îi interzic o înglobare prea amplă, prea înaripată a propriei persoane în privirea sa *prospectiv-virtuală* asupra lumii. Câmpul opțiunilor în ce privește făurirea privirii prospective legată de propria persoană se îngustează la această vârstă încă o dată – și fenomenul se agravează vertiginos pe an ce trece. Dictatul sever al Timpului se face auzit! La vârsta apă-de-Mare *prospecția virtual-subiectivă* se reduce deseori doar la administrarea și gestionarea timpului rămas. Este foarte dureros pentru o persoană care a început prin a fi un *visător*, apoi a continuat ca *făuritor*, adesea suveran!, să constate că a devenit doar un *gestionar* al unui timp limitat și că nu rareori mai este și „legat de mâini și de picioare" de către vicisitudinile bătrâneții înaintate. Cred că nimeni nu poate răspunde la

întrebarea: de ce oare sfârşitului îi precede prăbuşirea? Jignit şi pălmuit
de timp, împovărat de crâncena ireversibilitate a vieţii, sufletul omului
ajuns la această vârstă este unul care într-adevăr percepe şi pricepe,
poate pentru prima dată în viaţă, că puţinele ore ce i-au rămas îl rănesc,
iar ultima ucide (*Vulnerat omnes, ultima necat* – lat. despre ore).

   Ce atitudine faţă de acest deconcertant şi inevitabil aspect al
destinului uman se cade să aibă încă-visătorii şi încă-făuritorii? O
Apreciere sinceră, o profundă *Înţelegere*, un *Respect* necondiţionat şi o
Tandreţe vibrantă se cuvin semenilor noştri ajunşi la *vârsta-apă-de-
Mare*. Acestea, şi nici un milimetru mai puţin, trebuie să fie darul-
consolare şi încoronarea demnă a celor cărora nu le mai este dat să
viseze şi să făurească! O asemenea atitudine faţă de cei mai bătrâni este
şi tributul imperativ pe care avem să-l plătim principiului Umanismului.
Altfel riscăm să contribuim la dezumanizarea şi (re-)barbarizarea fiinţei
şi societăţii omeneşti. Dar, din păcate, în societatea modernă se bucură
de *Apreciere* doar învingătorii de astăzi în bătălia întru a se impune şi
nu dârzenia sau perseverenţa celor de ieri întru a făuri ceva în viaţa lor.
Înţelegerea pentru cineva dă şi ea semne de degradare, tinzând a deveni
doar un reflex social neparticipativ, păstrând o distanţă confortabilă şi
sigură faţă de cel „înţeles", sau are loc numai în măsura în care, din
raţiuni strategice, ea promite a fi oportună (de ex., să-i arăţi înţelegere
celui de care depinzi este întotdeauna optimal!). *Respectul* este acordat
din ce în ce mai des în funcţie de cât posedă – avere şi/sau influenţă
socială – persoana ce „trebuie" respectată şi, mai rar, în funcţie de cali-
tăţile umane sau intelectuale ale acesteia. În sfârşit, *Tandreţea* este
astăzi asimilată aproape complet sferei erotice, care prin mediatizare
excesivă şi obsesivă îşi pierde vădit farmecul şi vraja milenară. A se
îndoi – aşa cum o fac eu acum – că modernitatea, cronic infectată de
nevroza paranoic-dinamică a Noului, va oferi totuşi darul-consolare şi
cuvenita încoronare demnă celor cărora azi nu le mai este dat să viseze
şi să făurească nu înseamnă deloc pesimism... înseamnă trist realism!

   Odată încheiată această mică incursiune în perimetrul consecinţe-
lor morale şi etice ale *vârstei-apă-de-Mare*, pentru a conduce gândurile
noastre mai departe, ne întrebăm: ce atitudine faţă de acest deconcertant
şi inevitabil aspect al destinului uman se cade să aibă cei cărora azi nu
le mai este dat să viseze şi să făurească? Răspunsul este una din cele

mai frumoase şi eficiente „strategii" de supravieţuire ale spiritului uman. Este o dovadă fabuloasă a ingeniozităţii mentale.

Când subiectul, ajuns la vârstă înaintată, încearcă să se înglobeze în mod subiectiv în *privirea* sa asupra lumii, un viitor de mare amplitudine fiindu-i ca şi refuzat, spiritul său comută automat de la *prospecţie* la *retrospecţie*. Privirea devine deci, în sens temporal, cu preponderenţă o privire *înspre înapoi*. Astfel, la bătrâneţe, *visurile*-planuri de odinioară ale tinereţii sunt, cu ajutorul memoriei, înlocuite de *amintiri*. Este un mecanism de autoapărare a fiinţei împotriva rănilor sufletului, atunci când Timpul îi răpeşte perspectivele. Se pare că fiinţa umană are mereu nevoie de ea însăşi atunci când *priveşte* către lumea din afara ei. Ceva mai drastic abstractizat, şi filosofia spune deseori că fără subiect nu poate exista vreun obiect. Doar un aparat (neînsufleţit!) ar putea reuşi o „cunoaştere" independentă de vreun factor subiectiv, dar atunci nu mai putem vorbi de cunoaştere, ci doar de documentaţie şi, cu atât mai puţin, de o *privire* asupra lumii. Ştiinţa încearcă mereu, şi adesea chiar reuşeşte, această performanţă a obiectivităţii. Dar nu cred nicicum că asemenea aspecte ale teoriei cunoaşterii determină subiectul ajuns la vârsta înaintată să comute de la *prospecţie subiectivă* la *retrospecţie subiectivă*. Mult mai curând, nevoia fiinţei de ea însăşi, atunci când priveşte lumea din afara ei, se naşte din motive psihologice, adică emoţionale: se pare că fiinţei umane îi este dat să se iubească – în mod contrar i-ar rămâne numai sinuciderea. Iar dragostea   chiar şi cca pentru propria fiinţă – nu este de conceput fără *dar*, *dăruire* şi *grijă*. În timpul în care subiectului nu-i mai este dat să viseze şi să făurească, iubindu-se totuşi, amintirile frumoase, fie chiar şi înfrumuseţate!, devin consolarea binevenită, *darul*, *dăruirea* şi *grija* pentru propria fiinţă prin împlinirea lumii ei emoţionale. *„Conştiinţa unei vieţi împlinite şi amintirile orelor frumoase sunt cea mai mare fericire pe pământ"* – spunea filosoful englez Francis Bacon.

Despre *memoria*, care susţine desigur şi *retrospecţia subiectivă*, trebuie consemnat că ea este în acest caz *corectivă*. Ea prelucrează amintirile personale, le prepară, în sensul că le amplifică cel mai adesea aspectele pozitive, prielnice fiinţei, impregnându-le astfel chiar cu o anumită putere de fascinaţie, deci şi eficienţă. În acest sens, Cicero mergea până la a spune *„Iucunda memoria est praeteritorum malorum!"* – Plăcută este amintirea răului trecut! (*De finibus*, 2, 105). Dacă am fi dispuşi să acceptăm metafora cum că *retrospecţia subiectivă* ar fi o indicaţie/prescripţie a unui medic genial necunoscut (să-l numim „spiritul uman") pentru vindecarea sufletelor celor cărora nu le mai este dat să viseze sau să făurească, *amintirea corectivă* ar fi atunci farmacistul (tot atât de genial!) care prepară leacul prescris. Da! Spiritul uman este în mai mare măsură genial decât oamenii sunt dispuşi să priceapă!

Chiar cu riscul de a fi acuzat de speculaţie poetizată îmi place tare mult să cred că Marea ca atare are şi ea *memorie*. În pântecul ei imens ea poartă amintirea stării ce odinioară a avut-o ca *pârâu* – atunci când, în zi senină şi liniştită, valuri micuţe se rostogolesc în joacă pe plaja atât de îmbietoare. Marea îşi aminteşte şi de bătăliile date în timpurile trecute ca *râu* – atunci când se nelinişteşte şi biciuieşte necontenit stânca cea tare a coastei făcând să tremure pământul, iar pe temerarii ce călătoresc pe pânza ei învăţându-i ce înseamnă cu adevărat frica şi strângerea de inimă. Atunci când totul din nou se linişteşte, memoria Mării scăldată-n soare şi numai mângâiată uşor de vântul îmbunat se îndreaptă spre timpul ei ca *fluviu* – generoasă, ea se oferă privirii în toată maiestuozitatea ei impresionantă. Ea dezmiardă duhul cu valurile ei domoale şi poezia infinitului pe care îl mimează în albastru intens. Marea nu uită nimic: în străfundurile ei adânci şi reci, ea păstrează pe vecie şi epavele ce-au mai rămas din catastrofele trecute şi resturile fiinţelor dispărute ce n-au găsit mormânt acasă. Văduvele marinarilor pierduţi ştiu asta mai bine decât oricine.

Foarte asemănător cu memoria fiinţei umane, care o ajută pe aceasta în *retrospecţia subiectivă*, memoria Mării este şi ea *corectivă*. Toate caracterele apelor pe care Marea nu le uită, ea le reproduce în amplitudini de mii de ori sporite – aşa cum se cuvine giganticelor ei proporţii.

Fie aici subliniat şi faptul că trecerea de la *prospecţia subiectivă* a tinereţii şi maturităţii la *retrospecţia subiectivă* a bătrâneţii, aşadar schimbarea direcţiei *privirii* subiective asupra lumii, nu este deloc un proces spontan, nu poate fi localizată în timp. Această schimbare a centrilor de greutate se petrece pe nesimţite şi durează mulţi ani în care *prospecţia* şi *retrospecţia* coexistă în proporţii variabile. Îmi permit să fac o comparaţie ceva mai banală: o rachetă e lansată de pe planeta noastră pentru a ateriza pe lună. Traiectoria zborului ei este o linie dreaptă (ştiinţific, o utopie!). Nu ştiu dacă cineva ar fi în stare să repereze cu exactitate momentul în care se poate spune că racheta nu se mai *înalţă* de pe pământ, ci *coboară* către lună. Tot atât de incert şi indefinibil este „momentul" trecerii de la *prospecţie* subiectivă la *retrospecţie* subiectivă. Sigur rămâne numai faptul că fiinţa umană nu se poate despărţi de subiectivitatea ei furnizoare de emoţionalitate, fie aceasta *pro-* sau *retro-spectivă*.

Jocul neîntrerupt dintre *prospecţie* şi *retrospecţie* este un dans sublim al spiritului uman. Un dans al cunoaşterii şi al aprofundării ei şi, în acelaşi timp, un dans al încercării subiectului de a se elibera de dictatul obiectului său şi de marea necunoscută numită Timp. Este un dans care autorizează visul şi consolează la pierderea acestuia. Este un dans-răzvrătire împotriva hotarelor impuse de realitate şi împotriva ireversibilităţii. Este un dans înţelept, mai înţelept decât tot ce ne putem imagina că ar însemna înţelepciune.

► Când fiinţa, epuizată fiind, nu mai poate dansa acest dans minunat, o mână ocrotitoare rămâne totuşi deasupra creştetului ei: ea se rupe de tot ce noi ştim şi am putea înţelege şi planează altundeva, într-o lume simplă – nu atât de complicată ca a noastră! – dar *a ei proprie!* Vârsta aceasta este *vârsta-apei-de-lac*, vârsta de dinaintea marii plecări. Atât lacul, cât şi fiinţa umană privesc, aparent fără de ţintă, spre un „în sus" nedefinit – probabil bolta cerească! –, spre care curând se vor îndrepta. Atunci retrospecţia dispare – fiinţa uită tot! – şi prospecţia se limitează doar la câteva dorinţe abia formulate, abia pricepute... în acea lume simplă şi atât de depărtată de a noastră, în acea lume *bună* prin simplitatea ei! Fenomenul se numeşte îndeobşte boală – demenţă de tip Alzheimer. Eu îl numesc Binecuvântare şi Graţie.

Rezumăm:

În „dialogul" ei cu lumea înconjurătoare fiinţa umană, înţeleasă ca *subiect*, alcătuieşte, indiferent de nivelul ei cultural sau de inteligenţă, o *privire* asupra acesteia (asupra lumii), care constituie mereu *obiectul* ei. Îndeobşte *privirea* este *apriorică* faptelor concrete ale *subiectului* în relaţie cu *obiectul* său. Ea chiar determină şi configurează faptele.

Ca act *cognitiv*, *privirea* fiinţei umane asupra lumii sale este de-a lungul tuturor perioadelor vieţii o *constantă* şi este în acelaşi timp atât *prospectivă* (acumularea de cunoştinţe) cât şi *retrospectivă* (valorificarea cunoştinţelor).

În cadrul acestei *priviri* fiinţa umană nu se poate despărţi de ea însăşi. Ea se înglobează permanent *privirii* sale asupra lumii. Apare factorul subiectiv, respectiv *privirea subiectivă*, care este mereu o *variabilă*. La vârstele când timpul vieţii se află în cea mai mare parte a sa *în faţa* subiectului, *privirea subiectivă* va fi una precumpănitor *prospectivă*. La vârstele târzii, când cea mai mare parte a timpului vieţii se află *în spatele* subiectului, *privirea subiectivă* va fi una precumpănitor *retrospectivă*.

Memoria este factorul *sine qua non* pentru alcătuirea unei *priviri* asupra lumii, de orice fel ar fi aceasta. Ea este şi factorul decisiv-determinant al umanităţii fiinţei. În cadrul *privirii* ca act *cognitiv* ea încearcă – şi trebuie! – să fie cât mai exactă, în vreme ce în cadrul *privirilor subiective*, mai ales în cazul *retrospecţiei subiective*, ea devine, în spiritul optimizării şi eficienţei menirii sale, *corectivă*.

Tot ce se poate că această scurtă analiză referitoare la *priviri*, *prospecţie* şi *retrospecţie* nu aduce unora dintre cititori mai nimic nou. Am întreprins-o totuşi pentru a pune încă o dată în lumină genialitatea spiritului uman în strategiile sale elegante şi rafinate întru a susţine fiinţa în *curgerea* şi *scurgerea* vieţii ei prin Timp – cel care nu iartă pe nimeni şi niciodată.

Am sfârşit lucrul la acest text în luna iunie a anului 2013

Tăcerea, cifra zero şi liniştea

I-TĂCEREA

Tăcerea este punctul zero al comunicării între fiinţele umane. Ea interzice cuvântului să mai bată şi să mai răzbată din cugetul unuia în cel al altuia. Tăcerea apare în trei cazuri posibile: ea este ori *refuzul* de la bun început al comunicării, ori *întreruperea* subită a acesteia, ori *sfârşitul* ei. „Tăcerea are gustul morţii" spuneam la sfârşitul capitolului II în romanul meu *Frumoasa insulă*. Pentru cine are însă tăcerea „gustul morţii"? Pentru cel ce refuză comunicarea sau de-odată tace, sau pentru cel căruia i se „oferă" tăcerea şi ar fi vrut să mai audă ceva? Fără îndoială răspunsul este: pentru amândoi. Cel care refuză comunicarea, sau care tace subit întrerupând-o, „administrează" celui care ar dori, sau ar mai dori, să audă ceva de la el o „mică doză de moarte". Acesta din urmă este nevoit să soarbă picătura de otravă-tăcere oferită şi rămâne singur cu cele spuse şi mai ales cu cele încă nespuse. Fiinţa umană, condamnată genetic la a fi una socială, este prin definiţie şi una comunicativă. Ea are nevoie de comunicare, este chiar dependentă de aceasta. Nimic mai firesc faptul că atunci când comunicarea va fi întreruptă, sau chiar refuzată de la bun început, să se ivească, atât în sufletul celui care a comunicat, sau ar fi comunicat, cât şi în acela al căruia comunicarea a fost receptată, sau doar dorită, însă refuzată, o senzaţie de gol şi singurătate care are „gustul morţii". Căci punctul zero al comunicării poate pricinui greaţă şi ameţeală existenţială – el este mereu logodit cu nesiguranţa! Comunicarea moare *în* şi *prin* tăcere.

Refuzul şi chiar întreruperea subită a comunicării este pentru „celălalt" un act de umilire, pe când sfârşitul ei „normal" este doar „un mic Adio". Poate tocmai din această pricină este înscris adânc în sensibilitatea umană ca atunci când cineva sfârşeşte un act de comunicare fără a-l fi întrerupt subit – fie scrisoare, cuvântare, convorbire telefonică sau chiar discuţie pe viu – să adauge în încheiere câteva cuvinte plăcute, prieteneşti celui căruia i-a scris sau vorbit. Este uman să nu introduci tăcerea prea abrupt şi impersonal – căci ea este rece... foarte rece.

Dar aceste câteva gânduri despre tăcere au o valabilitate doar îngrădită, şi anume numai în perimetrul strict al comunicării interumane în sensul tradiţional al noţiunii, adică prin limbă. În adevăr, lumea tăcerii este mult mai bogată în semnificaţii şi posibilităţi decât s-a putut întrezări mai sus.

Tăcerea vorbeşte! Oricât ar părea de ciudată ideea, tăcerea vorbeşte câteodată mai mult decât se poate rosti prin cuvinte. În plus ea înlesneşte şi chiar potenţează un alt limbaj, unul cu o mult mai mare eficienţă şi amplitudine decât cel al vorbelor. În cele ce urmează vom încerca să arătăm cum şi de ce realţia valorică dintre *vorbire* şi *tăcere* se schimbă în compataţie cu cea schiţată mai sus, ba chiar se poate inversa. Cu ajutorul unei mici excursii în domeniul istoriei matematicii vom consolida apoi teza şi totodată vom arăta că aşa-numitul *punct zero al comunicării* are cu totul alte însemnătăţi.

Mai întâi trebuie amintit faptul că refuzul unei comunicări sau întreruperea ei subită are deja o *semnificaţie,* ceea ce nu înseamnă încă o anume valoare a tăcerii ci, pur şi simplu, doar o intenţie a vorbitorului. Apoi, se cere a fi subliniat şi faptul că într-o secvenţă comunicaţională prin cuvinte vorbite introducerea unei pauze scurte are dese ori şi funcţia de a potenţa (vezi a sublinia) valoarea emoţională, şi prin ea şi cea semantică, a cuvântului care precede sau succede scurta tăcere. Nici aici nu este vorba încă de o *valoare* a tăcerii (a pauzei), ci doar de un *efect* al ei, pe care oratorii sau actorii versaţi îl folosesc des şi cu multă eficienţă. În acest caz tăcerea capătă deja o *funcţie operativă* asupra cuvintelor.

Dar adevăratele valori potenţiale şi mai ales cele de potenţare a altor elemente, ca şi adevăratele semnificaţii ale tăcerii primesc şansa de a se reliefa doar atunci când cuvântul ajunge la limitele sale.

Cuvântul, elementul de bază tradiţional al comunicării, este o *convenţie*. Etimologia vocabulei româneşti „cuvânt" este din punct de vedere al sensului de-a dreptul genială şi, se pare, unică. „Cuvânt" îşi are originea în latinescul *conventum* = reuniune/punere de acord. *Conventum* este un compus al lui *veniō,-is, vēni, ventum* = a veni. Ernout şi Meillet (*Dictionnaire étymologique de la langue latine*) arată cum *conveniō*, alături de sensul originar (reuniune, adunare), capătă şi un *sens moral*: a se potrivi cu, a cădea de acord, a se înţelege etc. Convenţie fiind, cuvântul are implicit ceva artificial în fiinţa sa. Luat ca atare, el este întotdeauna *denotativ*, el se referă *univoc* la ceea ce desemnează, însă fără nuanţe sau amănunte. Singur, un cuvânt nu ne spune mare lucru. Totul funcţionează perfect, însă numai în cadrul textelor simple de telegramă. Deîndată ce stări sufleteşti mai complicate, nuanţe sau subînţelesuri trebuiesc transmise, adică ex-primate prin cuvinte, este necesar ca acestea să fie îmbogăţite cu *conotaţii*. Cuvântul poate naşte *conotaţii* în două împrejurări: ori alăturat altor cuvinte (într-un text al meu spuneam „cuvintele cer cuvinte"), ori rostit de un actor bun cu starea şi intenţia corespunzătoare – altfel el, cuvântul, rămâne o convenţie moartă, văduvită de viaţă. Este adevărat că însăşi în viaţa de zi cu zi cel care se exprimă prin cuvinte, mai ales când doreşte să transmită stări sufleteşti, trăiri mai ample, alătură cuvintelor cuvinte – aşa cum cel mai bine fac striitorii talentaţi – şi chiar le subliniază cu gesturi, tonalităţi adecvate, priviri etc – aşa cum cel mai bine fac actorii buni. În acest fel procedează instinctiv fiecare om, cu mai multă sau mai puţină eficienţă, tocmai pentru a ajuta cuvintele să se îmbogăţească prin conotaţii, nuanţe, sensuri şi înţelesuri mai largi.

Sub aspect emoţional viaţa umană este însă extrem de complicată şi nuanţată. Când este vorba de stări sufleteşti profunde şi foarte intense, cuvintele ce s-ar folosi pentru a le ex-prima şi descrie îşi arată fatal limitele. „Rezervorul" lor potenţial de conotaţii se epuizează, limba leşină în neputinţă. Au fost foarte puţini scriitorii care au ştiut să „potrivească" în aşa fel cuvintele, încăt ele să poată forma o expresie eficientă a marilor trăiri emoţionale. Dar chiar cci carc au rcuşit o asemenea performanţă, cum de pildă Dostoievski, trebuie să se mulţumească doar cu *sugerarea* acestor trăiri de mare intensitate şi complexitate şi nu cu o transmitere a lor „sută la sută". Asta deoarece receptarea unei expresii artistice este mereu un *act subiectiv* şi, mai ales, deoarece cuvântul este doar un *germene semantic*, o sămânţă mai mult sau mai puţin moartă, mai mult sau mai puţin uscată. El este o sămânţă ce a fost cândva în spiritul scriitorului o floare vie şi care va reînflori, asemănător şi totuşi puţin altfel(!), în spiritul cititorului. Cuvintele sunt iarna emoţiei, somnul ei hibernal, iar cititul şi înţelesul lor este primăvara emoţiei. Scriitorul încuie emoţiile sale în cuvinte-iarnă care aşteaptă cu răbdare re-învierea lor în primăvara lecturii. Scrisul conservă, cititul naşte! Cuvântul condamnă la infidelitate… e drept, la o infidelitate creatoare[42]. În spiritul acestor idei putem spune că viaţa ca atare este mai puţin *vorbire* decât *trăire* – ea se poate *vorbi* în mult mai mică măsură decât *trăi*. Cuvintele sunt *indicatoare* şi nu *desfăşurătoare* ale unui moment de viaţă.

Aşa, odată cu leşinul limbii, se naşte rolul şi însemnătatea cea mare a tăcerii. Odată ce cuvintele au amuţit, tăcerea devine aria de desfăşurare, brazda fertilă a unei alte limbi, lipsită de convenţii şi cu un vocabular ce tinde chiar către infinit. Această limbă este lumea vie şi într-adevăr adevărată a privirilor, a gesturilor şi a atitudinilor, a faptelor concrete. Fostul ajutător al expresiei verbale devine astfel *maestrul suprem al limbii vieţii*. Mediul său unic, dar şi părintele din care s-a născut, este *tăcerea*, lipsa de cuvinte. Ca formă de expresie, acest limbaj nu cunoaşte graniţe etno-geografice: el nici habar nu are de ce înseamnă a traduce. El este doar limbaj uman ce mult se-aseamănă cu muzica şi chiar deloc cu vorba. Limbajul privirilor, al gesturilor, atitudinilor şi al faptei concrete este chiar mai liber decât muzica: el nu ascultă de nici o lege matematică a tonalităţilor şi nici de legea armoniei. Singura lui lege este viaţa însăşi, al cărei desen doar el îl poate desena în întregime şi nici vreun maestru care s-a născut sau se va naşte vreodată pe-acest pământ nu va fi în stare de aşa ceva.

Mari creatori de teatru sau film, regizori şi mai cu seamă actori, au înţeles perfect importanţa şi uluitoarele posibilităţi de exprimare ale limbajului din imperiul tăcerii şi au creat adevărate monumente artistice în această tehnică. Din multele ce le-am putea enumera, amintesc rolul văduvei din filmul *Alexis Zorba*, magistral rezolvat de Irene Papas fără a rosti vreun cuvânt, doar tăcând. În neuitatul film *La strada*, Felini a înţeles perfect importanţa expresiei născută în şi din tăcere, dincolo de cuvânt – dacă el nu ar fi înţeles-o, atunci, cine Doamne! – şi a construit împreună cu Giulietta Masina personajul Gelsominei arătând în mare parte numai cum aceasta urmăreşte, fără cuvinte(!), ceea ce partenerul ei, Anthony Quinn, spune. În sfârşit, pentru a nu lungi prea mult, mai

---

[42] Cele exprimate mai sus în „cheie" poetic-metaforică îşi găsesc temelia filosofică în lucrarea lui Edmund Husserl *Logische Untersuchungen* II/1-*Ausdruck und Bedeutung* §1-5 şi urm. ca şi în eseul *Blestemul desenului* din cartea mea *Eseuri numite de autor şi panseluţe* ed. Clusium, Cluj-Napoca, 2006.

evoc finalul aceluiași film în care Felini îi dă lui Quinn „partea leului" pentru a transmite fără nici un cuvânt rostit o dramă covârșitoare care tulbură orice spectator. Nu cred că există cuvinte, fie și genial „potrivite", pentru a putea traduce întregul univers pe care astfel de momente îl exprimă!

Și în viața cotidiană persoane cuprinse de foarte puternice emoții renunță adesea la cuvinte preferând tăcerea în imperiul căreia se desfășoară lumi întregi de gesturi, priviri și chiar fapte de mare însemnătate. Îndrăgostiții, se știe, dese ori tac îndelung înjghebând un „dialog" doar prin priviri, zâmbete, mici gesturi și semne de nimeni din afară de-nțeles – un roman întreg al fascinației reciproce! Se poate spune: „ei nu mai au cuvinte", dragostea lor nu mai încape în cuvinte. Și, ca să rămânem la cei ce se iubesc, mai e de amintit că întotdeauna *dovada* de dragoste, exprimată mereu prin faptă, este mult mai importantă și convingătoare decât simpatica *declarație* de dragoste, articulată mereu prin cuvinte. Evadarea din comunicarea verbală în tăcerea care înlesnește și hrănește „limbajul" gestului, privirii și al faptei este specifică nu numai la îndrăgostiți, cum am arătat mai sus, ci în toate situațiile în care emoția, trăirea este extrem de puternică; subliniem: indiferent de ce natură sau calitate morală ar fi această emoție (de ex. adevăratul dispreț sau adevărata ură față de cineva nu *se vorbesc*, ci mai curând *se arată*, foarte des doar prin gest și privire, și nici crimele nu se vorbesc, ci, din păcate, *se fac*)!

Rezumăm:

1. Tăcerea înțeleasă ca refuz sau întrerupere subită a comunicării verbale are *semnificații* privitoare doar la cel care nu comunică, sau nu mai comunică, și deci ea *nu posedă valoare intrinsecă* și nici conținut.

2. Introdusă sub formă de pauze în lanțul comunicațional verbal, tăcerea *potențează* valoric cuvintele și capătă astfel o *funcție operativă* rămânând totuși *fără vreo valoare intrinsecă* și/sau vreun conținut.

3. Atunci când comunicarea verbală nu-și mai poate îndeplini misiunea, tăcerea devine *condiția indispensabilă* pentru apariția și desfășurarea altor limbaje, ceea ce dovedește deja o anumită *valoare generatoare potențială*

a ei, însă încă nu una *intrinsecă* sau existenţa vreunui conţinut.

Ne având nici *valoare intrinsecă* şi nici vreun *conţinut imanent*, tăcerea nu poate fi decât un *punct zero*. Dar această afirmaţie nu ne ajută mai cu nimic în elucidarea temei textului de faţă. Gândurile se vor împotmoli în non-sens dacă nu ne concentrăm acum pe făptura conceptului de „zero". A sosit aşadar momentul să purcedem la mica noastră excursie în domeniul istoriei matematicii pe care am anunţat-o mai sus[43]. Spunem de la bun început că evoluţia înţelegerii cifrei zero se aseamănă mult cu semantica tăcerii.

***

II-CIFRA ZERO

II-A: ZEROUL „MATEMATIC"

Fiinţa umană, trăind într-un mediu material, concret, aşadar măsurabil, a simţit încă din cele mai vechi timpuri necesitatea de a descrie şi ne-existenţa, absenţa unei cantităţi, adică *golul, nimicul*. Se pare că această noţiune a fost, mai întâi, necesară în calculele astronomice. Aşa începe o fascinantă şi foarte îndelungată aventură epistemologică a conceptului pe care azi îl reprezintă vocabula „zero" şi semnul ei „0". Cât a durat această „epopee" a cunoaşterii şi înţelegerii este greu de spus, deoarece părerile istoricilor matematicii sunt destul de diferite. În orice caz putem vorbi de o durată între 4500 de ani înaintea lui Cristos şi 1202 ani după Cristos – adică aproximativ 5500 de ani! Un segment de timp uluitor!

Este aproape unanim acceptat că acest concept de „nimic" a fost inventat (sau intuit!) în civilizaţia precolumbiană maya unde s-a imaginat un fel de „zero" primitiv ca punct de pornire pentru a vizualiza elocvent sistemul numeric pe bază de 20 care era în vigoare în această regiune. Ceea ce noi astăzi înţelegem prin zero era notat în ştiinţele culturii maya ca o cochilie sau un melc (vezi spirală cres-

---

[43] Referirile ce urmează se bazează în principal pe lucrarea lui Georges Ifrah, *Histoire universelle des chiffres*, ed. France loisirs, 1995. Demnă de recomandat este şi cartea matematicianului, filosofului şi profesorului de sanscrită american Robert Kaplan, *Die Geschichte der Null* (*Istoria lui zero*), Campus Verlag, Frankfurt/M, 2000.

cândă!). Urmau cifrele reprezentate prin puncte, de la unu la patru, iar pentru numărul 5 se scria o linie care, de ex., pentru a arăta numărul 6 avea deasupra ei din nou un punct ş.a.m.d. Centrul melcului însemna *nimic*, *vid* şi nu avea nici o valoare.

Babilonienii foloseau încă în timpuri arhaice (între 1800 şi 1500 înaintea lui Cristos) un sistem sexagesimal, adică pe baza cifrei 60 (de ex. cifra de azi 123 se scria 2x60+3, sau de noi cunoscutul 2,05 se scria 2+3/60). Pentru a evita inexactităţi în calcule, matematicienii din Babilon introduceau în locul a ceea ce numim astăzi zero un mic spaţiu liber în enunţurile lor. Abia în anul 200 înaintea lui Cristos acel mic spaţiu liber se punea şi *după* o cifră, ceea ce îi conferea o *funcţie* asemănătoare zeroului cunoscut de noi, *potenţând* cifra precedentă. Totuşi un „zero" ca atare nu era cunoscut de babilonieni. Rămâne de consemnat că sistemul sexagesimal s-a păstrat, în principiu, până în zilele noastre, de ex. la măsurătoarea timpului (o oră=60 de minute, un minut = 60 de secunde etc.).

Cel mai însemnat salt calitativ în evoluţia conceptului numit de noi azi „zero" l-au făcut matematicienii, astronomii şi filosofii indieni. Partea filosofică o lăsăm deocamdată de o parte, căci ea are o însemnătate cu totul specială la care vom reveni mai jos. Pur matematic, este de mare importanţă faptul că indienii (probabil influenţaţi de sistemul sexagesimal babilonian, cum susţin unii cercetători) au născocit şi perfecţionat între anii 300 înainte de Cristos şi secolul VII după Cristos *sistemul decimal*, valabil, cum se ştie, şi azi pretutindeni. Astronomul indian Brahmagupta formulează în anul 628 după Cristos chiar un catalog întreg de reguli pentru folosirea a ceea ce numim noi astăzi „zero" şi pentru aritmetica numerelor negative. Cartea în care a publicat aceste reguli se numeşte *Începutul Universului* şi este primul text din lume în care zero este tratat ca o cifră. Aşa cum au perfecţionat indienii sistemul decimal, format din cifrele 0 şi 1 până la 9, zero-ul joacă un rol deosebit: nu numai că el, pus *după* o cifră, o *potenţează* pe aceasta cu baza decimală 10 (de ex. un 0 aşezat după 1 înseamnă de zece ori mai mult decât 1, adică 10, şi, din nou aşezat în spatele lui 10, înseamnă de zece ori mai mult decât 10, adică 100 ş.a.m.d.) – lucru care se întâmpla în principiu şi la babilonieni –, ci, în cadrul operaţiilor de substracţiune, el, zero-ul, poate *naşte şi desemna valori negative* (de ex. 0-1= -1 – adică valoarea negativă a lui 1), ceea ce face din el *cel mai fundamental element al matematicii abstracte* (citat Georges Ifrah – nota 43). Din cele 17 denumiri în limba sanscrită pentru conceptul numit azi „zero" indienii foloseau tocmai pentru această funcţie matematică vocabula *śūnya*, ceea ce înseamnă *gol, nimic*. Ifrah numeşte *śūnya* un *operator aritmetic*.

Pentru a nu lungi prea mult istoria matematică a lui zero mai amintim în grabă că civilizaţiile arabe au preluat de la indieni sistemul decimal arătând un interes particular pentru ideea de ne-existent, ceea ce indienii numeau *śūnya*. Arabii au fost cei care au denumit *śūnya zeroh,* de unde vine cuvântul actual „zero". Tot ei au fost aceia care au numit numerele *sifr*, de unde se trage cuvântul „cifră". La o contribuţie filosofică deloc neglijabilă a arabilor în ce priveşte înţelegerea lui zero vom reveni mai jos.

Primul pas înspre Europa făcut de „cifrele indiene" şi sistemul decimal s-a petrecut în secolul VII în cadrul Universităţii din Konstantinopol unde episcopul sirian Severus Sebokht descrie acest sistem, iar mai târziu matematicianul Al Chawarizmi (în al cărui nume este ascuns cuvântul algoritm!) îl face cunoscut în jurul anului 825 în cartea sa *De numero indiorum*.

Abia după anul 1200 ajunge „zeroul" şi sistemul decimal indian în Europa apuseană. El nu este introdus în gândirea europeană de Papa Silvester II, cum se crede adesea în mod eronat, ci de matematicianul Leonardo Fibonacci care în urma unei şederi prelungite în Algeria, unde l-a cunoscut pe matematicianul Abū Kāmils şi algebra acestuia, descrie sistemul în cartea sa *Liber abaci* apărută în anul 1202. Un export indian în Europa, via lumea arabă!

Pentru a ajunge la semnificaţia matematică pe care o are astăzi i-au trebuit conceptului de „zero" încă patru sute de ani până în secolul XVII. Dar chiar şi după această dată, în cursul a altor trei sute de ani până în prezent, semnificaţiile şi valenţele operative ale cifrei zero cresc, se nuanţează şi se rafinează necontenit, înlesnind performanţe ştiinţifice şi tehnice de-a dreptul uluitoare. Lista acestor performanţe este imensă şi, pentru cei ce nu au o temeinică pregătire matematică, greu de înţeles. Amintesc foarte superficial şi doar în fugă câţiva matematicieni de mare clasă care nu au fi putut face ceea ce cu atâta strălucire au făcut dacă cifra zero nu ar fi existat, aşa cum au perfecţionat-o indienii de odinioară[44].

Încep cu matematicianul, astronomul, specialistul în geodezie şi fizicianul german Carl Friedrich Gauss (1777-1855). Pe lângă o listă impresionantă de contribuţii ştiinţifice hotărâtoare – 404 scrieri în domenii ca teoria numerelor, analiză matematică, statistică, astronomie, magnetism, algebră etc. –, Gauss este cel care întemeiază *geometria ne-euclidiană*, considerată ca „adevărata geometrie a spaţiului". El a întreprins aceste cercetări independent şi totuşi oarecum sincron cu cele orientate în aceeaşi direcţie ale matematicianului rus Nicolai Lobacevski şi ale lui János Bolyai (născut la Cluj în anul 1802!), cu al cătui tată, Farkas Bolyai (şi el matematician născut în Transilvania şi şcolit mai întâi la Universitatea din Cluj, care acum poartă numele Bolyai), Gauss era prieten apropiat încă din timpul studiilor lor la Göttingen. A fost probabil un capriciu răutăcios al istoriei că geometria ne-euclidiană este atribuită lui Gauss şi nu lui Lobacevski sau Bolyai. E de amintit că geometria ne-euclidiană se ocupă în principal de spaţiile curbe care, aşa cum ştim acum, se găsesc cu preponderenţă în spaţiul interplanetar. Fără înţelegerea acestei teorii nu ar fi fost posibilă nici astronomia modernă şi nici zborul cosmic! ...şi fără cifra zero nu ar fi fost posibile calculele acestor minunaţi savanţi!

Un alt matematician care a contribuit hotărâtor la extinderea semnificaţiilor şi mai ales a valenţelor operative ale cifrei zero este englezul George Boole (1815-1864). El a realizat în anul 1847 o nouă variantă de algebră, numită mai târziu *algebră booleană*, care este de înscris fără dubiu în domeniul logicii matematice. Teoriile lui Boole au fost necontenit perfecţionate de matematicieni ca Ernst Schröder, Giuseppe Peano, Arend Heyring, Marshal Harvey Stone şi alţii, astfel

---

[44] Pentru un cunoscător al matematicii enumerarea apare desigur revoltător de incompletă. Cel putin nume ca Leonhard Euler, Bernhard Riemann, Georg Cantor, Bertrand Russel, Hermann Grassmann sau Henri Pointcaré ar fi trebuit evocate. Nu am purces la acest lucru pentru a nu încărca prea tare eseul cu noţiuni şi problematică greu de înţeles pentru cei ce nu sunt matematicieni de profesie. Important rămâne faptul că *toţi* cei ce lucrează în domeniul matematicii superioare se folosesc în mod inevitabil de cifra zero, aşa cum au înţeles-o la început indienii.

că în zilele noastre ştiinţa dispune, pe lângă mai multe tipuri de algebră booleană, de aşa numita *algebră booleană în două elemente* care este cea mai importantă dintre ele. La baza acesteia din urmă stau elementele: 1 pentru „adevărat" şi 0 pentru „fals" cărora li se adaugă simbolurile de legătură ∧ pentru „şi/AND", ∨ pentru „sau/OR" şi ¬ pentru „nu/NOT". Prin această ultimă frază am enunţat, chiar dacă extrem de simplu şi superficial, baza metodologică a funcţionării oricărui computer existent în această lume!

Mai mult: Cu toate că Francis Bacon a reuşit încă în anul 1605 să facă o codificare a literelor alfabetului bazată pe două cifre, adică în *sistem binar*, sau chiar pe obiecte ce pot avea doar două stări (de ex. o torţă poate fi numai stinsă sau aprinsă), şi cu toate că puţin mai târziu Leibniz a descris în articolul său *Explication de l'Arithmétique binaire* sistemul binar în întregime, folosindu-se chiar de simbolurile actuale 0 şi 1, este meritul lui Claude Shannon de a fi pus bazele teoriei informaţiei în anul 1937. Nu numai teoria, ci mai ales memorizarea informaţiei se bazează pe sistemul binar perfecţionat de Shannon care, la rândul lui nu ar fi fost posibil fără algebra booleană. Sistemul binar funcţionează, ca la Leibniz, doar pe cifrele 0 şi 1, unde fiecare dintre ele înseamnă un *bit*, adică o unitate elementară de informaţie, şi este indispensabil memorizării şi apoi prelucrării maşinale a datelor, de orice fel ar fi ele. Pentru a putea fi memorizat, prelucrat şi eventual transmis, tot ce „intră" într-un computer, fie expresii matematice, fie vorbe scrise, muzică sau imagini, trebuie mai întâi „tradus" în sistem binar (adică în şiruri cvasi nesfârşite de 0 şi 1), ceea ce se numeşte *digitalizare*.

Aceasta a fost pe scurt – foarte pe scurt! – istoria lui „zero" şi însemnătatea lui în matematică. Este evident că fără cifra zero civilizaţia noastră materială de azi nu s-ar fi putut ivi şi dezvolta în forma pe care o cunoaştem şi apreciem. Nu ar exista calculatoare/computere, nici telecomunicaţii pe bază digitală, nici telefoane mobile şi nici motoare de nici un fel – pentru că, fără cifra zero, nu ar fi existat matematici superioare care stau la baza acestora. Probabil că în asemenea circumstanţe civilizaţia noastră ştiinţifică şi materială s-ar fi redus la o aritmetică rudimentară, de şcoală primară, asemănătoare celeia practicată încă în pieţele de legume şi fructe, unde se adună costul roşiilor cu cel al castraveţilor, iar suma lor se scade din valoarea bancnotei oferite ca plată. Atât şi nimic mai mult!

Încercăm mai jos să reliefăm punctele comune ale *tăcerii* cu acelea ale *conceptului de „zero"*, aşa cum evoluează el în matematică. Formulăm următoarele gânduri în strânsă legătură cu concluziile despre tăcere enunţate deja în acest text şi numerotate de la 1 la 3.

a. Neavând valoare intrinsecă, atât cifra zero, cât şi tăcerea au semnificaţia refuzului oricărui enunţ univoc. Ambele înseamnă „nimic". Referirea la concluzia Nr. 1 este evidentă.

b. Ca şi tăcerea care, aşa cum am stabilit în concluzia Nr. 2, potenţează cuvintele care o succed sau preced, şi cifra zero, aşezată în spatele sau chiar în faţa unei cifre oarecare (în acest caz cu o virgulă despărţitoare), *operează* asupra cifrei în cauză, mărind sau diminuînd valoarea ei. Aşadar ambele, tăcerea şi zero-ul, *sunt agenţi operatori*, în pofida faptului că, în continuare, nu deţin vreo valoare intrinsecă.

c. În sfârşit, aşa cum am văzut în cazul tăcerii (concluzia Nr.3), care înlesneşte apariţia unui nou limbaj, atunci când cel al cuvintelor şi-a atins limitele, asemănator funcţionează şi cifra zero: ea „înaripează", ca să zicem aşa, aritmetica să devină matematică superioară şi algebră. Fenomenul este şi mai clar odată cu apariţia algebrei booleane şi, încă o dată mai clar, odată cu perfecţionarea sistemului binar. Cifra zero şi tăcerea primesc deja o anumită *valoare generatoare potenţială*. Totuşi şi în aceste circumstanţe ambele nu au încă o valoare intrinsecă, chiar dacă în algebra booleană în două elemente zero înseamnă „fals", sau în sistemul binar el nu mai înseamnă „nimic", ci o negaţie.

Cred că putem spune pe bună dreptate că fiinţele tăcerii şi cea a cifrei zero înţeleasă în sens matematic sunt una pentru cealaltă *corelat*, atât în perspectivă semantică, dar mai ales în perspectivă operaţională. Dacă tăcerea este punctul zero al comunicării verbale, atunci cifra zero în matematică poate fi înţeleasă ca tăcerea oricărui enunţ univoc referitor la mărimi. Nici una dintre aceste două stranii fiinţe nu are valoare intrinsecă şi nici nu se referă în mod direct la lumea exterioară. Tăcerea şi cifra zero sunt doar agenţi: prima este un *agent psihologic*, iar a doua un *agent matematic*. Ambele au un înalt grad de abstractizare.

Să fie oare ce a fost spus în acest text despre tăcere şi cifra zero chiar tot ce se poate spune despre ele? Nu, cu siguranţă nu! Aşa cum am amintit de două ori mai sus, „zero" şi, prin consecinţă, cu necesitate şi „tăcerea", au o însemnată putere de impact şi în domeniul filosofiei. Mai jos vom încerca să schiţăm acest aspect. Demersul ne va trimite direct în domeniul metafizicii.

*

II-B: ZEROUL „FILOSOFIC"

O interpretare filosofică a lui „zero" se iveşte prima dată în cultura indiană şi se continuă în cea arabă, după care ajunge – ca şi cifra zero în matematică – în cultura noastră europeană.

Am arătat că zero în limba sanscrită se numea *śūnya*, care însemna *gol, nimic*, ceea ce îi conferea o mare însemnătate matematică. Am lăsat însă de o parte în mod intenţionat un amănunt, şi anume acela că *śūnya* are originea în conceptul budist *śūnyatā* care înseamnă atât *gol*, cât şi *natura iluzorică a fenomenelor*. Prin asta se poate lesne înţelege că în filosofia indiană fenomenele, prin definiţie perceptibile(!), au o natură iluzorică şi deci, dintr-un anumit punct de vedere, o valoare echivalentă cu *śūnya*, adică zero. Iată primul pas înspre accepţiunea filosofică a ceea ce numim azi „zero". Însă desfăşurarea de mare amploare a semnificaţiilor filosofice a conceptului de zero o înlesneşte un alt cuvânt sanscrit (din cele 17 pentru această noţiune), şi anume vocabula *bindú*, care înseamnă *punct* şi/sau *picătură*.

Pentru a putea înţelege corect şi în toată profunzimea lor semnificaţiile acestui *punct* sau a acestei *picături* numită *bindú*, este necesară o mică incursiune în mitologia veche indiană.

Zeul *Shiva* este unul dintre cei mai importanţi zei ai hinduismului, fapt pentru care poartă, printre alte multe nume care i s-au dat, şi numele *Mahadeva*, adică *marele zeu*. El face parte din atotputernicul *trimūrti* (=Trinitatea – ce asemănare cu religia creştină!) formată din *Brahmā, Vishnu* şi *Shiva*. Cu toate că însuşi cuvântul sanscrit *shiva* înseamnă *bun, iertător, prietenos*, zeului *Shiva* i se mai atribuie, pe lângă puterea de a determina toate procesele de transformare, chiar şi aceea de a naşte Universul sau aceea de a-l distruge, însă, mai ales, a distruge neştiinţa (*avidyā*)[45]. Simbolul său este *lingamul*, reprezentat când ca un falus, când ca o coloană de foc şi, dese ori, stilizat ca un triunghi cu unul dintre vârfuri orientat în sus. Lingamul lui Shiva simbolizează principiul creator originar. Însă ca zeu al valorilor în opoziţie, Shiva mai poartă în sine pe lângă *lingam*, simbolul masculinităţii, încă un simbol, anume cel al feminităţii numit *yoni* care o reprezintă pe *Shakti*, prima sa soţie. *Yoni*, care de altfel este şi cuvântul sanscrit pentru *organul genital feminin* dar şi pentru *origine, izvor al devenirii*, este reprezentat grafic tot ca un triunghi (vezi triunghiul pubian), însă orientat cu unul dintre vârfurile sale în jos, din care se scurge o *picătură*. Fără dubiu, *yoni* conţine tot ceea ce nu a devenit încă fenomen concret, adică întregul Univers în forma sa încă ne manifestată. Abia atunci când vârful de jos a lui *yoni* se întâlneşte cu vârful de sus a *lingamului* se iveşte Universul, înţeles ca lume manifestată, ca lume a fenomenelor perceptibile. Punctul întâlnirii dintre *yoni* şi *lingam* se numeşte *bindú*. Spre deosebire de *śūnya*, care este, cum am văzut, mai curând un *zero matematic*, *bindú* este fără îndoială un *zero filosofic*.

Înainte de a trece la concluzii şi la interpretarea influenţelor imense pe care acest *zero filosofic*, *bindú*, le exercită asupra întregii spiritualităţi umane, consider necesar să amintesc faptul că oadată cu înfăptuirea Universului fenomenal „misiunea" lui Shiva nu s-a încheiat încă. Pe departe, nu! După „facerea cea mare" *Shiva* apare ca *Nataraja*, regele dansului. Prin dansul său neîntrerupt Shiva ţine şi susţine Universul în viaţă, căci dansul lui este dansul perpetuei *transformări*, sau altfel spus a necontenitei *deveniri* – a trecerii de la o stare sau poziţie A la alta B ş.a.m.d. În mitologia indiană se crede că dacă Shiva ar înceta să danseze, lumea însăşi, Universul, ar înceta să existe. Deja ideea de mişcare/transformare care constituie viaţa în lumea fenomenală a avut o influenţă foarte puternică atât asupra lui Heraclit, cât şi asupra lui Platon si a altor mulţi filosofi până în zilele noastre. Ananda Kentish Coomaraswamy (1877-1947), a cărui mamă era engleză şi tatăl un cărturar din Sri Lanka, este poate cel mai avizat interpret şi comentator

---

[45] Martin Mittwede, *Spirituelles Wörterbuch Sanskrit-Deutsch*, Sathya Sai Vereinigung eV. ed. a 4-a, 2003.

al culturii și filosofiei indiene și în general a culturii din extremul-orient. Despre dansul lui Shiva el spune: *„Semnificația esențială a Dansului lui Shiva este întreită.* 1- *El este imaginea izvorului tuturor mișcărilor cosmice, reprezentate printr-o arcadă/boltă* (într-adevăr Shiva apare în imagini sau statui adesea dansând înlăuntrul unui cerc). 2- *Intenția acestui dans este să elibereze mulțimea spiritelor umane de capcana iluziei care le sugrumă.* 3- *Locul acestui dans, Chidambaram, este centrul Universului și se găsește înăuntrul inimii"*[46].

Mai este de amintit aici că zeitatea Shiva nu apare în textele vedice, ceea ce trezește bănuiala cercetătorilor că ea ar fi la origine una dravidică, adică pre-sanscrită (se știe că limba sanscrită, izvorâtă din cea indo-europeană, a înlocuit-o în India pe cea dravidică).

Pentru a introduce un element anecdotic, chiar picant(!), amintesc faptul că Shiva punea mare preț pe însușirile plantei numită *ganja*, care nu este altceva decât *marihuana*! Ținând cont de acest aspect, cât și de ideea unui dans eliberator de iluzie (de iluzia posesiei materiale – de ce nu?), nu e deloc de mirare că mulți tineri ai anilor 60-70, așa numiții hippy, l-au venerat pe Shiva, inițiind chiar un cult pentru el.

Adăugăm încă doar câteva cuvinte privitoare la echivalența dans-mișcare-viață privind atât Universul, cât și Ființa umană, sau ființele în general. Acum exact zece ani mi-a fost dat să trăiesc deliciul intelectual de a citi și apoi a analiza o carte de poezii a prietenului meu Valentin Tașcu, care dealtfel a fost și un remarcabil prozator și critic literar, din păcate pretimpuriu dispărut. Volumul se numește *Școala morții*[47]. Mai cu seamă poezia *Ghemul de ghiață* m-a incitat în mod deosebit. Citat fragmentar (cu sublinierile mele):

> Valpurgică noapte stătea să urle în mine,
> nici lacrimi, nici râs, doar moarte arzândă
> și *dansul macabru fără mișcare,*
> *fără de muzici,* numai un *ritm bănuit.*

---

[46] Ananda K. Coomaraswamy, *La danse de Çiva - quatorze essais sur l'Inde*, ed. L'Harmatan, 2000. Recomandăm pentru aprofundare și cartea aceluiași autor numită *Hindouisme et bouddhisme*, ed. Gallimard, 1963.

[47] Valentin Tașcu, *Școala morții*, ed. Clusium, Cluj-Napoca, 1997.

Asocierea morţii cu un „dans" fără mişcare, fără de muzică şi ritm, un „dans" care astfel devine macabru şi, în fond, un *ne-dans*, m-a determinat atunci să scriu un eseu, întins pe ca. 65 de pagini de carte, purtând titlul *Dans, muzică şi moarte*[48]. Iată, foarte pe scurt, concluziile acestui eseu, care cu mare evidenţă se aseamănă cu semnificaţiile dansului lui Shiva, ba chiar le elucidează. „*...muzica şi dansul simbolizează, deopotrivă, viaţa – deci absenţa lor are semnificaţia Morţii". „Câtă vreme Fiinţa ia parte la „dansul" universal, câtă vreme ea se mişcă (în toate accepţiunile posibile ale acestui cuvânt!), ea există. Aici, a exista înseamnă a „dansa" devenirea". ... „încetarea „dansului" înseamnă ruperea Fiinţei de devenire, vom spune deci că ea pierde devenire, că ea se rupe de legea fundamentală a lumii". ...căci: „Moartea este absurditatea de a nu mai deveni, şi pedeapsa cumplită de a nu mai face parte din lume, de a nu mai fi părtaş la armonia ei"* (p.222).

Nu numai Fiinţa umană moare când, cum o artată concluziile adineauri enunţate, „dansul" ei încetează, făcând-o să piardă devenirea, rupând-o de legea fundamentală a lumii, ci, dacă Shiva nu mai dansează, chiar Universul întreg se desparte atunci de legea lui fundamentală, devenirea, şi astfel moare şi el.

În sfârşit, a sosit momentul să ne reîntoarcem la acel *zero filosofic*, *bindú*, la semnificaţiile lui, dar şi la influenţa lui în spiritualitatea umană.

Spre deosebire de *zeroul matematic*, care în mod constant nu are valoare intrinsecă, *bindú*, înţeles ca *zero filosofic*, poartă în sine prin *yoni*, partea sa feminină, întregul Univers în forma sa încă ne manifestată. Chiar dacă acest „conţinut" este unul latent, el reprezintă fără îndoială *valoare*. Valoarea despre care vorbim este una *intrinsecă* şi, deoarece principiul feminin *yoni* este etern, vom spune că ea este şi *imanentă* – ea nu se schimbă şi nu părăseşte vreodată principiul ei

---

[48] Vladimir Brânduş, *Eseuri numite de autor şi panseluţe*, ed. Clusium, Cluj-Napoca, 2006. Eseul despre care vorbesc este foarte „încărcat" cu referinţe filosofice, însă în exclusivitate extrase din spaţiul spiritual european. Tocmai de aceea am considerat atunci că ar fi prea mult să leg substanţa textului şi de spiritualitatea orientală. Astfel, nu există în text vreo referire la dansul lui Shiva. Poate că am facut atunci o greşeală!

„mamă", care şi el la rândul său este invariabil. Dar acest *zero filosofic* conţine şi *lingamul*, partea sa masculină care simbolizează principiul şi energia creatoare originară. Prin atingerea *lingamului* (masculin) cu *yoni* (feminin) – amintesc punctul de întâlnire ale celor două triunghiuri – valorile intrinsece ale lui *yoni* trec din starea latentă în cea dinamică a *devenirii* perpetue, adică se naşte Universul, înţeles ca lume a *fenomenelor*. Pe bună dreptate putem numi valenţa şi forţa creatoare a *lingamului*, aceea de a da viaţă fenomenală conţinuturilor latente ale lui *yoni*, o *valoare*. Ca în cazul lui *yoni*, şi valoarea *lingamului* este una *intrinsecă*, şi datorită faptului că principiul masculin este şi el etern, valoarea lui este una *imanentă* – căci ea nu se schimbă şi nu părăseşte vreodară principiul ei „tată", care şi el la rândul său este invariabil. Dar, atenţie! Deşi valoarea *lingamului* este imanentă acestui principiu masculin, ea conferă *transcendenţă* întregului sistem *lingam-yoni*, adică *zeroului filosofic-bindú*. Asta se datoreşte în principal faptului că *bindú*, prin componentul său masculin, *lingamul*, *naşte devenirea* eternă, care nu este altceva decât o necontenită *transcendenţă* a valorilor şi calităţilor în lumea fenomenală.

Conchidem că *bindú* conţine şi înseamnă atât *imanenţă*, cât şi *transcendenţă*, că el are mereu o *valoare intrinsecă* şi că el este un *zero cauzal* (el *este cauza* devenirii), spre deosebire de cel din matematică (*śūnya*) numit un *zero operator* (el *doar modifică* valorile cifrelor).

Aşa cum este el reprezentat – două triunghiuri ale căror vârfuri se întâlnesc într-un punct infinit de mic – şi mai ales în lumina dualităţii semnificaţiilor sale (pe de o parte Universul în stare încă latentă, iar pe de alta desfăşurearea acestuia în fenomen), *zeroul filosofic-bindú* pare a îngloba în sinea sa doi timpi sincroni(!) şi două stări deodată – foarte posibil în raiul mitologic al lui Shiva! Încercând să despărţim în plan mental, doar cu scopuri metodologice, componentele acestei duble făpturi, vom vedea imediat că prima (Universul în forma lui încă ne manifestată – *yoni*) corespunde lumii *posibilităţilor virtuale*, pentru noi *imperceptibile*, iar a doua (manifestarea/ivirea Universului – datorată *lingamului*) corespunde lumii *concret-existente*, deci *empirice* şi pentru noi pe deplin *perceptibilă*.

În pofida faptului că a introduce următoarea idee în mod abrupt şi tocmai în acest punct al textului este împotriva oricăror legi sau principii privitoare la alcătuirea unui asemenea eseu, o fac... Trebuie să o fac! Ori de câte ori mi se apleacă gândul asupra sistemului hinduist *lingam-yoni* cu *bindú*-ul dintre ei, sunt purtat infailibil către epocala descoperire a genialului Stephen Hawking potrivit căreia acum 13,7 miliarde de ani întreaga materie și energie a Universului era concentrată într-un punct inimaginabil de dens și inimaginabil de fierbinte, ale cărui dimensiuni erau egale cu zero (*bindú* ?). După Hawking, acest minuscul punct explodează și întregul Univers ia naștere, se desfășoară, expandează atât ca materie, cât și ca Timp și Spațiu. Este vorba de așa-numita teorie a exploziei originare. Abia atunci putem vorbi de o lume fenomenală, perceptibilă și măsurabilă. Este mai mult decât sigur că savantul englez nu a luat ca model viziunea hinduistă – el a ajuns la concluziile sale în principal prin calcule matematice (care conțin și cifra zero!). Dar este tot atât de sigur că ambele modele se aseamănă în liniile lor principale. Să fie sistemul *lingam-yoni* o premoniție *avat, avant, avant... la lettre*?

Totuși, să ne întoarcem acum, așa cum se cuvine, la ordinea logică și cronologică a eventualelor influențe în filosofie pe care le-a avut acel *zero filosofic* despre care vorbim.

Nu știu dacă influențat de filosofia indiană sau nu – la urma urmei nu are nici o importanță! – și Platon înțelegea existența ca fiind compusă din două lumi: 1- cea a *Ideilor*, care sunt *etern existente, fără a fi devenit vreodată*, și care pot fi doar gândite, fapt pentru care au fost numite voouμενον (nooymenon) – de la cuvântul vóoς (noos) însemnând putere de gândire, înțelegere, rațiune, spirit pătrunzător și 2- lumea *fenomenelor*, care *devin și pier neîntrerupt, fără a fi* (în sens de existență perenă) *vreodată* și care pot fi percepute și privite, fapt pentru care au fost numite φαινομενον (phainomenon) – de la cuvântul φαινω (phaino) însemnând a aduce la lumină, a face vizibil, a arăta etc. În perspectiva ideii că existența ar fi compusă din două lumi, că ea ar avea două ipostaze, teoria lui Platon se aseamănă cu semnificațiile lui *bindú*. Dar amintind că Platon consideră fenomenele, adică lumea perceptibilă, ca fiind doar *umbrele* lumii Ideilor, ca și proiectate pe un perete, iar la indieni ea este *iluzie*, doar aparenţă (*rûpadhâtu*), asemănările dintre cele două viziuni devin şi mai evidente[49].

Cu toate că mult mai nunanţat şi cu mari implicaţii în teoria cunoaşterii şi Immanuel Kant merge pe drumuri asemănătoare. Şi pentru el lumea fenomenală, perceptibilă, este doar o *apariţie* (*Erscheinung*) a *Lucrului în sine* (*das Ding an sich*) care, tot aşa ca la Platon, nu poate fi decât gândit şi nu perceput.

Arthur Schopenhauer preia parţial sistemul lui Kant (cu toate că în unele puncte intră chiar în contradicţie cu el!), mai ales în aspectele pe care acesta din urmă le preia din Platon şi care au asemănări clare cu viziunea hinduistă. În sistemul lui, ceea ce Platon numea lumea *fenomenelor*, şi Kant cea a *apariţiilor*, este pentru subiectul cunoscător *reprezentare* (*Vorstellung*). Iar ceea ce Platon numea *Idee*, şi Kant *Lucrul în sine*, Schopenhauer numeşte *Voinţă* (*Wille*) – o voinţă fundamentală care este în afara Timpului şi Spaţiului şi deci ne supusă cauzalităţii. Ea este intrinsecă oricărui element existent – fiinţe vii, dar şi lucruri neînsufleţite – conferindu-i însuşiri specifice şi astfel trecându-l, prin *obiectivare* şi individualizare în *principium individuationis* unde, legat fiind acum de Spaţiu, Timp şi cauzalitate, se oferă, ca fenomen, cunoaşterii perceptive, adică primei trepte de cunoaştere[50].

Foarte liber şi absolut ne convenţional, putem asemui *Voinţa fundamentală* la Schopenhauer cu *lingamul* – amândouă sunt energii *creatoare a individualizării*, şi prin asta *generatoare* a lumii ca *reprezentare* la filosoful german şi, respectiv, a *lumii-iluzie* în hinduism.

Mai mult: Dacă acceptăm ideea (şi nu văd vreun motiv să nu o facem) că, pe de o parte, ceea ce conţine *yoni* – Universul în starea sa încă ne manifestată, latentă, deci înaintea atingerii cu *lingamul* –, iar, pe de altă parte, că principiul schopenhauerian al *Voinţei fundamentale* înainte de a se diferenţia şi înainte de a începe „opera" sa de diferenţiere a elementelor existenţei, sunt echivalente şi pot fi denumite

---

[49] Vezi în Platon: pentru nooymenon-phainomenon mai cu seamă dialogul *Timaios* (27d), iar pentru comparaţia cu umbrele, *Politeia*, numit şi *Res publica* sau *Statul* (514a-522d).

[50] Arthur Schopenhauer *Die Welt als Wille und Vorstellung*, lucrare scrisă în 1819 şi în 1844 extinsă.

Universalia (adică un Tot etern, de ne cunoscut), depistăm încă o asemănare importantă între sistemul hindiust şi cel schopenhauerian.

În acest caz se poate aplica lărgit şi cu mare claritate celebra formulă a lui Schopenhauer: *Universalia ante rem, Universalia in re, Universalia post rem*[51]. Atunci, *yoni* şi *lingamul* din hinduism, *Ideile* lui Platon, *Lucrul în sine* la Kant, *Voinţa fundamentală* la Schopenhauer, dar şi acel minuscul punct în care întreaga materie şi energie a Universului este concentrată, cum spune Hawking, ar însemna *Universalia ante rem. Manifestarea*, ivirea Universului în viziunea hinduistă, şi chiar şi *dansul lui Shiva* care susţine devenirea perpetuă, *fenomenul* la Platon, *apariţiile* (*Erscheinungen*) la Kant, trecerea prin obiectivare în principium individuationis, deci *reprezentările* la Schopenhauer, dar şi *ivirea Timpului şi Spaţilui prin explozia originară* a Univesului la Hawking, sunt cu toate *Universalia in re*. În sfârşit, cunoaşterea aprofundată a acestor două Universalii (*ante-* şi *in re*), egal prin ce metode ea se săvârşeşte, este *Universalia post rem*, articulată mereu de cel ce gândeşte prin concepte.

Probabil că în tot acest lanţ de idei, de la indieni la Schopenhauer, nu este vorba neapărat de influenţe şi de preluări, ci, mult mai curând, de o dezvoltare firească a gândirii umane referitoare la o temă – cea a ivirii şi alcătuirii existenţei în general –, al cărei punct de pornire este, cu siguranţă, filosofia indiană în referinţă la *bindú-zero filosofic*. De asemeni foarte firesc a fost şi faptul că indienii de odinioară au luat ca model pentru sistemul lor ivirea oricărei fiinţe vii, care este întotdeauna datorată atingerii a două elemente extrem de mici, vezi celule. Aşadar originea sistemului este una *pragmatică*, un pragmatism care răzbate, mai mult sau mai puţin, prin toate gândirile pe această temă ce au urmat.

*

---

[51] Universalul anterior/*aprioric* lucrurilor (vezi fenomenului), Universalul în lucru (fenomenalizat) şi Universalul posterior/*a posteriori* lucrurilor (fenomenului), care înseamnă conceptul, în sens de treaptă superioară a înţelegerii şi cunoaşterii. Derivat al cuvântului *res, rei*, care originar însemna *avere, posesie* şi chiar *cauză juridică*, **re** desemnează în limba latină *lucrul care există, obiect, realitate*. În această accepţiune este el întrebuinţat de Schopenhauer.

II-C: ZEROUL „ABSOLUT"

Este în afara oricărui dubiu faptul că matematicienii şi filosofii arabi au cunoscut textele indiene privitoare la matematică în general şi deci şi la conceptul de zero, înţeles atât ca *śūnya*, interpretat de noi ca *zero matematic*, cât şi ca *bindú*, numit de noi *zero filosofic*. Totuşi în comentariile referitoare la zero în lumea arabă se vorbeşte des, foarte des(!), despre *neant*. Ba chiar filosofii musulmani numeau cifra zero un *„neant creator"* sau *„neant supra esenţial"*. Amintim că neantul este conceptul pentru *absenţa absolută* şi nu trebuie confundat cu *vidul* sau *golul*, care desemnează *absenţa unei valori*, cum de ex. o face *śūnya-zeroul matematic*[52]. Ne întrebăm: Ce temei are interesul imens al filosofiei arabe pentru zero, odată ce se ştia deja de la indieni ce înseamnă el? Înţelegeau gânditorii arabi altceva – sau mult mai mult?! – prin *zero-neant-supraesenţial* decât au înţeles indienii prin *śūnya* sau *bindú*? Deşi nu sunt în stare să fac referinţe precise la texte arabe, mă încumet, nu fără anumite riscuri ştiinţifice, să emit ipoteza potrivit căreia filosofii musulmani s-ar fi întrebat şi ce se află *înaintea* sau, altfel spus, *dincolo* de un zero în sens matematic şi chiar în sens filosofic aşa cum l-au înţeles indienii. În acest caz răspunsul nu poate fi decât *neantul*, care, astfel văzut, poate fi numit şi un *zero absolut*. Această întrebare, ca şi presupusul răspuns, a înlesnit conceptului de neant o „carieră" surprinzătoare în gândirea filosofică, atingând punctul ei culminant în filosofia existenţialistă, mai cu seamă odată cu însemnata carte a lui Jean-Paul Sartre *L'être et le néant*.

Dar mult înainte de a fi ajuns în secolul XX, *neantul supraesenţial* al arabilor, numit de noi şi *zero absolut*, a fost modul de a exprima misterul *ininteligibil* şi *intangibil* al unui Dumnezeu ascuns – *Deus absconditus*. Cum se ştie, ideea unui Dumnezeu ascuns a fost rostită mai întâi de Sfântul Augustin (354-430) şi apoi preluată în secolul XVII de filosoful şi matematicianul francez Blaise Pascal.

---

[52] Demonstraţia pentru evitarea confuziei *neantului* cu *vidul* este: în vreme ce vidul este inexistenţa oricărui element într-un spaţiu dat, neantul este inexistenţa chiar a spaţiului însuşi. De ex.: dacă se extrage orice conţinut dintr-un recipient, inclusiv aerul, se va putea vorbi de *vid*, *gol*, deci de un *zero* şi *nu de neant*, despre care s-ar putea vorbi abia atunci când însăşi spaţiul şi nici recipientul nu mai există.

În apropiată vecinătate cu ideea de *Deus absconditus*, însă cu mai multă evidenţă în legătură cu conceptul de neant, sau chiar înlesnită de acesta(!), este ideea filosofului şi teologului german Meister Eckhart (1260-1327) despre *Dumnezeu* în raport cu *Divinitatea*, vezi *Esenţa Divină* (ger. *Gottheit*, fr. *Déité*). *„Divinitatea şi Dumnezeu sunt atât de diferite ca cerul şi pământul"*, cum spune un comentator al operei filosofului. Acest raport se alcătuieşte la Eckhart în felul următor. Pe de o parte: *Dumnezeu* este un *obiect al cunoaşterii*, şi anume nu numai prin revelaţie (credinţă), ci neapărat şi *prin raţiune*; căci el are *însuşiri* (bunătate, înţelepciune, milă etc) şi apare ca *divizat* în trei unităţi (Trinitatea: Tatăl, Fiul şi Sfântul Duh). Pe de altă parte: Divinitatea, *Esenţa Divină, nu poate fi obiect al cunoaşterii*, căci ea *nu are însuşiri* particulare prin care ar putea fi definită şi nici *nu poate fi divizată*, căci ea este o *Unitate absolută*, o supra-fiinţă (ein überseiendes Sein) *supra-ordonată lui Dumnezeu* şi care, ca *Unitate*, este originea *Totului* (aici nu poate trece neobservată influenţa neo-platonicismului!). *„Ascunsa beznă a invizibilei lumini iradiată de eterna Esenţă Divină este necunoscută şi va rămâne mereu de ne cunoscut"*, conchide filosoful[53].

Meister Eckhart aşează *Esenţa Divină* pe acelaşi plan cu *Ideile* la Platon şi, în predica 109, chiar îndeamnă credincioşii *„să nu se oprească la Dumnezeu, ci să răzbească (durchbrechen) înspre Divinitate"*. Dacă ar fi aşa, totul ar părea relativ simplu, căci, se ştie, atât *Ideile* la Platon, cât şi echivalentul lor kantian, *Lucrul în sine*, sunt cognoscibile prin raţiune (deşi imperceptibile!). Însă, analizând mai atent ciudata frază de mai sus, care are chiar o anumită notă esoterică!, – o beznă ascunsă a unei lumini invizibile care *nu poate fi cunoscută niciodată!* –, se iveşte bănuiala că *Esenţa Divină* are la Eckhart mai curând puncte de incidenţă cu *„neantul creator"*, *„neantul supraesenţial"* intuit de arabi şi numit de noi *zero absolut* decât cu Ideile lui Platon. E vorba aici de o *poziţie supra-ordonată* atât a Esenţei Divine (Divinitatea dinaintea lui Dumnezeu!), cât şi a neantului în comparaţie cu Ideile platoniciene sau

---

[53] Meister Eckhart, *Predici în limba germană* (Nr.51). Aici se cuvine să amintim că Meister Eckhart (pe numele lui adevărat Johann Eckhart) a avut un aport important la formarea limbii filosofice germane şi că el este considerat adesea ca fiind primul filosof german de importanţă. Mai adăugăm că, la vremea sa fiind foarte curajos şi înnoitor în gândire, el a fost acuzat de erezie.

Lucrul în sine la Kant. Revenind pentru o clipă la formula lui Schopenhauer vom spune că dacă Ideile la Platon, Lucrul în sine la Kant şi Voinţa la Schopenhauer sunt, cum am văzut, *ante rem*, atunci atât *neantul supraesenţial* la arabi, cât şi *Esenţa Divină* la Eckhart sunt, cu siguranţă, *ante, ante rem*. O salvatoare şi totodată tristă, deznădăjduită evadare în *intangibil* şi *ininteligibil* pe care subiectul gânditor e nevoit să o facă?

Impulsionaţi şi apoi mânaţi şi susţinuţi fiind de însemnătăţile cifrei zero – pentru mine o cifră magică! – am reuşit să facem o plimbare spectaculoasă prin istoria spiritualităţii umane, întinsă pe mai multe mii de ani, poposind pe unele puncte extrem de importante ale ei. Cu această ocazie am reuşit să descifrăm chiar trei feluri de zero: unul *matematic*, altul *filosofic* şi, în sfârşit, un al treilea *absolut*. Am stabilit că *zero-ul matematic* se aseamănă cu *tăcerea*, înţeleasă ca întreruperea sau refuzul comunicaţiei verbale inter-umane; că cele două sunt chiar *corelate* în perspectivă semantică şi, mai ales, în perspectivă operaţională. Cred că este corect aşa.

***

III-LINIŞTEA

Întrebarea care se pune acum, este dacă *tăcerea* poate avea ceva comun cu *zero-ul filosofic* şi cu cel *absolut*, care, aşa cum am văzut, au însemnătăţi ce se referă la concepte foarte profunde ale gândirii şi înţelegerii existenţei. Răspunsul vine de îndată şi este un hotărât NU! Tăcerea în cadrul comunicaţiei verbale inter-umane nu are, nu poate avea nimic comun cu conceptele fundamentale ale existenţei.

Dacă însă vom cosidera *tăcerea* ca a fi primul pas înspre *Linişte*, situaţia se schimbă radical. Pentru a da temei unei asemenea afirmaţii este necesar mai întâi să clarificăm ce înţelegem prin Linişte.

Liniştea apare doar atunci când „gălăgia lumii" încetează, sau se face (se *poate* face!) abstracţie de ea. Este vorba de „gălăgia lumii" în manifestarea ei ca fenomen. E drept, orice fenomen are o sumedenie de calităţi şi însuşiri, multe dintre ele *esenţiale*, hotărâtoare pentru percepţia şi apoi înţelegerea lui. Dar unul şi acelaşi fenomen are şi o altă serie de însuşiri pe care le-am putea numi *colaterale*, datorită faptului că ele nu sunt esenţiale şi deci ne hotărâtoare pentru înţelegerea fiinţei lui intime[54]. Numesc aici suma tuturor însuşirilor *colaterale*, ale tuturor fenomenelor, *gălăgia lumii* sau *zgomotul* ei. Este clar că nu e vorba numai de zgomotul sau gălăgia în sens *acustic* ci, mai cu seamă, în sens *valoric*. În încercarea lor de a ajunge la însuşirile *esenţiale* ale unui fenomen, oamenii gândirii profunde trebuie să facă abstracţie de însuşirile lui *colaterale*, altfel spus, să elimine din tabloul de ansamblu al manifestării unui fenomen exact „zgomotul" sau „gălăgia" acestuia, atât în sens *acustic*, cât şi, mai ales, în sens *valoric*, adică să *separe esenţialul de secundar*. Acest act este echivalent cu instaurarea unei *Linişti*. Gândirea profundă poate avea loc numai în contextul Liniştii! Mai mult: în cadrul gândirii şi cunoaşterii profunde, sensului *acustic* şi celui *valoric* al Liniştii i se adaugă şi un sens *psihologic*. Subiectul cunoscător nu poate înfăptui actul de cunoaştere fără o anume deliberare interioară, fără o anume tihnă, ambele numite *Linişte sufletească*. *Tăcerea*, care aşa cum am văzut este întreruperea sau refuzul comunicării inter-umane prin cuvinte, este *prima silabă a Liniştii*. Asta deoarece cuvintele pot degenera adesea şi foarte uşor(!) în zgomote sau în pură gălăgie. Omul vorbeşte mult mai mult decât comunică! Gradul superior al tăcerii este deci Liniştea. Iar Liniştea este condiţia *sine qua non* a meditaţiei. Poate că tocmai din aceste cauze Nietzsche spunea că cel care caută un înţelept, îl va găsi doar în deşert.

Aşa cum înţelegem aici conceptul de *Linişte*, el nu este de asimilat întru totul cu cel grecesc de *ataraxic*, căci acesta din urmă, încă de la Democrit încoace, se referă mai cu seamă la sfera eticii, însemnând un mijloc pentru a ajunge la fericirea sufletească. Însă atunci când Epicur spune că *ataraxia* înseamnă *a se elibera de influenţe exterioare* şi a deveni autarc (în gândire) apar vădite similitudini cu ceea ce înţelegem aici prin *Linişte*. Poate că traducerea în latină a cuvântului

---

[54] Pentru a exclude orice neclaritate dau aici un exemplu intenţionat banal: *esenţa* făpturii unui automobil este aceea că el transportă persoane de la un punct la altul mai repede şi mai comod decât acestea ar ar putea să o facă deplasându-se prin mijloace proprii, de pildă alergând. Faptul că automobilul face şi zgomot, emite gaze, poate omorî pe cineva, este scump sau ieftin, are culoarea cutare sau cutare etc. sunt numai *însuşiri colaterale* făpturii lui, deci din punct de vedere semantic şi *mai ales* filosofic gălăgie – adică nesemnificative.

ataraxie, tranquillitas animi, se apropie şi mai clar de *Linişte.* Astfel, putem afirma că în vreme ce *ataraxia* este un termen al *eticii, Liniştea,* cum o interpretăm noi, este mai curând unul al *epistemologiei* (cunoaşterii).

Ca să ne exprimăm poetic, vom spune că *abia atunci când se instaurează Liniştea „se aude iarba crescând".* Asta înseamnă că se aude *sunetul esenţial al fenomenelor,* acel sunet de dincolo de zgomot şi de dincolo de gălăgie. Nu puţini au fost poeţii, filosofii şi chiar oamenii de ştiinţă care au susţinut că ar exista o relaţie, da, chiar o „punte" între existenţa în forma ei încă ne desfăşurată în fenomen, adică tot ce este *ante rem* (Dumnezeu-tatăl, Ideile, Lucrul în sine, Voinţa fundamentală etc) şi fenomenele ca atare, prin definiţie perceptibile. Această punte apare sub forma vibraţiilor şi este *sunetul esenţial al fenomenelor.* Oamenii de ştiinţă descoperă încă, şi vor mai descoperi, o sumedenie de tipuri de vibraţii care, prin lungimea de undă specifică şi/sau frecvenţa lor sunt atribuite/corespund unuia sau altuia din materiale, lucruri sau chiar fenomene existente. Schopenhauer susţine că muzica este singurul mod de exprimare directă a Voinţei fundamentale, *ante rem.* Şi poeţi de talia unui E.T.A. Hoffmann, Novalis, Rilke sau Paul Celan vorbesc de un *sunet originar* care este *„ca şi cum adevărul însuşi ar ajunge printre oameni în mijlocul vârtejului metaforelor"* (Celan), sau *„neîntrerupta vestire din linişte născută"* (Rilke). În sfârşit, şi în lumea religiilor se crede în existenţa unui sunet originar ca nemijlocită exprimare a zeităţii. Preoţi din toate cultele *incantează* cuvinte sau expresii-cheie pe un anumit ton, care se numesc *mantre* şi care constituie puntea spre originar, spre zeitatea supremă şi ea, cum am văzut, situată undeva înaintea fenomenelor, adică, din nou, *ante rem.* Mantrele sunt simboluri ale sunetului originar, ele sunt, aşa cum spune înţeleptul lama Anagarika Govinda *„uneltele spiritului".* Cea mai evidentă şi celebră *mantră* este silaba *Ommmm* în religiile indiene şi tibetane; însă şi în religiile creştine există *mantre* ca: *Amin, Ave Maria, Aleluia, Osanna* şi *Kyrie Eleison.* Joachim-Ernst Berendt (muzicolog) a scris pe această temă o carte care a surprins şi entuziasmat nenumăraţi gânditori (Peter Sloterdijk o recomandă cu stăruință!). Cartea se numeşte *Nada Brahma - die Welt ist Klang*[55] (*Sunetul lui Brahma - lumea este sunet*, unde *nada* înseamnă în sanscrită sunet, iar Brahma este zeul care, alături de Vishnu şi Shiva, formează Trimurti-ul). Prin nenumărate şi neaşteptate referinţe şi analize, cartea convinge fără a lăsa vreun dubiu, că într-adevăr originile lumii se articulează prin sunete, care de altfel stau la baza ivirii muzicii şi a vorbirii. Pentru a sublinia eficienţa spirituală a mantrelor în raport cu cea foarte redusă a cuvintelor, Berendt introduce printre altele şi un citat din Goethe: *„Mi-este imposibil să preţuiesc atât de-nalt cuvântul / Trebuie să îl traduc altfel."* (*Faust* - trad. liberă). Este de subliniat că Goethe nu cunoştea mantrele, dar, trebuind să traducă cuvântul *altfel*, a *simţit nevoia* lor! Mai adăugăm că nici *sunetul originar* auzit de poeţi şi cu atât mai puţin *mantrele*, nu pot fi posibile fără *Linişte*, în toate cele trei sensuri ale ei: acustic, valoric şi psihologic. Poezia cere la ivirea ei Linişte şi rugăciunea cu atât mai mult! Nu întâmplător Shiva este şi patronul practicilor *yoga*, exerciţii şi tehnici de meditaţie care încearcă să instaureze *Liniştea spirituală – tranquillitas animi*.

Liniştea, în sensul ei acustic, valoric şi psihologic, este drumul către *zeroul filosofic* şi, poate, începutul drumului – imposibil de parcurs în întregime! – către *zeroul absolut*. În *Linişte*, atunci când omul tace şi chiar şi „gălăgia" întregii lumi nu mai ajunge la spiritul care gândeşte, se poate desluşi şi sunetul originar şi „glasul" cel ascuns a tot ce-n lumea asta este. Abia atunci „vorbesc" Esenţele!

Ne fiind fenomen, ci doar o stare spirituală, imposibil de măsurat şi imposibil de descris, *Liniştea* nu numai că este drumul către zeroul filosofic, ci chiar *aparţine* acestuia şi astfel se încadrează şi ea în lumea *ante rem*.

Am arătat câteva pagini mai sus, că *tăcerea este corelatul psihologic al zeroului matematic*, ambele fiind doar *agenţi operatori*. A sosit acum momentul să spunem că *Liniştea este corelatul spiritual al zeroului filosofic*, ambele fiind *generatoare* şi *cauzale*.

Prin faptul că *Liniştea* înlesneşte accesul la lumea dinaintea fenomenului, ea dovedeşte *înţelepciune*, ea este strâns legată de

---

[55] Joachim-Ernst Berendt, *Nada Brahma - die Welt ist Klang*, Rowohlt Taschenbuch Verlag, Hamburg, 1985. A 17-a (!) ediţie a apărut în 2001, Insel Verlag, Frankfurt am Main.

aceasta! *Înţelepciunea* nu poate exista fără *Linişte*, iar *Liniştea* are, fără îndoială, *înţelepciune*.

Doamne, dă-ne nouă astăzi Înţelepciunea Liniştii, căci numai prin ea putem ajunge mâine la Liniştea Înţelepciunii!

Am lucrat la acest eseu în zilele de dinaintea şi de după aniversarea mea de 65 de ani. Scriindu-l, am fost neîntrerupt logodit cu Liniştea, arzând totuşi pe rugul temei ce mi-am ales-o. În acest timp dispăruseră şi murele şi coarnele de-odată. Pe semne se pregăteau şi ele, aidoma cuvintelor, să-ntâmpine zăpada-Linişte, ce tocmai îşi anunţa venirea.

De vorbă cu moartea

1

Eşti neagră, cum se zice? Eşti vânătă? Eşti colorată sumbru ca pământul? Sau poate roşie ca rana? Cum eşti? Vreau să te aflu, năpârcă bună!

Azi-noapte mi te-ai arătat ca pungă – ce fantezie ai!

Cineva, ce n-am putut să-l văd, mi te-oferea – aşa, cadou de nu ştiu unde şi nici de ce. Pungă! Ba chiar se îngrijea să n-ai pe pielea ta catifelată aşchii de metal – să nu cumva să mă rănesc. Te-am pus pe faţa mea cea obosită şi m-ai făcut să uit chiar totul ce m-a chinuit. A fost atât de bine c-am crezut că-ncep să te iubesc. Necunoscutul mi-te-a mai oferit o dată, şi tot aşa-m plecat cu tine în nu ştiu unde. Şi-a treia oară zăpăcitul mi te-a dat. Cu grijă mare, am încercat să-l rog să-i spună mamei mele că am iubit-o mult. Cui Doamne să-i spun astfel de vorbe înainte de-a pleca? Dar tu m-ai luat atât de iute, că limba mi se-mpleticise şi faţa-mi devenise grea ca plumbul. Abia spusei cuvintele cele din urmă. Ce mându-am fost că ţi-am răpit o clipă!

Şi totuşi când m-am trezit azi-dimineaţă mi-a fost de tine dor... de pielea ta catifelată fără de aşchii de metal, de dumul nostru fără de vedere, respiraţie şi auz, de drumu-acela surd şi mut în nu ştiu unde.

2

M-ai despicat în două de-a lungul trupului: de sus din cap şi până la picioare. Pe un oarecare caldarâm zăceam acolo – o rană toată sângerândă. Să nu crezi o clipă, cuconiţă, că m-ai impresionat. Nu fii înfumurată, că frică mi-e de tine. Tu n-ai onoarea asta! Despică, taie, lasă sângele să curgă – e numai trup! Pe semne fost-ai beată sau bolândă că n-ai văzut cum cineva s-a apropiat de rana mea şi-a tras de sus din cap pân-la picioare o pieliţă subţire, o praporă gelatinoasă... Era memoria mea şi tot ce ştiu şi n-am uitat. Mi-a furat-o! A pus-o-n vârf de băţ şi steag bisericesc din ea făcut-a? Fă-ţi meseria, Doamnă! Dar fă-o bine, aşa cum se cuvine. Mă du unde vrei tu, dar du-mă tot, aşa cum sunt, cu tot ce ştiu şi n-am uitat.

3

Fără de tine suntem vii – şi asta nu e bine-ntotdeauna. Tu n-ai vreun suflet pentru dorinţa noastră. Pe cei ce vor să plece nu-i ajuţi la timp; pe cei ce-ar vrea să mai rămână îi iei fără de milă prea-timpuriu. Îţi faci de cap – tu curvă a destinului! Cine eşti tu şi-n slujba cui te afli? Ce zeu de ne-nţeles te stăpâneşte? Tu ai putea aduce tihnă şi lumină, dar dăruieşti prea des şi lacrimă şi jale. Eşti fiica lui Chaos, sau cea a Nedreptăţii? Te joci cu oamenii, fără să fii umană! Sunt mulţi care te-aşteaptă: bolnavi cu viaţa spartă. Dece nu-i iei, şi iei copii cu dor de viaţă? Dece nu vii la mine în dulce-mbrăţişare? Ce bine-ar fi de te-aş putea afla, ce bine ar fi şi ce n-ar fi...

4

În lucrarea ta nu-i urmă nici de mister şi nici de procesiune. Sunt oamenii aceia care te închipuie înconjurată de sfetnici înţelepţi bolborosind cuvinte de-nenţeles, împrăştiind simboluri şi lumini ciudate prin tablori şi alte opere de artă. Sunt oamenii aceia care te cred frumoasă, rea sau bună – precum le este placul sau dorinţa. Nimic mai mult e de dorit decât să pleci frumos din viaţa cea frumoasă sau, cu atât mai mult, de-o crezi c-a fost urâtă. Şi te-au împodobit cu frica-n oase: ţi-au dat manta fastuoasă, ţi-au pus în mână coasă, zâmbet cu subînţeles, carnea de pe oase ţi-au înlăturat-o; alţii te-au făcut fecioară, amantă, înţeleaptă, şarpe, duh şi alte bazaconii – cu toate de prost-gust. Şi-au dat silinţa oameni mari să scrie despre tine mii de pagini. Frumoase pagini! Nu te făli! În cele scrieri este vorba mai mult de gândul omului la tine decât de tine însuţi. Pe tine nu te ştie nimeni. De niciunde nu vii, niciunde nu te duci, şi-n nici un fel n-ai devenire. Eşti – şi-atât! Şi pe deasupra şi eternă! Eşti un punct fără măsură sau nuanţe, fără gândire şi fără însuşire. Lipsa ta de personalitate produce greaţa lumii! Nu te făli, că n-ai dece. Sunt oamenii aceia care te-au împodobit – de frică... Te-au făcut persoană mare şi foarte importantă...

5

Punct jalnic şi ne-nsemnat, dar cu-nsemnătate mare pentru fiecare. Să nu crezi nici o clipită că te-mbrac în haină mare şi strălucitoare. Să nu crezi asta! Tu eşti doar sprijin pentru laşitatea mea, de-a nu putea şi nici a vrea să-ncerc a face viaţa bună şi demnă de trăit. De toţi ar fi viteji puternici, nu te-ar dori vre-un om vreodată. Doar cei zdrobiţi, neputincioşi te vor în cununie. Nu ţi-e ruşine? Lepră sfântă...

6

Îmi pare c-ai simţit că de un timp m-am logodit cu tine. Te-arăţi din ce în ce mai des! E drept, te caut atunci când este trist şi întuneric. Te caut, logodnică pentru o singură dată. Te caut, dar nu te văd prea bine... Ce bot ai tu? Este de câine fioros, de şobolan greţos, sau este faţa-ceia de femeie îmbătrânită până la mumificare? Ai pielea uscată de păcat şi fum? Mai porţi pe umăr coasa cea stupidă, cum stămoşii mei te-au zugrăvit în mintea lor înfricoşată? Sau eşti încă o muiere? Mai ştii ce-i aia sex? Mai poţi şi chiar mai vrei? Să nu îţi faci şi nici să-mi faci un pat de nuntă în ora cea mai neagră a vieţii mele! Să nu cumva să vrei aşa ceva! Ia-mă încet, ca o maică bună şi du-mă unde vrei, dar nu pe patul de păcat... Mă ia de-aici, dar nu mă duce înapoi, de unde am venit! Cred fierbinte că-n tine zac toate femeile ce-odată au fost şi astăzi nu mai vor şi nu mai pot!

7

Să nu vii încă! Să nu vii înspre mine tocmai azi. Te rog din suflet, nu fă asta! Nu sunt încă pregătit şi nici obol nu am la mine – pentru drum! Mai stai olecă... mai stai! Te voi chema – tu ştii că te doresc... dar fii atât de bună, de eşti înstare de aşa ceva!, şi-aşteaptă să te chem... De tu mi-ai asculta dorinţa, ai fi o Moarte chiar de lux... Fii luxurioasă-generoasă, draga mea! Mai am nevoie să citesc şi să gândesc puţin, ca să încerc să aflu pe unde duce drumul şi-ncotro.

Culoare şi Fiinţă

I - INTRODUCERE

Lumea se înfăţişează fiinţei umane în toată măreţia ei incomensurabilă, în toată diversitatea şi frumuseţea ei. Lumii îi este fiinţa umană absolut indiferentă. Lumea poate exista şi fără fiinţa umană! Raportul însă nu este reciproc: Fiinţei umane nu-i este lumea deloc indiferentă. Fiinţa umană nu poate exista decât *în* şi *prin* lume – ea face parte din ansamblul ei! Cu alte cuvinte: Lumea nu depinde de fiinţa umană, însă fiinţa umană depinde de lume.

Tocmai din această cauză, chiar din prima „clipă" după apariţia ei, fiinţa umană – înţeleasă şi denumită aici, ca şi în paginile ce urmează, ca *subiect – a vrut* şi *a trebuit* să cunoască mediul ei (Lumea) de care ea depinde. Procesul de cunoaştere a lumii – înţeleasă şi denumită aici, ca şi în paginile ce urmează, ca *obiect* – a durat de la începutul existenţei subiectului şi va dura tot atât cât va dura existenţa acestuia. Numai prin amploarea şi profunzimea procesului de cunoaştere, subiectul uman a reuşit să realizeze emanciparea sa uluitoare faţă de alte fiinţe vii. Inutil să repertăm că facultatea omului de a gândi, şi deci de a cunoaşte, este diferenţa specifică între el şi animale şi totodată punctul esenţial de definire a lui – „blazonul" lui de onoare.

Procesele extrem de complexe prin care are loc cunoaşterea constituie obiectul *filosofiei cunoaşterii* care este, fără îndoială, una dintre cele mai importante ramuri ale filosofiei. În acest text nu vom intra de la bun început în domeniul filosofiei cunoaşterii (o vom face mai jos şi numai tangenţial, raportat direct la una sau alta din temele abordate).

Ca introducere în tema noastră ca atare – culoarea – este însă necesar să semnalăm că a cunoaşte nu înseamnă mereu acelaşi lucru, cum este cazul în limbajul de zi de zi. Există o cunoaştere la nivel *fizic* şi alta la nivel *metafizic*. Prima are ca ţel cunoaşterea lumii în manifestarea ei fenomenală concretă, materială, iar a doua are ca ţel întrucâtva înţelegerea semnificaţiilor acestei cunoaşteri, ideile ce se desprind din ea. Îndeobşte cunoaşterea la nivel fizic, senzorial şi nemijlocit, este până la un punct condiţie indispensabilă celei de-a doua cunoaşteri, cea metafizică. Am spus „până la un punct" deoarece cunoaşterea metafizică îşi alege des şi ţeluri care nu mai au la originea lor lumea fizică a fenomenelor.

Mai e de amintit şi faptul că există şi cunoaşterea *ştiinţifică*, ce are şi ea ca ţel îndeobşte aspectul fizic al lumii fenomenale manifestate, dar ale cărei rezultate diferă din punct de vedere al conţinutului de cele ale cunoaşterii cotidiene şi şi de cele ale cunoaşterii filosofice (atât la nivel fizic cât şi, mai ales, la cel metafizic)[56].

Din punctul de vedere al *perspectivei* demersului cunoaşterii se pot diferenţia chiar trei feluri de cunoaştere: una *macro*-scopică (poate fi numită şi *tele*-scopică), alta *mezzo*-scopică şi o a treia *micro*-scopică. Este evident că domeniul cunoaşterii/privirii/perspectivei *macroscopice* nu mai este lumea noastră, fizic-palpabilă, ci Universul, spaţiile interstelare, petele „negre", antimateria etc. etc. Tot atât de evident este faptul că perspectiva/privirea *microscopică* are ca domeniu „infinitul mic" al lumii noastre fizic-palpabile, iar termenii ei se numesc atomi, electroni, protoni, quante etc. etc. În sfârşit, este din nou evident că atât perspectiva macroscopică, cât şi cea microscopică cad sub incidenţa conceptului de *cunoaştere ştiinţifică*. Privirea/perspectiva *mezzoscopică* are şi ea ca domeniu, asemenea celei microscopice, lumea noastră fizic-palpabilă, însă nu mai este de factură exclusiv ştiinţifică în sensul că nu foloseşte mijloacele şi tehnicile de investigaţie tipice ale ştiinţei, ci se susţine în mare parte pe facultăţile noastre naturale de *percepţie* şi *gândire*. *Subiectul* în forma lui *naturală* şi mai ales cu posibilităţile lui *naturale* este singurul operator al demersului cunoaşterii în perspectivă *mezzoscopică*. Tocmai de aceea filosofia cunoaşterii porneşte de la rezultatele cunoaşterii mezzoscopice – căci ea doreşte să elucideze cunoaşterea *umană*, cunoaşterea *obiectului* de către *subiect cu şi prin înzestarea sa specifică*. În această lumină aporturile demersurilor cunoaşterii ştiinţifice (cea ca atare, cea macroscopică sau microscopică) sunt binevenite, foarte importante, corectiv-orientative, dar în perspectivă umană doar adiacente. (Pe parcursul eseului vom vedea

---

[56] În vol. I al unei interesante culegeri de texte sub titlul *Philosophie de l'esprit* (Paris, ed. Vrin, 2012), W. Sellars face în eseul său *La philosophie et l'image scientifique de l'homme* (p.55-115) o diferenţă foarte interesantă şi subtilă între *imaginea manifestată* a lumii şi cea *ştiinţifică* a ei.

câteva dintre fructuoasele „colaborări" ce pot avea loc între diferitele tipuri de cunoaştere)

Pentru a face o legătură directă cu tema noastră, schiţăm mai întâi etapele cunoaşterii în spiritul lui Immanuel Kant: **1**- *sensibilitate/senzaţie* (contactul nemijlocit cu obiectul dat de lumea empirică, ceea ce în limbaj actual înseamnă *percepţie*) → **2** - *intuiţie* (definirea spaţio-temporală, ceea ce echivalează cu înţelegerea) → **3** - *categoriile* (formele „constitutive" ale gândirii) → **4** - *judecăţile* (analitice şi sintetice) → **5** - *Ideile*.

Orice demers care nu începe cu şi nu se bazează pe intuiţia sensibilă, pe experienţa empirică, nu are valabilitate, nu conduce spre cunoaştere. A se folosi de pretinse cunoştinţe din afara câmpului experienţei reprezintă în plan teoretic o depăşire himerică a limitelor raţiunii. Kant numeşte aceasta *Schwärmerei* (= entuziasm, exaltare), care conduce spre fanatism şi dogmatism. Citat: *„...orice raţiune nu poate trece niciodată de câmpul experienţei posibile ... menirea acestei supreme facultăţi de cunoaştere nu este decât de a se servi de toate metodele şi principiile ei pentru a pătrunde până în intimitatea naturii ... dar niciodată de a depăşi limitele ei, în afara căreia nu există* **pentru noi** (subl. autorului) *nimic decât spaţiu vid"* (C.R.Pur. 730)[57]. *„A voi să vezi ceva dincolo de limitele sensibilităţii ... este o nebunie"* spune filosoful în aceeaşi monumentală lucrare. Deşi principiile enunţate sunt valabile şi pentru cunoaşterea ştiinţifică, ele se adresează în acest context mai cu seamă punctului 1 – contactul (sensibil) nemijlocit cu obiectul, adică *percepţia*.

În textul nostru ne interesează în mod stringent tocmai punctul 1 al schiţei etapelor cunoaşterii şi anume *percepţia* şi *senzaţia* pe care aceasta o produce *în subiect*. În astfel de condiţii apare oportun să rescriem prima frază din prezenta lucrare, însă îmbogăţită şi nuanţată:

Lumea se *oferă percepţiei* umane în toată măreţia ei incomensurabilă, în toată diversitatea şi frumuseţea ei. Acest fapt este şansa *subiectului* de a cunoaşte *obiectul* său (Lumea)!

---

[57] „C.R.Pur." înseamnă *Critica raţiunii pure*, iar cifra ce urmează este numărul paginii din ediţia a II-a (B), revăzută de Kant şi apărută la Riga în 1787. Am folosit excelenta traducere a lui Nicolae Bagdasar şi a Elenei Moisiuc apărută în editura ştiinţifică, Bucureşti, 1969.

Dintre toate percepţiile pe care un subiect în stare normală (adică fără anomalii funcţionale de care nu ne vom ocupa în acest eseu) şi în stare de veghe le poate avea, cele care se adresează *simţului văzului* sunt cele mai fracvente şi, probabil, cele mai însemnate. În cazul percepţiilor lumii empirice omul este mai întâi de toate „un ochi". Deşi foarte importante, şi de multe ori hotărâtoare, celelalte feluri de percepţii – auditive, tactile, olfactive şi gustative, pentru a le numi doar pe cele mai cunoscute – afectează din punct de vedere cantitativ mult mai puţin (vezi: mai rar) aparatul perceptiv uman. Într-adevăr: percepem tactil un obiect doar dacă îl atingem, ceea ce se întâmplă destul de des în fiecare zi, dar totuşi nu atât de des ca atunci când privim/vedem ceva – adică neîntrerupt întreaga zi. La fel este cu percepţiile auditive: şi ele sunt foarte frecvente, dar nu neîntrerupte cum sunt cele vizuale. Percepţiile gustative şi olfactive (dese ori în-gemănate) sunt prezente doar de câteva ori pe zi, spre deosebire de animale pentru care, mai ales percepţiile olfactive, sunt mult mai nuanţate şi ascuţite decât la om şi constituie chiar instumentul principal de contact cu lumea, aşa cum pentru fiinţa umană sunt, fără îndoială, percepţiile vizuale. Este de remarcat că toate aceste cinci feluri de percepţii nu rare ori „colaborează" între ele, îndeobşte confirmându-se reciproc.

Important este faptul că percepţiile vizuale la om sunt foarte nuanţate. Fără prea mare risc de a greşi putem împărţi percepţiile vizuale umane în trei categorii: A - percepţia *formelor*, B - Percepţia *intensităţii luminii* şi C - percepţia *culorilor*.

În perspectiva etapelor cunoaşterii în spirit kantian *percepţia formelor* (A) are o eficienţă deosebită. Ea înlesneşte rapid trecerea spre punctul 2 al procesului cunoaşterii, adică spre intuiţie, vezi definirea spaţio-temporală care, cum am văzut, echivalează cu *înţelegerea*, însă înlesneşte şi percepţia *mişcării* şi a *vitezei*. Mai mult: în cazul percepţiei formelor se poate trece nemijlocit şi mai departe către punctul 3 al procesului cunoaşterii, vezi formele constitutive ale gândirii. Cu alte cuvinte putem spune că în cazul formelor se trece foarte repede de la *percept* la *concept univoc*. Drumul spre *judecăţile* analitice şi sintetice (4) şi chiar cel înspre punctul final, *Ideile* (5), pare a fi deschis. Şi este! Iată un exemplu pe cât de banal, pe atât de evocativ: Obiectul masiv pe care îl privesc prin fereastra camerei mele de lucru este o casă. Îmi dau seama de acest lucru prin *forma* sa, care în nici un caz nu m-ar conduce spre ideea că aş percepe o cisternă enormă sau un munte. Prin *formele* care constituie structura faţadei casei realizez că aceasta este din cărămidă aparentă. La o privire şi mai atentă văd că în fiecare din aceste mici dreptunghiuri ale cărămizilor se află multe adâncituri minuscule, care sunt şi ele *forme*, şi care mă conduc la ideea că suprafaţa faţadei este zgrunţuroasă si nicidecum netedă. Iată mai multe concepte – casă, cărămidă aparentă şi suprafaţă zgrunţuroasă – la care ajung aproape instantaneu prin *formele* percepute. Dacă aş fi privit un automobil mi-aş fi putut da seama imediat prin *forma* lui că ceea ce privesc este un automobil şi nu un tractor, dar şi, datorită punctului 2 al cunoaşterii (definirea spaţio-temporală), de faptul dacă este sau nu în mişcare şi chiar cu ce viteză (aproximativ!). Teoretic apare foarte firească legătura aproape instantanee percept-concept în cazul percepţiei formelor căci, se ştie, orice formă bi- sau tridimensională este indisolubil legată de Spaţiu (ea ocupă Spaţiu), iar acesta din urmă nu este de conceput decât în legătură cu Timpul. Iată, în „trinitatea" – Formă-Spaţiu-Timp – sunt deja îndeplinite condiţiile indispensabile ale unei cunoaşteri (teoretice!) dincolo de percepţie, în domeniul conceptelor. Nu trebuie dată uitării ideea că legătura dintre *percepţie* şi *concept univoc/sigur* este posibilă în cadrul percepţiei formelor doar cu ajutorul unor cunoştinţe *a priori* (spune Kant), deci cu ajutorul memoriei şi, în ultimă instanţă, cu ajutorul experienţelor trecute.

În cazul *percepţiei intensităţii luminii* (B) lucrurile se relativizează cu evidenţă. Deşi gradele valorice ale gamei dintre beznă totală (absenţa luminii) şi lumină de intensitate maximă (să zicem la limita capacităţii ochiului uman) sunt cvasi infinite în ce priveşte numărul lor, drumul *percepţiei* către un *concept univoc*, deci sigur, nu poate avea decât două destinaţii: *lumină* şi/sau *întuneric*. Nuanţele sau gradele intermediare nu găsesc concepte *univoce*, ci doar *echivoce* cum ar fi „ceva mai întunecat", „lumină orbitoare" „semi obscur" – cu toate foarte dependente de sistemul „personal" de valorificare al subiectului, deci absolut imprecise şi chiar sugerând un soi de „folclor ştiinţific". De remarcat şi de apreciat este însă că datorită gamei de luminozitate percepţia unei imagini apare ca fiind „reliefată" („jocul" între umbră şi lumină), ceea ce constituie un plus de calitate şi informaţie deloc neglijabil. (Abordând anatomia ochiului uman vom reveni la această problemă)

În cadrul *percepţiei culorilor* (C) lucrurile se arată a fi şi mai ambigue. Spunem de la bun început că *percepţia* culorilor nu depăşeşte cu claritate stadiul *senzaţiei* pe care ea o pricinuieşte în subiect. „Conceptele" la care această senzaţie conduce sunt în mare măsură arbitrare şi funcţionează mai curând doar ca *denumiri*. Iată de ce: este cvasi imposibil a analiza „conceptul" de roşu, verde, galben etc. Orice tentativă de a analiza de ex. „roşul" va ajunge fatalmente înapoi la *senzaţia de roşu*, îndepărtându-se astfel din nou de domeniul concep-tual-analitic dorit, dar ne atins. Asta deoarece la nivelul cunoaşterii mezzoscopice, o cunoaştere îndeplinită exclusiv prin resursele umane ale subiectului şi pornind de le percepţii, senzaţia de roşu (sau de orice culoare) nu se înscrie nici în Spaţiu şi nici în Timp. În consecinţă senzaţia unei culori nu are măsuri/dimensiuni de nici un fel (în cunoaşterea ştiinţifică, aşadar în fizică, lucrurile stau cu totul altfel! Vom reveni). Ceea ce ar trebui să funcţionczc ca un *concept univoc*, pe baza căruia se pot defini situaţii spaţio-temporale (înţelegere) (2), căruia i se pot aplica formele „constitutive" ale gândirii (categoriile) (3) şi pe baza căruia se pot formula judecăţile analitice şi sintetice (4), după care, în sfârşit, se poate ajunge la Idei (5), se degradează în cazul culorilor la a fi doar o *denumire* convenţională: roşu, galben, albastru, verde etc. Nu sunt mai mult de 7-9 de astfel de denumiri convenţionale care nu spun mai nimic (ele se oerientează în genere după culorile principale ale curcubeului sau ale spectrului luminii). Parcă pentru a spori ambiguitatea, pentru celelalte nuanţe de culori, ca şi pentru culorile numite binare sau trinare (culori compuse) – în total, se spune, cam 20.000 – apar în plus doar câteva zeci de expresii ciudate ca „roşu Bordeaux", „ceruleum", „albastru de Prusia", „roz bonbon", „capum mortum" etc. sau – şi mai straniu până la ridicol! – „liliachiu", „verzui", „gălbui", „ciocolatiu" şi alte năzbâtii lexicale care arată doar că *limba* (conceptele!) *capotează în faţa fenomenului culorilor*. Asemănătoare este situaţia percepţiilor acustice, mai cu semă în cazul muzicii. Poate cineva să descrie un ton anume fără a cădea în poezie, metafore sau în comparaţii uneori stranii?

În referinţă la *percepţia culorilor* mai adăugăm pentru început: **a-** Unul şi acelaşi obiect poate apărea unui subiect ca având nuanţa de culoare x, iar altui subiect ca având nuanţa y, ceea ce pledează pentru ideea că percepţia culorii este destul de *imprecisă*. **b-** Unul şi acelaşi obiect poate apărea o dată ca având o culoare, iar altă dată, în altă situaţie de lumină, ca având o alta. Este exemplul mării şi al cerului care apar ba albastre, ba violet, ba gri, la fel cum un zid alb poate apare în amurg „roşiatic". Înţelegem de aici că percepţia unei culori este *situativă*. **c-** Există obiecte care au „mai multe culori", cum de ex. sideful sau roca vulcanică numită porfir. Asta înseamnă că nu se poate atribui *mereu* unui obiect *o singură culoare precisă şi stabilă* care ar putea fi considerată ca *însuşire* a acestuia. **d-** În sfârşit, o singură culoare poate apare în nuanţe identice în mai multe obiecte (maşina pompierilor, un anume fruct şi un trandafir), ceea ce ne arată că nici o culoare nu poate fi înţeleasă ca o însuşire *specifică* a unui obiect.

Datorită dificultăţilor de a reduce o culoare la un *concept univoc*, datorită faptului că o culoare în cadrul pecepţiei naturale *nu are dimensiuni*, datorită faptului că percepţia culorilor este *imprecisă* şi *situativă*, în sfârşit datorită faptului că este foarte riscant de a considera culoarea ca o *însuşire specifică* şi determinantă a unui obict, culoarea a fost dintotdeauna şi este încă o temă aprins discutată şi controversată pentru gândirea şi cunoaşterea umană. Prin ambiguitatea ei funciară culoarea chiar a derutat pe alocuri gândirea. O întreagă „armată" de gânditori din mai toate domeniile cunoaşterii au fost şi sunt încă preocupaţi de culoare: filosofi gândind culoarea fizic şi metafizic, fizicieni gândind-o ştiinţific, atât microscopic cât şi macroscopic, teoreticieni ai limbajului încercând să elucideze situaţia precară a limbii vis a vis de culori, psihologi, fiziologi şi neurologi încercând să elucideze procesele ce au loc la toate nivelele *în subiect* atunci când acesta percepe culorile. De bună seamă şi pictorii, fotografii sau teoreticienii artei au adus şi ei contribuţii importante la înţelegerea culorilor şi/sau a „modului lor de funcţionare".

Este clar: chiar o documentaţie minimă necesară pentru un eseu despre culori abordează mai multe discipline şi se arată a fi impresionant de mare (vreo 2500 de pagini!). Bibliografia ce stă la dispoziţie pentru şi despre colori este desigur mult mai mare; ea este, pot spune, enormă! Pentru a ajunge la partea pur eseistică a textului de faţă, şi mai ales pentru a întemeia şi motiva această ultimă parte în care voi expune păreri personale, este necesar mai întâi să trecem în revistă, cât se poate de scurt, ce spune *filosofia, fizica* şi *neurofiziologia* (cu punctări în domeniul anatomiei) despre culori.

***

II - PARTE DOCUMENTARĂ

CE SPUNE F I L O S O F I A DESPRE CULORI?

Filosoful presocratic Democrit (aprox. 460-370 înaintea erei noastre), născut în Abdera, o colonie ionică în Tracia, recunoscut ca unul dintre cei mai erudiţi gânditori ai antichităţii, a fost probabil primul care s-a exprimat despre culori. *El neagă realitatea obiectivă a culorilor* (relatare Aristotel) şi *declară că în realitate nu există culori* (relatare Aetius). În ambele citate Democrit continuă însă: *impresia unei culori se naşte doar ca urmare a poziţiilor atomilor* din care este alcătuit obiectul privit şi, conform relatării lui Aetius, el mai spune că, odată ce *atomii nu au culoare*, doar *dispoziţia, forma şi poziţia* lor determină *impresia* de culoare[58].

Se poate deduce cu uşurinţă că afirmaţiile lui Democrit cu privire la culori au două adrese precise, două „miezuri", ca să zicem aşa. 1 - Culorile nu există în realitate, deci sunt numai impresii subiective şi 2 - Nu însuşirile unui obiect ca atare, ci doar dispoziţia atomilor incolori care îl alcătuiesc *determină* în privitor *impresia* de culoare. A doua afirmaţie era de aşteptat, căci Democrit a fost elevul lui Leukip, întemeitorul teoriei atomului/atomiste! De aici nu este de înţeles că Democrit ar fi pendulat, sau chiar că ar fi fost nehotărât, între a atribui obârşia culorii doar subiectului (vezi: impresia) sau doar obiectului (vezi: dispoziţia, forma şi poziţia atomilor). Cu toate că teoria dispoziţiei atomilor ca fiind hotărâtoare pentru impresia de culoare pare astăzi destul de rudimentară, este de apreciat la Democrit că a vrut să dea o *explicaţie cauzală* pentru senzaţia de culoare, cu alte cuvinte să

---

[58] Ambele citate, intenţionat aici intercalate, *Die Vorsokratiker* de Wilhelm Capelle, Kröner Verlag, 1968.

lege logic subiectul de obiect – altfel culorile ar fi fost considerate doar ca halucinații inexplicabile.

Gândirii umane i-au fost necesari ca. 2300 de ani pentru a demonstra astăzi – de data asta elocvent și foarte nuanțat! – legătura cauzală între obiect și subiect în cadrul percepției culorii. În linii mari, în sensul adânc al țintei ei, teoria lui Democrit era deci izbitor de adevărată! Din păcate însă, mai ales în filosofie, s-a pierdut imens de mult timp (și se mai pierde încă!...) cu o ceartă cvasi neîntreruptă ce are ca obiect exact ceea ce Democrit a încercat și parțial a reușit să evite: întrebarea dacă obârșia culorilor se află *în subiect* sau *în obiect*, cu alte cuvinte dacă originea culorii este una *psihogenă* (subiectivismul) sau una *hylogenă*[59] (obiectivismul), adică ar aparține materiei/ substanței din care este compus obiectul privit.

Cu mare hotărâre Aristotel se distanțează de concepția lui Democrit și înțelege obârșia culorilor ca fiind o *însușire intrinsecă și specifică a obiectului*, iar capacitatea subiectului de a le percepe este doar un proces de asimilare și actualizare a acestor însușiri în aparatul său perceptiv (simțul văzului, respectiv ochiul)[60]. Această convingere a fost adoptată de toți descendenții spirituali ai maestrului, așa numiții „aristotelieni", timp de mai bine de 1000 de ani și, cum vom vedea mai jos, dăinuie parțial și astăzi (obiectivismul).

Abia în sec. XVII, ca o consecință imediată și firească a marilor reînnoiri aduse de Renaștere în toate domeniile (umanismul, distanțarea față de autoritarism, încrederea în rațiunea și experiența proprie, lărgirea cunoștințelor în fizică și astronomie etc.), vine și momentul combaterii teoriei aristotelienilor despre culori. Filosoful francez René Descartes se opune vehement teoriei de factură aristotelică potrivit căreia percepția culorilor ar fi o asimilare și actualizare în subiect a proprietăților intrinsece (a culorilor) din obiect. În mai multe scrieri de-ale sale – *Traité de la Lumière, La Dioptrique, Meditationes de prima philosophia, Principia philosophiae, Regulae ad directionem ingenii*

---

[59] Originea termenului este cuvântul grecesc vechi ὕλη (hylê) care înseamnă lemn, pădure, material de construcție dar și **materie/substanță** în sens filosofic (îndeobște în opoziție cu forma).

[60] Aristotel emite această părere în *De anima* (II 6 și 7) și continuă în *Fizica* și *Metafizica*.

etc. – el abordează problema culorii şi a percepţiei acesteia creind bazele de înţelegere a fenomenului ce au valabilitate până în zilele noastre. Descartes începe al său *Traité de la Lumière* cu câteva fraze de importanţă maximă pentru înţelegerea percepţiei. Cu toate că lucrarea a apărut postum (pentru a-l menaja pe Galilei, împotriva căruia inchiziţia tocmai intenda un proces, autorul nu a dat-o la tipar în anul 1633 când a scris-o), frazele ce urmează pot fi înţelese ca punct de pornire a demersului filosofului privind percepţia. *„Me proposant de traiter icy de la Lumiere, la premiere chose dont je veux vous avertir, est, qu'il peut y avoir de la difference entre le sentiment que nous en avons, c'est á dire l'idée qui s'en forme en nostre imagination par l'entremise de nos yeux, & ce qui est dans les objets qui produit en nous ce senti-ment...*[61]

De aici rezultă că filosoful e de părere că percepţiile au un ca-racter înşelător, că ele au o „viaţă internă" autonomă care nu ne împăr-tăşeşte nemijlocit ceva sigur despre structura obiectului. În meditaţia III din *Meditationes* el spune că *„percepţiile reprezintă un ne-lucru, ca şi cum acesta ar fi un lucru"*. Mai cu seamă în referinţă la percepţia culorilor aceste păreri capătă o valabilitate incontestabilă – am schiţat deja în introducerea prezentei lucrări că percepţia culorilor este *imprecisă* şi *situativă*, că ea nu poate fi considerată ca o *însuşire specifică* şi determinantă a unui obiect (vom reveni). Dar Descartes nu ar fi Descartes, întemeitorul raţionalismului modern(!), dacă nu ar avertiza de repetate ori asupra pericolului pentru gândire ce-l reprezintă simţurile (vezi: puterea lor de fascinaţie) generate de percepţia cu „caracter înşelător"; de ex. în *Synopsisul* la *Meditationes* el recomandă

---

[61] Datorită farmecului cu totul special al limbii franceze vechi am preferat să reproduc citatul aşa cum a fost el scris acum aproape 400 de ani. Traducerea lui este următoarea: *„Propunându-mi să tratez aici despre lumină, doresc mai întâi să vă avertizez că poate exista o diferenţă între sentimentul* (senzaţia)*, aşadar ideea care se formează prin intermediul ochilor în imagi-naţia noastră, şi ceea ce aparţine obiectului care produce în noi acest sentiment..."* Am folosit o excelentă ediţie germană bilingvă a textului: *Le Monde ou Trité de la Lumière – Die Welt oder Abhandlung über das Licht*, VCH Verlag, Acta humanoida, Weinheim 1989.

„a obişnui spiritul nostru să se detaşeze de simţiri" (a accoutumer notre esprit à se détacher des sens).

Rezumatul afirmaţiilor lui Descartes despre culoare se poate exprima astfel: Dacă privesc, de ex., lămâi, ele reflectează fascicule luminoase care pătrund în ochiul meu şi excită nervul vizual. Această iritaţie/excitaţie este condusă înspre creier unde se ivesc anume configuraţii de *corpuscule* (idee centrală la Descartes) care, la rândul lor, determină spiritul să aibe o anumită stare în care lămâile îmi apar galbene. La nivelul înţelegerii comune de azi teoria nu ne spune mai nimic nou. În timpul lui Descartes însă era chiar o revoluţie! Într-adevăr, dacă am înlocui câţiva termeni – mai ales *corpusculum* – am ajunge la teoria ştiinţifică de azi a culorilor (vom reveni!). Mai întâi reţinem de aici faptul că filosoful francez pledează pentru un riguros *lanţ cauzal* în teoria şi percepţia culorilor şi, mai ales faptul că el susţine că ceea ce numim culoare *nu este o reală calitate/însuşire a obiectului.*

La o privire mai atentă lucrurile însă se complică, şi anume mai ales datorită acelor *corpusculi*. Dominik Perler, profesor de filosofie la Universitatea Humboldt din Berlin, remarcă într-un studiu despre Descartes şi culori[62] că acesta şi-a asumat sarcina extrem de dificilă să demonstreze două teze: Întâi: *culorile nu sunt însuşiri care pot fi* **asimilate** *însuşirilor geometrice ale obiectelor* (teza centrală a lui Descartes este că în obiecte nu se găseşte nimic altceva decât *însuşiri geometrice şi kinematice – Principia philosophiae* II, 64), *ci ele însele* **sunt** *însuşiri geometrice;* Apoi: *percepţia culorilor nu constă în preluarea de către subiect a însuşirilor* **reale** *ale obiectului, ci doar simpla receptare de către ochi a fasciculelor luminoase reflectate de el* (Nota 62 p.21 în cartea pomenită).

În cadrul demonstraţiilor sale Descartes ajunge la mai multe concluzii foarte valoroase mai cu seamă în domeniul teoriei percepţiei şi deci a cunoaşterii în general: în cazul culorilor nu există nici o altă fiinţă în afară de spiritul uman, percepţia culorii nu are nici o inten-

---

[62] Dominik Perler, *Descartes über die Farben* în culegerea de texte *Farben – Betrachtungen aus Philosophie und Naturwissenschaften* (*Culori – consideraţii filosofice şi din ştiinţele naturii*), Suhrkamp Verlag, colecţia ştiinţă, Frankfurt/Main 2007.

ţionalitate intrinsecă, însă cu siguranţă un anume conţinut reprezentativ şi, în sfârşit, faptul că perceperea unei culori este un punct de pornire indispensabil pentru cunoaşterea concretă a însuşirilor geometrice ale obiectului. Un compromis? Nu tocmai, deoarece filosoful ajunge de aici la concluzia finală că *spiritul uman* (autorul adevăratei cunoaşteri) se găseşte în *strânsă legătură* – da, colaborare! – cu *corpul* (în care se petrec percepţiile). Ultima concluzie are un iz kantian *avant la lettre*!

Vedem deci la Descartes o sumedenie de idei noi, în fond o naştere – nu o renaştere! – a gândirii ştiinţifice despre culori (şi nu numai!). Doar de nu ar fi fost acele *corpuscule*, rânduirea lor *geometrică* şi caracterul lor *kinematic*... Filosoful rămâne dator cu explicaţia plauzibilă a acestora, totuşi ne având nici o vină că a trăit mult înaintea marilor descoperiri ale fizicii atomice din sec. XIX şi astfel căzând pradă, probabil, „modei ştiinţifice" de atunci.

Demersul ştiinţific al lui Descartes despre culori îmi apare ca o reevaluare şi o nunanţare elegantă şi judicioasă a părerilor bătrânului Democrit. Totodată francezul operează o schimbare a centrilor atenţiei de la originea *hylogenă* a culorilor, cum credea Aristotel, la cea *psihogenă*, dechizând astfel drumul pentru toate interpretările subiectiviste ce au urmat.

Filosoful englez John Locke (1632-1704), reprezentant de seamă al empirismului, un învăţat cu o erudiţie proverbială, a adus prin scrierile sale contribuţii interesante în multe şi foarte variate domenii: filosofie, pedagogie, politică, ştiinţa guvernării (el a fost şi consilierul principal al lui Shaftesbury), politică financiară etc. Este de amintit că datorită ideilor sale extrem de liberale, în care recomanda reducerea rolului statului la un strict necesar şi chiar înfiinţarea unui guvern constituţional (în sec. XVII!...), şi mai cu seamă datorită scrierii din 1667, *Eseu despre toleranţă*, Locke a devenit suspect autorităţilor şi a fost nevoit să fugă în Olanda unde a purtat un nume fals. Este unanim acceptat că gândirea lui John Locke a pus bazele iluminismului (Aufklärung) ce a urmat în secolul XVIII.

Dar pentru tema ce ne-am propus-o în acest text este de mare importanţă scrierea principală a lui Locke *An Essay concerning Human Understanding* (1690), rom. *Eseu privind înţelegerea umană*. Principiul ce stă la baza acestei lucrări, pot spune chiar credo-ul filosofului, este:

„*Nihil est in intellectu, quod non ante fuerit in sensu*" (nimic nu este în intelect/înțelegere, care să nu fi fost înainte în simțire/senzație/ percepție). Într-adevăr, în lucrarea de care ne ocupăm analiza a ceea ce numim azi *percepție* ocupă un loc central, făcând din acest text al lui Locke un impuls hotărâtor pentru teoriile de mai târziu (sec.XX) numite *fenomenologie* în general și *fenomenologia percepției* în special.

Un prim scop pentru Locke este să cerceteze în cadrul unei teorii a calităților dacă ideile noastre despre lucruri corespund/echivalează cu acestea – adică dacă *percepția* unui lucru, în consecința căreia ne facem o *idee* despre lucrul perceput, este corectă, vezi *echivalentă* cu acesta. Pare a fi simplu: văd/percep marea, atunci ceea ce percep *este* marea și deci posed în spirit *ideea de mare*; sau: dacă văd/percep un triunghi, atunci ceea ce percep *este* un triunghi și deci posed în spirit *ideea de triunghi*! Dar nu mai este deloc simplu dacă ne gândim la „ideea de dulce" sau la „ideea de roșu"... căci ceea ce pentru unul apare ca fiind dulce, pentru altul poate apărea ca fiind neutru la gust; sau: unuia îi apare un zid ca fiind alb, iar altuia, îi apare în amurg același zid ca fiind „roșiatic". Așa, filosoful este obligat să preia, dar și să dezvolte și nunanțeze sugestiile mai vechi (Aristotel), potrivit cărora *obiectele au însușiri primare* și *însușiri secundare*. Tocmai această diferență între însușirile *primare* și cele *secundare* ale obiectelor în cadrul percepției va căpăta o extremă importanță pentru partea eseistică a textului nostru. Dar să-i dăm cuvântul lui John Locke (*Eseu privind înțelegerea umană*, II/8/15) în traducere liberă: „*Ideile la care conduc calitățile primare au o asemănare* (resemblances) *cu aceste calități a căror înfățișări originare* (pattern) *se găsesc în mod real în obiect; în vreme ce calitățile secundare generează în noi idei care nu au nici o asemănare cu obiectul perceput*". Așadar putem înțelege de aici că percepția este de două feluri, mai precis că ea are două calități/valori posibile: 1 - cea a *calităților primare* a obiectului, care ne conduce la *idei precise, univoce despre ceea ce se află „în mod real în obiect"*; și 2 - cea a *calităților secundare*, care ne conduce la *idei „ce nu au nici o asemănare cu obiectul perceput"*. Este indubitabil că pentru Locke ceea ce numim *culori* sunt *calități secundare*. Faptul că englezul se sprijină adesea în demonstrațiile sale pe însușirea pietrei vulcanice porfir, care își *schimbă culoarea* în funcție de lumină *fără a-și schimba structura* intrinsecă, este semnificativ (el ar fi putut tot atât de bine să dea exemplul alexandritului!). Amintesc afirmaţia din introducerea la aceste pagini potrivit căreia percepţia unei culori este *situativă*.

Schiţez încă de acum o concluzie pe baza căreia se va întemeia finalul prezentului eseu. Întrebarea care se pune este: care este caracteristica, ţelul, modul, tonul, „coloratura" dacă vreţi a meditaţiilor ce se sprijină pe percepţiile calităţilor *primare* din obiect (1) şi, pe de altă parte, care este aceea a meditaţiilor ce se sprijină pe percepţia calităţilor *secundare* ale obiectului (2)? Concluzia este următoarea: mi se pare imposibil de negat faptul că *percepţia calităţilor primare* (1) este condiţia indispensabilă şi izvorul incontestabil al unei *gândiri empirice*, *raţionale*, da, ştiinţifice, guvernată permanent de *Logos*; în vreme ce *percepţia calităţilor secundare* (2) este condiţia indispensabilă şi izvorul incontestabil a unei *gândiri subiective, emoţionale*, da, artistice(!), guvernată permanent de *Mithos*. Voi dezvolta aceste gânduri la locul cuvenit.

În acelaşi citat (II/8/15) filosoful clarifică: „*În obiecte nu există nimic ceea ce ar echivala cu ideile* (pe care ni le facem despre acestea)*; există doar o putere de a crea în noi senzaţiile corespunzătoare. Ceea ce în ideea noastră de dulce, de albastru sau de cald este în fond doar o anumită mărime, configuraţie şi mişcare a particulelor imperceptibile din obiectul pe care îl numim astfel*". Din nou, ca la Descartes şi la alţi predecesori, „straniile" particule invizibile! Consider însă că insistenţa pe acele particule/corpuscule este de apreciat la aceşti gânditori ca fiind o intuiţie, chiar genială, a ceea ce mult mai târziu ştiinţa a descoperit. Subliniem însă că *puterea* (power) însuşirilor obiectelor de a crea în noi o anume senzaţie este de înţeles mai curând ca o *valenţă*, ca o *dispoziţie*, şi nu ca o *forţă*.

În opera filosofului în general, şi în *Eseu privind înţelegerea umană* în special, există încă multe idei importante, chiar despre culori(!), pe care însă nu le mai amintim deoarece ele nu ating în mod considerabil firul conducător al textului nostru. Semnalez doar că Locke susţine chiar existenţa unei legături determinative între calităţile primare şi secundare şi că el a introdus în eseul despre care vorbim un tratat numit *Of Words* (*Despre cuvinte*) unde abordează probleme de teoria limbii spunând, printre altele, că la nivelul ideii convenţia lingvistică, înţeleasă ca relaţie dintre expresie şi idee, ar fi tot atât de importantă ca structura corpusculelor ce stă la baza percepției. Se întrevede aici un iz de nominalism.

Immanuel Kant se referă la culori în două sensuri diferite: o dată în sensul filosofiei teoretice, mai cu seamă în *Critica rațiunii pure* (1781 și 1787), și încă o dată în sens estetic, preponderent în *Critica puterii de judecată* (scrisă în 1790). Asemenea lui Johannes Haag, docent la departamentul filosofie a Universității Ludwig-Maximilian din München, care, în contribuția sa *Kant und die Farben*, apărută în ampla culegere de texte *Farben – Betrachtungen aus Philosophie und Naturwissenschaften* (vezi nota 62), lasă de o parte referirile *estetice* despre culoare ale lui Kant, ne vom ocupa și noi doar de aspectele de pură teorie filosofică. Ba chiar, având în vedere că materia este foarte complexă – ca atât de des la Kant! –, vom încerca o relatare extrem de scurtă.

Deși filosoful acceptă, chiar preia, teoria calităților primare și secundare ale obiectului (Locke), el introduce o subtilă diferențiere a senzațiilor pe care subiectul le are în cadrul percepției și apoi a cunoașterii acestuia: sunt *senzațiile* (Empfindungen) *obiective* și cele *subiective*. În *Critica puterii de judecată* el clarifică: *„Ca obiect al simțurilor culoarea verde a pajiștei aparține senzațiilor* **obiective***; plăcerea pe care ea o produce aparține însă senzațiilor* **subiective***, adică senzațiilor care nu conduc spre o reprezentare conștientă* (Erkenntnis) *a obiectului"*[63]. Așadar conținutul *senzațiilor obiective* se referă la *însușirea* obiectului (fie ea primară sau secundară, ca în cazul culorilor), în vreme ce conținutul *senzațiilor subiective* se referă la *reacția* subiectului. Această diferențiere, care deschide un câmp al interferențelor dintre însușirea externă și reacția internă, se va dovedi a fi decisivă pentru partea eseistică a textului de față! Dealtfel Kant consideră nu numai culorile, ci și tonurile muzicale, gustul, temperatura, duritatea, opacitatea și greutatea ca *senzații obiective*.

În lucrarea amintită mai sus și la nota 62, Johannes Haag introduce la pagina 119 următorul citat din opera lui Kant: *„Culorile nu sunt însușiri ale corpurilor* (obiectelor) ... *ci doar modificații ale simțului văzului afectat* (afficirt, cum spune Kant!) *într-un anumit mod*

---

[63] *Critica puterii de judecată* (B 9) („B" înseamnă ediția a doua 1792/1793; cifra indică numărul paginii)

de lumină. Din conta, spaţiul este condiţia necesară a apariţiei şi intuirii obiectelor. Culorile nu sunt deloc o condiţie necesară a apariţiei obiectelor în simţurile noastre. Ele sunt efecte doar întâmplător amestecate cu apariţia şi astfel legate de ea. Din această cauză ele nu sunt reprezentări a priori, ci sunt întemeiate doar pe senzaţii" (C.R.Pur. ed. A, p. 28, Riga, 1781).

S-ar putea spune că între cele două citate introduse mai sus se ascunde o incongruenţă sau chiar o confuzie... Cum se face că o senzaţie (cum este verdele pajiştii) nu poate forma/contribui, cel puţin în forma ei *obiectivă*, la formarea intuiţiei (*Anschauung*), înţeleasă ca prim pas al cunoaşterii? Explicaţia este de găsit în opera marelui filosof care, desigur, nu a făcut nici o confuzie sau incongruenţă. Nu vom desfăşura aici tezele lui Kant – ar fi prea lung şi complicat. Ne mulţumim să semnalăm că totul se sprijină pe relaţia *Spaţiu-Timp* – elemente care sunt *formele esenţiale ale intuiţiei*, fără de care nu se poate trece, cu ajutorul conceptelor şi apoi al judecăţilor, la deducţia transcendentală şi apoi la Idei şi la Lucrul în sine (*Das Ding an sich*). Este exact ceea ce am spus în introducere, că senzaţia de culoare nu se înscrie nici în Spaţiu şi nici în Timp, drept care nu i se poate atribui un concept univoc şi sigur.

Tocmai de aceea Johannes Haag conchide cu privire la Kant şi la această temă: *„Obiectivitatea senzaţiilor obiective este una doar aparentă: senzaţiile apar ca însuşiri ale obiectelor cunoaşterii, fiind în fond numai însuşiri ale stărilor subiectului"* (op.cit.p.113).

Odată acestea fiind spuse, voi face un salt uriaş, peste ca. 150 de ani de gândire filosofică referitoare la culori sau/şi la receptarea lor, pentru a ajunge la contemporaneitate. Se vor găsi unii care vor considera un asemenea salt, o asemenea omitere, ca fiind „de ne permis" – într-un fel, pe bună dreptate! Desigur, ar fi fost frumos, şi ar fi contribuit la ridicarea nivelului ştiinţific al prezentului text, dacă aş fi pomenit de teoriile lui Hegel privind percepţia expuse în *Phänomenologie des Geistes* – rom. *Fenomenologia spiritului* (mai cu seamă în cap.I, *Die sinnliche Gewissheit* şi II, *Die Wahrnehmung*); tot aşa s-ar fi cuvenit să amintesc teoriile lui Goethe despre culori, încercările lui (ne reuşite!) de a-l combte în unele puncte pe Newton, şi mai ales teza lui, foarte ciudată de altfel(!), despre „culorile întunericului". Chiar cu părere de rău mă văd obligat să renunţ a prezenta şi comenta gândurile lui Schopenhauer despre culori – un filosof pentru care simt o afinitate pronunţată. Cu multă plăcere m-aş fi avântat cu gândul în cărţile acestuia, cum sunt *Theoria colorum* (1830, în latină) şi mai ales *Über das Sehen und die Farben* (*Despre a vedea şi culorile*, scrisă în 1816), ivită pe baza corespondenţei filosofului cu Goethe. Evoc totuşi faptul că în această carte se găsesc câteva elemente surprinzătoare: În cap. II, § 5, Schopenhauer vorbeşte despre diferite *energii ale culorilor* şi, la pag. 40, declară *„Culoarea este activitatea calitativă diferenţiată a ochiului"*. E drept că filosoful întemeiază aceste afirmaţii pe baza tezelor lui Goethe privind „culorile întunericului"; în acelaşi text (p.48) el se declară de acord cu afirmaţia poetului de la Weimar potrivit căreia culoarea ar fi în fiinţa ei intimă un **σκιερον** (cuvântul grecesc *skierhon* se trage din **σκιά**/skia care însemnă umbră, obscuritate, loc ascuns). Teoria lui Goethe a căzut, deci şi baza afirmaţiilor lui Schopenhauer evocate de noi mai sus. Dar dacă ne gândim că nu mult timp după aceea fizica a descoperit şi demonstrat că ceea ce numim culori nu sunt altceva decât unde electromagnetice de diferite valori – indubitabil *energie!* – şi că doar aparatul nostru perceptiv, printr-o *„activitate calitativă diferenţiată"*, transformă aceşti stimuli în senzaţii de culori, afirmaţiile lui Schopenhauer dau dovada unei intuiţii formidabile!

Renunţ deci (acum cu conştiinţa ceva mai împăcată!) la prezentarea a 150 de ani de gândire filosofică în principal datorită faptului că tezele, teoriile şi părerile din acest segment de timp nu servesc în mod direct şi relevant părerilor mele despre lumea culorilor ce le voi expune în partea eseistică a acestui text. Dar, trecând acum la gândirea contemporană despre culori, avertizez de la bun început că tabloul de ansamblu este, după părerea mea, foarte prolix şi abia dacă oferă câteva idei folositoare scopului meu. De aceea mă voi folosi în prezentare de o lucrare sintetică/rezumativă, ceea ce scurtează consi-derabil expunerea.

Prestigioasa librărie şi editură filosofică Vrin[64] a publicat în interesanta ei colecţie *Chemins philosophiques* (Drumuri filosofice)

---

[64] Recomand iubitorilor de filosofie să viziteze cu ocazia unei şederi la Paris această librărie care pentru mine este unul din cele mai frumoase locuri ale fascinantului oraş! (adresa este: 6, place de la Sorbonne)

lucrarea lui Christophe Al-Saleh *Qu'est-ce qu'une couleur?* (Ce este o culoare?) (2013). Cartea va sta la baza relatărilor ce vor urma.

Mai întâi Al-Saleh elucidează problemele filosofice pe care le pune fenomenul receptării culorilor. Ele sunt 4 la număr:

1 - Problema *ambiguităţii noţiunii de culoare.*

Oricum am înţelege culoarea – ca fiind o *senzaţie*, sau ca fiind o *proprietate concretă* a obiectului (natura *psihogenă* sau *hylogenă*) – ea apare mereu stranie[65].

Înţeleasă ca *senzaţie*, culoarea se deosebeşte de celelalte senzaţii obţinute prin simţul auzului, celui olfactiv, gustativ sau tactil, prin faptul că, din punct de vedere fenomenologic (strict din acest punct de vedere!), ea nu pare a aduce cu sine o modificare a subiectului. Tot ca senzaţie culoarea *dă doar impresia* de a ocupa un loc clar definibil în Spaţiu şi în Timp, în vreme ce celelalte senzaţii (de ex. sunetul) se înscriu cu claritate în aceste coordonate.

Înţeleasă ca *proprietate concretă* a obiectului, culorii îi lipseşte *eficienţa cauzală. „Culoarea unui obiect în lume nu modifică interacţiunile acestuia cu alte obiecte. Or, eficienţa cauzală este o trăsătură esenţială pentru a putea vorbi despre o proprietate concretă"* – spune Al-Saleh (op.cit.p.14). Autorul dă un exemplu: faptul că ordinatorul portabil este roşu sau verde nu are nici o semnificaţie *definitoare* a obiectului, în vreme ce faptul că acesta cântăreşte 300 de grame sau 900 de grame *este definitor* în relaţie concretă, măsurabilă(!), cu alte obiecte.

2 - Problema *subiectivităţii ireductibile* a experienţei culorilor şi *qualiile*[66].

---

[65] Al-Saleh preia interpretarea acestui cuvânt (fr. *étrange*) dintr-o lucrare a filosofului J.L. Mackie potrivit căruia o idee/valoare este stranie (engl. *queerness*) atunci când ea primeşte un sens neaşteptat.

[66] Termenul *qualia* este preluat din pronumele relativ şi interogativ latin *qualis* = în ce fel?, însuşirea unui element (este o traducere a lui Cicero din greacă ce a generat mai târziu cuvântul qualitas/calitate). În filosofie el desemnează *conţinutul subiectiv* al unei stări mentale. Termenul este introdus de filosoful american Charles S. Peirs în anul 1866 şi abia în 1926 adus în discuţie de C. I. Lewis în cartea sa *Mind and the World Order*. Până acum nu a putut fi explicat neurologic fenomenul qualiilor. Tocmai de aceea existenţa lor

Descrierea culorilor are cu necesitate două aspecte: unul *extensional* şi altul *intensional*[67]. A vorbi *extensional* despre culori nu înseamnă mai mult decât a grupa o serie de obiecte sub acelaşi predicat, să zicem „roşu". Toate aceste obiecte sunt roşii – fără vreo nunanţare şi chiar fără vreo analiză. Este, ca în nota 67, o denotaţie, o referinţă, un perimetru de valabilitate al predicatului – doar atât!

A vorbi însă *intensional* despre culori înseamnă mai întâi a fi conştienţi şi a întemeia pe baze raţionale *cauza* pentru care un predicat anume se aplică unui obiect anume şi nu altuia (de ce acesta este roşu şi nu albastru!). Al-Saleh (op.cit.p.20): „*Dacă aş dori să descriu acest caracter fenomenal, proprietăţile pe care ar trebui să le prezint ar fi trebuit să fie toate proprietăţile care fac ca această experienţă să fie experienţa* **doar a acestei culori** *anume. Ele ar fi dependente de un punct de vedere subiectiv, ar avea o anumită transparenţă, enunţurile utilizând aceste proprietăţi nu ar fi foarte diferite de enunţurile despre culoarea respectivă, ele ar fi accesibile numai la persoana întâi-a şi ar fi pronunţat indexicale ... Aceste proprietăţi se numesc qualii*".

Constatăm că datorită qualiilor – conţinutul subiectiv al unei stări sau demers mental (vezi nota 66) – privirea *intensională* a culorilor nu se realizează, ea cade înapoi în descriere subiectivă a senzaţiei de culoare sau automatisme indexicale. Este ceea ce am semnalat şi în introducere. Qualiile sunt însă pentru prezentul eseu de importanţă maximă!

---

este controversată. Filosoful american Thomas Nagel, de pildă, e de părere că pentru a lămuri problema este necesară o revoluţie în domeniul neurologiei şi ştiinţelor cognitivităţii de amploarea celei iniţiate odinioară de Kopernic în astronomie.

[67] *Extensional* şi *intensional* (nu intenţional!) sunt concepte de inspiraţie aristotelică folosite mai cu seamă în semantică şi logică. Această „pereche" de concepte a fost introdusă în limbajul filosofic prin celebra carte *La logique, ou l'art de penser* (cunoscută sub numele de *Logica de la Port-Royal*) apărută în anul 1662. Chiar dacă în interpretări uşor diferite, ele sunt valabile până azi. O prezentare mai amplă fiind aici neavenită, schematizez: *Extensie/extensional* = „étendue de l'idee", denotaţie, referinţă, *Umfang* (la Kant), adică mărime, perimetru, cuprins (întotdeauna al ideii sau al unui concept). *Intensie/intensional* = „comprehension de l'idée", conotaţie, sens, semnificaţie, *Inhalt* (la Kant), aşadar conţinut.

3 - Problema *indeterminabilităţii corelatului informaţional* al culorii.

Este adevărat că: Atunci când văd culoarea roşie pe un semafor de circulaţie, *înseamnă pentru mine* „stop", a nu merge mai departe!; când văd un măr roşu *înseamnă pentru mine* că el ar fi copt – exact invers când văd mure: dacă ele sunt roşii *înseamnă pentru mine* că ele sunt încă ne coapte(!); când văd o pată roşie pe perna pe care am dormit *înseamnă pentru mine* că ceva nu e în ordine şi am sângerat. Toate aceste apariţii de roşu *înseamnă pentru mine* ceva, ele mă *informează* despre ceva. Filosofic văzut ar fi însă trivial şi superficial să spunem că roşul în cauză – sau culoarea în general – este purtător/purtătoare de informaţie. Toate remarcile „înseamnă pentru mine" sunt *convenţii* învăţate sau *deducţii* şi nu aparţin culorii sau senzaţiei de culoare *ca atare*. Este imposibil de descris conţinutul informaţional al vreunei culori *ca atare*. Aşadar unei culori i se poate doar *atribui* o informaţie. În spiritul teoriei infomaţiei culoarea nu este un *semnificant*, căci nu transmite un *semnificat*, nu are o *semnificaţie* proprie – cel mult, o culoare poate fi un „semnificant de mâna a doua" (prin convenţie sau deducţie). Ceva mai salop exprimat: un informant este un informant numai atunci când informează. Or, culoarea *în sine* nu informează nimic în afară de faptul că ea există (sau, mai precis, că este percepută).

Deşi Al-Saleh argumentează uşor diferit indeterminabilitatea corelatului informaţional al culorii, el ajunge la concluzii identice (op.cit.p.24-28).

4 - Problema filosofică *esenţială* a culorii.

Al-Saleh constată o situaţie fatală, şi chiar derutantă, în abordarea filosofică a problemei culorii. El porneşte de la ideea simplă şi unanim acceptată că orice senzaţie – deci şi cea de culoare – are două tipuri de proprietăţi: *ce simţim* şi *cum simţim* ceea ce simţim. *Ce simţim* este *conţinutul* senzaţiei şi se referă la *o proprietate externă* a ei, deci la o proprietate a obiectului perceput. *Cum* simţim este *fenomenologia* senzaţiei care, petrecându-se exclusiv în subiect, se referă la *proprietăţi interne* ale senzaţiei determinate de percepţia obiectului. Eu adaug că în această dualitate se întrevede deja „câmpul de luptă" între *sfera obiectivă*, care corespunde lui „ce simţim", conţinutului senzaţiei, proprietăţilor externe ale acesteia şi, pe de altă parte, *sfera subiectivă*, care corespunde lui „cum simţim", fenomenologiei senzaţiei şi proprietăţilor interne ale acesteia.

Autorul construieşte mai departe pe această dihotomie: Orice consideraţie, analiză, discurs sau discuţie pe tema lui *„ce simţim"*, adică referindu-se la conţinutul senzaţiei şi la proprietăţile externe ale acesteia şi ale obiectului perceput, presupune cu necesitate o privire *extensională* (vezi nota 67) – altfel nu ar fi existat nici măcar tema! Pe de altă parte: Orice consideraţie, analiză, discurs sau discuţie pe tema lui *„cum simţim"*, adică referindu-se la fenomenologia senzaţiei şi la proprietăţile interne ale acesteia şi *atribuite subiectiv* obiectului perceput, presupune cu necesitate o privire *intensională* (vezi nota 67) – aici intervin, printre altele, şi qualiile, aceste „făpturi" încă ne înţelese, dar existente!

Cele două priviri – *extensională* pentru *ce* simţim, şi *intensională* pentru *cum* simţim – au căpătat chiar statutul de metodologie a abordării filosofice a problemei culorilor. Dar, o demonstrează clar şi Al-Saleh (op.cit.p.31-33), ele se exclud reciproc în mod consecvent. Ele dau un verdict de ne ocolit: ori una, ori alta! Autorul conchide: *„În acest caz este imposibil să nu adoptăm consecinţa potrivit căreia culorile sunt cel puţin produse ale experienţei subiective (în sensul unei confruntări ale subiectului cu împrejurimile sale), dacă nu chiar un produs al subiectului însuşi"* (p.33). Aşadar el se pronunţă pentru privirea *intensională*.

După felul în care sunt tratate cele patru probleme filosofice privind culorile, o mulţime de teorii contemporane pe această temă (mult prea multe!…) poate fi împărţită mai întâi în două mari grupe: cele *obiectiviste* şi cele *subiectiviste* – exact aşa cum am văzut la început (în germene, e drept) la bătrânul Democrit. Redau mai jos, cât se poate de scurt, împărţirea şi enumerarea făcută de Al-Saleh.

I - Teoriile obiectiviste. Caracteristica acestor teorii este că ele reduc proprietăţile *interne* ale culorilor (*cum* simţim) la cele *externe* (*ce* simţim). Este o negare sau cel puţin o neglijare a sferei subiective. Teoriile obiectiviste se fundează pe epistemologia percepţiei, potrivit căreia subiectul cunoaşte prin percepţii însuşiri *existente* în lume. Altfel spus: dacă percep ceva, acest ceva există într-adevăr. Firesc, astfel de teorii au la baza lor în exclusivitate o privire/metodă *extensională*. Iată trei dintre aceste teorii:

> *Fizicalismul* recunoaşte că proprietăţile *interne* ale unei senzaţii (*cum* simţim) pot fi diferite de cele *externe*, aflate în obiect; deci că subiectul se poate înşela în cadrul percepţiei. Dar asta nu împiedică deloc faptul că proprietăţile externe există în mod concret în obiect, ele fiind măsurabile. În cazul culorilor proprietatea externă măsurabilă este *reflectanţa* suprafeţei privite: capacitatea acesteia de a absorbi o parte din spectrul luminos şi, în condiţii normale de iluminare, de a reflecta în mod constant şi definibil o altă parte din el (culoarea). Doctrinei fizicaliste i se reproşează că nu sesizează (sau nu acceptă) faptul că reflectanţa, de ne tăgăduit ca fenomen(!), este doar o *capacitate* a obiectului şi nu o *însuşire* a acestuia, căci culoarea ia naştere pe retina privitorului şi nu se găseşte în obiect. Un alt reproş este că doctrina nu defineşte exact ce înseamnă condiţii „normale" de iluminare. În sfârşit, fizicalismul nu reuşeşte să explice enigma indeterminabilităţii corelatului informaţional al culorii.

> *Dispoziţionalismul* încearcă o depăşire a obstacolului logic pricinuit de reducerea proprietăţilor *interne* ale culorilor (*cum* simţim) la cele *externe* (*ce* simţim). Dar în loc să procedeze la o explicaţie şi o conjugare a enunţurilor fizicalismului, potrivit cărora culoarea este o proprietate concretă a obiectului şi că reflectanţa în condiţii normale de iluminaţie redă subiectului culoarea în mod constant şi definibil, teoria postulează, pur şi simplu, că o culoare există numai datorită faptului că ea *există în obiect* şi că are loc *reflectanţa*. Pentru a motiva diferenţa dintre *ce* şi *cum* simţim, dispoziţionalismul introduce în deducţiile sale ideea că în subiect o culoare *pare* a fi echivalentă cu ceea ce se găseşte în obiect. Mutând extensia de la culoare în general (cum o face fizicalismul) la *a părea a fi o culoare* anume, gradul de generalizare, dar şi cel al ambiguităţii(!), creşte. Teoria cade.

> *Primitivismul.* Este unanim acceptat că pentru a putea denumi o însuşire/proprietate a unui obiect existent în lume ca fiind una *obiectivă* este absolut necesar ca subiectul să nu aibe vreun rol activ/determinant în această operaţie. Atenţia se concentrează deci pe *cauzalitatea* acestei însuşiri *în lume* (şi nu în subiect!), ceea ce se poate desemna şi ca principiul *non-indiferenţei* (sau interdependenţei?) de bună seamă a însuşirilor unui obiect faţă de însuşirile altor obiecte. Or, reducând culorile doar la reflectanţa măsurabilă şi considerând astfel dezideratul demonstrării cauzalităţii ca fiind satisfăcut, cele două teorii obiectiviste expuse mai sus comit o greşeală şi diminuează şansele de succes ale obiectivismului. Acesta este gândul de pornire a lui John Campbell[68] pe care el construieşte teoria primitivismului al cărui reprezentant de seamă el este. Ţelul teoriei primitiviste este deci să demonstreze că afirmaţia obiectivităţii unei culori nu trebuie neapărat să se fundeze pe cauzalitatea acesteia în lume. Atunci s-ar putea vorbi de obiectivitate fără a fi fizicalist şi nici dispoziţionalist. Demonstraţia are două axe: pe de o parte a arăta că o proprietate nu este neapărat subiectivă datorită faptului că percepţia şi reperarea ei depinde de spiritul uman (subiectul), iar pe de altă parte a arăta că temeiurile pe care o culoare poate fi calificată ca fiind o proprietate obiectivă pot fi decuplate de teoriile fizicii. Renunţ a arăta aici mecanismul acestor demonstraţii, preferând să-l citez pe Al-Saleh (op.cit.p.49): *„...această teorie ne oferă scuze acolo unde am fi îndreptăţiţi să aşteptăm justificări".* Eu adaug: nu putem accepta calificativul de *obiectiv* neglijând fizica şi ştiinţa în general!

---

[68] J.Campbell *A Simple View of Colour* în culegerea de studii *Reality, Reprezentation & Projection?*, Oxford University Press, 1993, p. 257-268. Sub titlul *Une défense du primitivisme* textul este reprodus parţial (şi comentat) şi în cartea lui Al-Saleh despre care vorbim, apărută la ed. Vrin.

II - Teoriile subiectiviste. Caracteristica acestor teorii este că ele, în cazul culorilor, susţin că ceea ce percepem *în* şi *prin obiect nu este culoare* ca atare, ci doar în noi se iveşte *senzaţia* de culoare. (Cu toate că pare a fi paradoxal, acest enunţ central al subiectivismului este confirmat, aşa cum vom vedea mai jos, tocmai de ştiinţă!) Teoriile în cauză dezic cu hotărâre ideea că o culoare ar fi o *însuşire* concretă a obiectului, cu alte cuvinte că ea, în cadrul procesului de percepţie, ar fi o calitate *externă*, susţinând totodată că aceasta (culoarea) este doar o calitate *internă* (adică una a subiectului sau, cel puţin, una *atribuită* obiectului de către subiect). Teoriile subiectiviste sunt fără îndoială *eliminative*. Datoria lor ştiinţifică este aceea de a explica *aparenta obiectivitate* a culorilor. Firesc, astfel de teorii au la baza lor în exclusivitate o privire/metodă *intensională*. Iată trei dintre aceste teorii:

> ➤ *Teoria halucinaţiei*. Pentru a evita orice confuzie subliniem din capul locului că această teorie nu se sprijină pe cunoştinţele psihologiei şi neurologiei privind fenomenul halucinaţiei. Deducţiile pornesc de la faptul concret că dacă, având ochii închişi, apăsăm uşor pe pleoape „vedem culori". Şi prezenţa culorilor în vis este un argument al acestei teorii. Afirmaţia centrală este că *„Toate culorile pe care le percepem nu sunt decât **efecte subiective** ale stimulaţiei organelor senzoriale prin mediul extern"* (Al-Saleh, op.cit.p.54). Lesne putem vedea că acest gând îşi are originile în teoriile lui Descartes. Şi o nuanţă mecanicist-simplistă este de constatat într-o asemenea teoarie. Renunţ şi de data asta de a arăta cum se dezvoltă argumentaţia teoriei halucinaţiei; este acolo vorba de o parte teoretică şi de una polemică, de stimuli distali şi proximali, de multe propoziţii abstracte de logică etc.etc. După părerea lui Al-Saleh, dar şi a mea personală, teoria nu rezistă – nu în ultimul rând datorită faptului că subiectul uman posedă criterii care îi permit a diferenţia o *experienţă halucinatorie* de una a *percepţiei veridice*.

➤ *Teoria erorii sistematice*. Ea este creată de filosoful englez Harold Arthur Prichard[69]. Acceptând fără dubiu că o culoare este un efect subiectiv al unui stimul, teoria susține că încercarea de a traduce și explica această percepție eminamente intensională într-o perspectivă extensională, generalizatoare și sprijinită pe propoziții logice clasice, este o *eroare sistematică*. *„Eroarea sistematică constă în a atribui culorilor o existență obiectivă. Conform subiectivismului dacă o culoare există, aceasta nu poate fi decât o proprietate a cărei descriere nu poate fi scoasă din cadrul intensional. ...* (căci) *subiectul nu dispune de nici o regulă independentă de impresia subiectivă pentru a regrupa lucrurile într-un cadru extensional al noțiunii de culoare. ... Consecința este că verificarea propozițiilor cromatice nu poate duce către constatarea unei* **corespondențe** *între faptul enunțat prin propoziție și faptul existent în lume"* (Al-Saleh op.cit.p.60). Cu alte cuvinte: ceea ce simțim (senzația de culoare) este adevărat, în vreme ce, ceea ce vorbim despre ea (partea cognitivă) este în mod sistematic o eroare. În felul acesta teoria erorii sistematice încearcă să explice doar la nivel cognitiv, fără a elucida cauzalitatea și modul de funcționare a fenomenului!, *obiectivitatea aparentă* a culorilor. Ocupându-se în principal de modurile de expresie referitoare la culori, adică de partea cognitivă a fenomenului, teoria se apropie tare de părerile lui Wittgenstein care reclama chiar o „gramatică" a culorilor. Al-Saleh încheie capitolul în mod semnificativ întrebându-se retoric (op.cit.p.63): *„De ce persistăm a adopta referitor la culori credințe, care nu sunt decât reflexul unor moduri de expresie, în vreme ce ar fi trebuit să ajustăm gândurile noastre în funcție de ceea ce învățăm altundeva, de exemplu de la știinţe?".*

---

[69] H.A. Prichard, *Knowledge and Perception. Essays and Lecture*, Oxford, At the Calderon Press, 1950.

> *Teoria proiecţiei.* Eşecul teoriilor subiectiviste schiţate până aici constă în neputinţa lor de a demonstra satisfăcător impresia *obiectivităţii aparente* a culorilor. Această însuşire a culorilor nu poate fi întemeiată nici pe pseudo-percepţii, cum susţine teoria halucinaţiei, şi nici pe propoziţiile noastre logice (corecte sau nu!) privitoare la cromatism, aşa cum susţine teoria erorii sistematice. Pentru a depăşi impasul este necesar un mod diferit de a privi problema obiectivităţii aparente a culorilor. Aşadar teza centrală a teoriei proiecţiei este: *dacă o culoare este un efect subiectiv, atunci şi obiectivitatea ei aparentă trebuie să fie, asemănător, un efect subiectiv.* Atenţie: accentul cade pe expresia „efect subiectiv"! Consecinţa logică a unei asemenea poziţii este uluitoare: „*Deoarece nimic din felul în care percepem culorile nu ne conduce la a pune sub semnul întrebării obiectivitatea lor,* suntem autorizaţi *să gândim că ele sunt obiective"* (Al-Saleh op.cit.p.66). Compromisul, mai precis „împăcarea" între subiectivism şi obiectivism sunt evidente. Epistemologic, acest principiu se arată a fi cu totul acceptabil, clar, „sănătos", cum spune autorul. Practic, el înseamnă că *odată ce prin percepţie nu am acces direct la caracterul obiectiv al unei proprietăţi (culoarea) – caracter pe care* sunt autorizat să-l gândesc *ca fiind obiectiv! –* proiectez *asupra obiectului conţinutul subiectiv al percepţiei şi senzaţiei mele.* Şi fenomenologic mi se pare teoria a fi conformă adevărului. De mare valoare este faptul că teoria proiecţiei „lasă loc" ştiinţei, ba chiar o invită(!) să demonstreze obiectivitatea culorii pe care eu, în cadrul percepţiei, sunt doar *autorizat* să o accept şi să o presupun.

Doresc să menţionez că mai toate teoriile filosofice despre culori pe care le-am expus mai sus conţin, fiecare în sine, câte un germene de adevăr – chiar dacă, uneori, putem descifra acest adevăr doar printr-o interpretare binevoitoare şi indulgentă. Totuşi, aşa cum am semnalat la început, tabloul de ansamblu este dezamăgitor. Filosofia vorbeşte mult despre culori, totodată spunând/elucidând foarte puţin. Pe cât ne apropiem de gândirea contemporană (sec. XX) pe această temă, pe atât dezolanta impresie se consolidează. Nu pot să nu-mi amintesc de unele fraze deosebit de drastice şi acide ale filosofului Peter Sloterdijk privitoare la filosofia contemporană (chiar dacă ele sunt exprimate în alt context): *„Filosofia are astăzi nevoie de estetică, căci prin drumul ocolit al teoriei estetice primeşte permisiunea să rostească ceea ce ar trebui să rostească **dacă ar mai fi cu adevărat filosofie**. Estetica devine cârja cu ajutorul căreia **o filosofie imposibilă se târăşte prin secolul XX**";* sau că filosofia e astăzi profesională numai când expune *„cum ar spune ceva **dacă ar avea ceva de spus**"* (trad. liberă, subl. noastre)[70]. Printre alele autorul deplânge „paralizia" puterilor de *sinteză* ale filosofiei, ceea ce face ca odinioară nobila disciplină să se piardă astăzi în analize de multe ori ineficiente sau inutile. Această ultimă remarcă este, după părerea mea, pe deplin valabilă şi pentru mulţimea de discursuri ale filosofiei contemporane despre culoare (mai ales pentru cele expuse în cartea lui Al-Saleh). Se pare că singura şansă de a ajunge la o viziune de sinteză privind fenomenul culorilor este o privire *interdisciplinară*, adică una al cărei co-autori sunt *ştiinţele şi filosofia*. „Invitaţia" adresată ştiinţelor de către teoria proiecţiei – singura teorie filosofică pe deplin valabilă! – se transformă în acest context într-o *obligaţie*.

*

CE SPUNE F I Z I C A DESPRE CULORI?

Desigur că drumul fizicii, pornind de la stadiile primare, mai curând intuitive, până la a descopri şi demonstra incontestabil adevăruri privind problema culorii (şi nu numai această problemă!) nu a fost uşor. Drumul fizicii a fost însă mult mai scurt decât cel al filosofiei (care încă nu a ajuns la capăt!) şi, mai ales, lasă impresia că ar fi avut în permanenţă o adresă precisă. Evoluţia teoriilor fizicii despre culori are, fără îndoială, în diversele trepte ale ei o organicitate logică – totul decurge „ca de la sine" în direcţia adevărului final. De ce este aşa şi nu altfel, ca în filosofie? Fizicianul, ca om de ştiinţă, acţionează permanent

---

[70] Peter Sloterdijk, *Kopernikanische Mobilmachung und ptolemäische Abrüstung*, Suhrkamp Verlag, Frankfurt am Main, 1987. Citatele sunt extrase din pag. 39, respectiv 89.

sub imperativul evidenţei, al logicii şi al obiectivităţii. Astfel el se supune, independent de subiectivitatea lui, rezultatelor pe care le deduce, dar şi rezultatelor *demonstrate* de predecesorii săi. Cu foarte puţine excepţii, în cazul filosofului lucrurile stau exact invers: cea mai mare parte a filosofilor pornesc de la o anumită privire/părere (Weltanschauung) despre o temă. Or, o asemenea părere conţine în mod fatal un anume *quantum de subiectivitate!* Abia apoi filosoful încearcă să argumenteze şi să demonstreze, de data asta şi el ascultând de logică şi raţiune(!), viziunea lui. Cu alte cuvinte, în vreme ce omul de ştiinţă se *supune* obiectului său, filosoful îl *interpretează*. După părerea mea acesta este un model *posibil* de a înţelege de ce oamenii de ştiinţă preiau cu recunoştinţă rezultatele predecesorilor, pentru a le completa şi aprofunda, în vreme ce filosofii par a fi preocupaţi de a reinterpreta, a combate sau chiar a înlocui tezele predecesorilor cu ale lor. Etica oamenilor de ştiinţă pare a fi secretul eficienţei disciplinei lor. Din nou după părerea mea, probabil doar Platon şi Kant fac excepţie în ce priveşte *quantumul de subiectivitate* de care „suferă" atâţia filosofi şi, cu siguranţă, nici un om de ştiinţă. Fiinţa filosofiei ascunde în ea un filon *opoziţionalist-polemic*, în vreme ce ştiinţa unul *constructivist*.

Iată punctele principale ale cursei fizicii înspre un adevăr despre culori:

Sir Isaac Newton (1643-1727 după calendarul gregorian, introdus în Anglia tocmai în timpul vieţii sale) este considerat a fi unul dintre cei mai importanţi oameni de ştiinţă din toate vremurile. Meritele sale sunt într-adevăr imense: nu numai numărul impresionant de scrieri în mai toate domeniile (chiar şi religie şi alchimie!), nu numai descoperirile în domeniul matematicii, printre care tehnica calculului infinitesimal (eleborată sincron cu Leibniz, dar independent de acesta cu care s-a războit asupra paternităţii ideii), dar, mai ales opera sa centrală *Philosophiae Naturalis Principia Mathematica*, scrisă în limba latină şi publicată în 1687, i-a adus celebritatea şi toate onorurile posibile. El a fost înnobilat, a ocupat funcţia de preşedinte a venerabilei Royal Society şi a fost înmormântat în Westminster Abbey – un loc sacru în mijlocul Londrei, nu numai datorită celebrei catedrale. Este, în fond, inutil să mai amintim că în opera sa principală el descoperă şi analizează fenomenul gravitaţiei, ceea ce l-a condus la formularea legilor mişcării – celebrele „Legi ale lui Newton" – şi deci la întemeierea mecanicii clasice.

Ceea ce ne interesează în mod deosebit în textul nostru despre culori este lucrarea sa publicată în 1704 *Opticks or a treatise of the reflections, refractions, inflections and colours of light* (rom. *Optica sau un tratat despre reflecție, refracție, inflecție* (sinuozitate) *şi culorile luminii*). Această carte este prima în istoria fizicii care se ocupă în mod direct de culori şi conține teorii şi principii valabile până în ziua de azi. Newton se sprijină pe o serie de experimente dintre care primul este descris în felul următor: Într-o zi însorită fizicianul închide obloanele ferestrelor unei camere şi stinge toate luminile. El face apoi o minusculă gaură rotundă într-un oblon. În cameră apare o rază de lumină. Apoi el instalează în calea acestei raze, imediat după oblon, o prismă din sticlă, astfel ca raza să o traverseze de-a curmezişul pe o direcție perpendiculară pe muchiile lungi ale ei. La o distanță de 22 de picioare de prismă, pe peretele opus acesteia, Newton instalează un panou alb. Se arată o „minune": pe panou nu mai apare raza luminoasă de afară, ci lumină colorată asemănător curcubeului. Se puteau vedea – citit de jos în sus[71] – *cinci* benzi colorate: *oranj, galben, verde, albastru* şi, sus, *violet!* Ciudat a fost faptul că pata de lumini colorate nu mai avea formă rotundă, cum era gaura din oblon, ci mai curând ovală, adică de *cinci* ori mai lungă (în cazul lui Newton înaltă) decât lată. Newton a întreprins calcule care i-au confirmat o corespondență matematică între lățimea petei colorate şi diametrul găurii din oblon. Însă faptul că lungimea (vezi înălțimea) petei este exact de cinci ori mai mare decât lățimea ei, adică exact cu facorul dat de numărul culorilor, l-a condus la ideea potrivit căreia fiecare dintre culori este în mod diferit *refractată, deviată în calea ei* de către prismă. El a notat factorii de deviere (refracție) pe o scală (fictivă) de la +1 la +5: oranj +1 (cea mai mică deviere), galben +2, verde +3, albastru +4 şi violet +5 (cea mai

---

[71] Newton a orientat prisma cu muchiile ei pe *orizontală*, ceea ce a determinat ca benziile de lumină colorată să apară suprapuse pe *verticală*. Dacă însă muchiile prismei sunt orientate pe *verticală*, benzile apar atunci, una în prelungirea alteia, pe *orizontală* – este modul modern de a reprezenta spectrul luminii.

mare deviere)[72]. Concluzia centrală a experimentului este că *lumina naturală*, incoloră, sau „albă" cum se mai spune, *este compusă din fascicule de lumină colorată*. Teoria este numită *Heterogenitatea luminii*. De maximă importanţă este că prin acest experiment se obţin, respectiv se generează, pentru prima dată culori – în cea mai pură formă naturală a lor! – în condiţii de laborator, ceea ce înlesneşte cercetarea lor cu adevărat ştiinţifică. Mai este de remarcat că fenomenul era deja cunoscut, însă la un nivel foarte superficial şi ocazional – probabil la paharele de cristal pe care cade o rază de lumină –, drept care se credea că sticla/cristalul *adaugă* culorile fasciculului de lumină.

Dacă totul s-ar fi încheiat cu acest experiment, lucrurile ar fi fost foarte simple. Dar nu a fost aşa! Dacă, de exemplu, se modifică distanţa dintre prismă şi panoul alb, dispare culoarea *verde* din mijlocul spectrului. Ea este înlocuită prin alb/incolor. Mai mult: cu cât se apropie panoul de prismă, cu atât mai mare este pata incoloră! Fizicianul englez explică fenomenul prin faptul că diferite fascicule de lumină colorată, ne fiind destul de îndepărtate unul de altul („ne având loc", ca să spunem aşa), se suprapun şi suma lor este întotdeauna alb/incolor, aşa cum este raza de lumină în stare naturală, adică ne refractată.

Cititorul se va fi întrebat unde este binecunoscuta culoare *roşu*. Dacă aşezăm pe panoul alb o mică suprafaţă neagră, sau privim direct în prismă, fără vreun panou pe care se proiectează fasciculele de culoare, în sensul că mica pată neagră este însăşi retina ochiului, apare şi roşul, dar într-o cu totul altă ordine: albastru, violet, *roşu*, oranj şi galben. Acest experiment a fost reluat de Goethe care a încercat să demonstreze prin el heterogenitatea cromatică a întunericului (culorile de mai sus ar fi „culorile întunericului"). Ipoteza lui Goethe cade, fiind considerată extravagantă, căci explicaţia fenomenului de către Newton, exact 136 de ani înaintea încercării poetului de la Weimar, este precisă şi foarte plauzibilă. Este vorba acolo de complicate fenomene de refracţie în relaţie cu însuşirea culorilor de a se combina; astfel oraj+galben+

---

[72] La vremea aceea nu se cunoştea încă relaţia matematică dintre *indicele de refracţie* a diferitelor medii (vezi: permeabilitatea lor electromagnetică) şi *lungimea de undă* specifică fiecărei culori. Vom reveni!

albastru+violet rezultă *roşu*. Faptul că *roşul* din al doilea experiment (cu pată neagră) apare exact *în locul verdelui* din primul experiment (fără pată neagră) a condus la ideea că cele două culori formează o pereche, una fiind *negativul* celeilalte. Astfel îi datorăm tot lui Isaac Newton teoria spectrului *culorilor complementare* care sunt: violet↔galben, albastru↔oranj, verde↔roşu şi alb↔negru – ceea ce se poate lesne vedea în negativele fotografiilor colorate.

Într-o scriere a sa din 1675 (*Hypothesis of Light*) Newton introduce conceptul de *eter* (care s-a dovedit mai târziu a nu exista!), înţeles ca un mediu material invizibil prin care *particule de lumină se mişcă*. Cu toate că renunţă repede la ideea unui „eter luminos", fizicianul susţine mai departe în *New Theory about Light and Colours* că lumina ar fi un *fascicul de corpuscule* extrem de mici. Prin asta a intrat într-un conflict înverşunat cu colegul său olandez, doar 14 ani mai în vârstă decât el, Christiaan Huygens.

Christiaan Huygens (1629-1695), matematician, astronom şi fizician, a pus prin studiile sale bazele calculului infinitesimal, pe care au lucrat apoi atât Leibniz cât şi Newton, ca şi cele pe care se sprijină mai târziu apăruta teorie a probabilităţii. Ca astronom, Huygens îşi construia singur telescoapele ale căror lentile le optimizase şlefuindu-le el însuşi. Aşa a descoperit el în 1655 satelitul lui Saturn numit Titan (primul după descoperirea lui Galilei a celor 4 mari sateliţi ai planetei Jupiter în 1610), ca şi mişcarea de rotaţie a planetei Marte. Chiar Newton îl considera pe Huygens a fi „cel mai elegant matematician al timpului". Dar admiraţia englezului, cunoscut că nu suporta critica, s-a stins în momentul în care Huygens a emis teoria potrivit căreia *lumina se propagă în unde*, teorie care stă şi acum la baza *opticii ondulatorii*.

Odată cu cercetările mult mai târzii ale lui Thomas Young, medic oftalmolog şi fizician englez (o combinaţie profesională extrem de fructuoasă!), istoria şi comunitatea fizicienilor îi dă dreptate deplină, mai întâi, lui Huygens. În anul 1800 Young demonstrează definitiv că *lumina se propagă prin unde*, confirmându-l pe Huygens, şi chiar reuşeşte să măsoare *lungimea de undă*. Mai mult: el arată că teoria undelor este în stare să explice unele fenomene pe care Newton nu reuşea să le elucideze prin teoria sa a particulelor luminoase. Mai curând în mod indirect va primi şi Newton dreptate în ce priveşte teoria, mai precis intuiţia lui, potrivit căreia lumina ar fi un fascicul de corpuscule extrem de mici; dar asta mult mai târziu. Vom reveni.

Omul de ştiinţă german Hermann Grassmann (1809-1877) a fost un personaj important şi totodată foarte interesant al gândirii secolului XIX. El este cunoscut iubitorilor de filosofie orientală prin excelenta traducere din sanscrită a culegerii de imnuri indiene *Rig-Veda*, ca şi prin dicţionarul său analitic pentru aceste texte. De asemeni Grassmann a adus contribuţii însemnate în domeniul lingvisticii, mai ales privind modul de propagare a cuvintelor indo-europene în limbile moderne. Ca matematician, el a perfecţionat calculul vectorilor (printr-o interpretare algebrică numită de altfel şi „Algebră Grassmann" sau „exterioară") şi a fundat cea mai importantă teorie a sa, anume *Teoria extensiei liniare*. Tocmai pe calculul vectorilor şi pe teoria extensiei liniare se sprijină şi contribuţia sa în domeniul fizicii culorilor. Mai întâi el demonstrează că orice impresie de culoare este determinată de trei mărimi: 1) *tonul* culorii (culoarea spectrală ca atare), 2) *luminozitatea* ei, aşadar densi-tatea tonului: cât de luminoasă sau întunecată apare culoarea (pentru tonurile „colorate" scala se întinde între violet/întunecat şi galben/lu-minos) şi 3) gradul ei de *saturaţie*, care exprimă calitatea/intensitatea efectului culorii. Aceasta este determinată de măsura în care culoarea este amestecată cu alb (mult alb înseamnă saturaţie redusă). În general saţietatea arată cât de tare se depărtează un excitatnt cromatic, independent de luminozitatea lui, de un alt excitant acromatic, adică depărtarea sa de axa acomatică alb-negru. Grassmann interpretează aceste mărimi matematic şi ajunge la concluzia potrivit căreia *culorile spectrale pure/originare au întotdeauna maximul grad de saturaţie (100% adică 0% alb), deci sunt determinate doar de **luminozitatea** lor* specifică, în vreme ce *toate celelalte culori sunt compuse şi deci determinate de **amestecul** dintre **luminozitate** şi **saturaţie***. Tocmai de aceea *culorile spectrale pure sunt în strânsă legătură doar cu proprietăţile lor fizicale*, iar *celelalte culori sunt compuse din ele*. Toată teoria matematică, dealtfel foarte complicată, este formulată sintetic în celebrele *„Legi Grassmann"*. Acestea sunt 4 legi care se referă mai întâi la la cele trei mărimi ale impresiei de culoare expuse mai sus (prima lege) şi apoi stabilesc principiile amestecului de culori (legile 2-4). Cu toate că Grassmann s-a referit la culorile spectrale în general, legile lui se aplică foarte eficient și pentru ceea ce numim *culori de bază*[73] (de ex. în sistemul RGB=*roșu, verde, albastru* pentru amestecul aditiv, foarte apropiat de vederea umană, sau în cel numit CMYK=*cyan, magenta, galben* și *key* (=negru) pentru amestecul substractiv, folosit mai ales în tehnică). Pentru teoriile lui despre culoare, Grassmann s-a inspirat din lucrările lui Isaac Newton (cunoscutul *Cerc baricentric al culorilor*) și din ale colegului său ceva mai tânăr, fizicianul german Hermann von Helmholz[74]. El însă a aprofundat și nuanțat considerabil cele două teorii. Deși multă vreme

---

[73] Este absolut necesar a evita confuzia dintre termenii culoare *spectrală*, culoare *de bază*, culoare *primară* și culoare *secundară*. **Culorile spectrale** sunt culori pure, cu luminozitate intensă, izvorâte direct din lumină și fiecăreia îi corespunde o singură lungime de undă specifică. După Newton ele sunt șapte la număr: *violet, indigo, albastru, verde, galben, oranj și roșu.* **Culorile de bază** sunt, în fond, un sistem de referință (dependent de limbă și de interesul cultural/teoretic) compus din două până la șase tonuri. Două = *alb și negru,* mai precis luminos și întunecat. Conform experienței pictorilor, confirmată teoretic!, culorile de bază sunt *roșu, galben și albastru,* căci din amestecul lor se poate obține orice culoare. În sistemul de referință RGB, culorile de bază sunt *roșu, verde și albastru* la care, mai nou în tehnică, se adaugă și *galben.* **Culorile primare** sunt întotdeauna *culorile de pornire* pentru un amestec. Conform lui Grassmann acestea, îndeobște trei la număr, trebuie să fie astfel alese, încât fiecare să nu poată fi rezultatul amestecului celorlalte două. **Culorile secundare** sunt întotdeauna culorile *rezultate* dintr-un amestec. Chiar dacă pare straniu, o culoare secundară poate fi luată într-un sistem de referință ca o culoare de bază. Este, de ex. cazul culorii *magenta,* care este un produs între roșu și violet, luată ca bază în sistemul substractiv CMYK (vezi mai sus în text).

[74] Fizicianul a avut contribuții într-adevăr decisive la înțelegerea științifică a culorilor. De ex. el a preluat și perfecționat un aparat pentru combinarea culorilor (ca fascicule luminoase) creat de fizicianul francez Léon Foucault. Cu acest nou aparat Helmholtz a reușit să izoleze să controleze și analizeze culorile complementare și, prin rezultatele obținute, să relativizeze a 4-a lege a lui Grassmann. Eu sunt însă de părere că în perspectivă istorică teoriile lui Helmholtz în domeniul fiziologiei percepției culorilor sunt de maximă importanță, drept care îl voi pomeni din nou pe fizicianul german în următorul capitol.

ignorate, legile lui Grassmann sunt astăzi baza teoretică incontestabilă pentru fizica culorilor şi a amestecului lor.

În sfârşit a sosit momentul să evocăm pasul decisiv pe care l-a făcut ştiinţa în înţelegerea fenomenului culorilor. Este vorba de contribuţia de maximă importanţă a fizicianului scoţian James Clerk Maxwell (1831-1879) a cărui operă *„este cea mai profundă şi fructuoasă pe care fizica a cunoscut-o de la Newton încoace"* cum a declarat Albert Einstein cu prilejul ceremoniilor la aniversarea de 100 de ani de la naşterea fizicianului.

Maxwell este considerat a fi un fel de „constructor de poduri" între matematică şi fizică. El a legat necontenit şi în mod genial algebra cu geometria. Urmând aceste două „legi ne scrise" ale demersului său ştiinţific, scoţianul a reuşit să demonstreze irevocabil multe teze privind întrebări ale timpului său. A arătat, de exemplu, că inelele planetei Saturn nu pot fi nici un corp compact şi nici o ceaţă cosmică gazoasă, asa cum se credea, ci că ele sunt alcătuite dintr-o mulţime de corpuri mici, aşa cum azi se ştie. El a mai pus şi bazele *Teoriei cinetice a gazelor* care, deşi ulterior aprofundată de alţi oameni de ştiinţă, este valabilă şi astăzi. În această teorie este vorba de comportamentul moleculelor de gaz sub influenţa temperaturii şi a presiunii descris matematic prin formula numită „Distribuţia Maxwell". Mai adăugăm o sumedenie de studii cum ar fi despre teoria căldurii, sau cea a corpurilor în mişcare.

Dar cea mai importantă contribuţie a lui Maxwell este cea în domeniul electromagnetismului. Ea ne interesează în mod cu totul special în acest text. Deşi primele idei, valabile şi astăzi, despre electromagnetism le-a formulat încă student fiind, interesul fizicianului pentru electricitate şi magnetism a crescut necontenit de-a lungul întregii sale vieţi, din păcate mult prea scurte (a murit la 48 de ani). Maxwell uneşte prin calcule diferenţiale rezultatele studiilor fizicienilor Michael Faraday (în special magnetism) cu cele ale lui André-Marie Ampère (în special electricitate) şi ale unor oameni de ştiinţă germani printre care şi Grassmann. Aşa ajunge el să elaboreze între anii 1861-64 celebrele *„Ecuaţii Maxwell"*. Aceste ecuaţii, la început 20 la număr, au diferite forme şi se referă sau se pot aplica la multiple domenii speciale ale fizicii (ele pot fi: micro- sau macroscopice, cu formulare integrală sau diferenţială, omogene sau inomogene, exprimate în „unităţi SI", în sistem „CGS" etc.etc.). Atât pentru mine, cât şi pentru cititorii care nu sunt matematicieni sau fizicieni profesionişti (ba chiar de ridicată clasă!), ecuaţiile lui Maxwell sunt extrem de greu de înţeles şi/sau de explicat. Ideea centrală este că aceste ecuaţii descriu atât câmpurile electrice, cât şi pe cele magnetice, ca şi efectele reciproce dintre materie şi cele două câmpuri. Mai mult: Maxwell demonstrează că cele două câmpuri (electric şi magnetic) *se cuplează în vibraţiile lor formând o undă* care se propagă prin spaţiu cu viteza de 310.740.000 m/s (ca. 310 mii de Km/s!), ceea ce este foarte aproape de viteza luminii. Maxwell notează în 1864: *„Această viteză este atât de apropiată de cea a luminii, încât avem un puternic temei să considerăm că lumina însăşi este o undă electromagnetică"*. Este actul de naştere a *Teoriei undelor electromagnetice*! Toţi gânditorii dinaintea lui Maxwell care au susţinut că lumina ar fi *o undă* (îi amintim pe Huygens şi pe Young) primesc dreptate prin această teorie imposibil de negat, chiar dacă ei nu au ştiut exact *ce fel* de undă este lumina. Şi Arthur Schopenhauer primeşte dreptate pentru afirmaţia/intuiţia lui formidabilă că lumina, respectiv culoarea, ar fi energie, căci – din nou imposibil de negat! – undele electromagnetice *sunt* energie. Publicarea în anul 1865 a celebrelor ecuaţii (numite şi „Minunatele ecuaţii ale lui Maxwell"), pe care fizicianul le-a perfecţionat şi nuanţat toată viaţa, şi mai ales *Teoria undelor electromagnetice* au făcut furori în lumea ştiinţifică, fiind considerate până azi ca un triumf al fizicii secolului XIX.

Secolul XX a fost încă o dată mai productiv decât cel precedent în ce priveşte ştiinţele în general şi fizica în special. Încă din primul an al său, acest secol debutează fulminant. În 1900 Max Planck descoperă că transmiterea energiei între radiaţii şi materie se face în *cuante* a căror valoare este determinată de multiplicarea aşa numitei *Constantă Planck* cu *frecvenţa* undei. Aşadar *frecvenţa unei unde determină cantitatea de energie* a ei. În anul 1905 Albert Einstein aplică teoaria lui Planck la undele de lumină şi arată că efectul fotoelectric nu se explică prin unde, ci prin cuante de lumină (energie!) pe care le numeşte *fotoni*. Patru ani mai târziu Einstein constată şi demonstrează că lumina (ca şi orice radiaţie) este *atât undă, cât şi flux de cuante*. Aşa s-a născut teoria *Dualismului corpuscul-undă*. Teoria este valabilă şi astăzi. Ea stă la baza noii ştiinţe numită *mecanică cuantică*, ce se ocupă numai de mecanica elementelor sub-atomare şi, în cadrul colaborării ştiinţifice a lui Niels Bohr şi Werner Heisenberg, este descrisă şi stabilită definitiv de aceşti doi fizicieni în celebra lor *Interpretare de la Copenhaga* (1927).

Iată, după mai bine de 200 de ani istoria şi comunitatea fizicienilor încep să-i dea dreptate şi lui Newton; nu neapărat *teoriei* sale a particulelor luminoase care se mişcă, ci mai curând *intuiţiei* sale geniale că aşa ceva ar exista.

A încerca să arătăm „mecanismele" matematice şi fizicale ale acestor teorii ar depăşi atât puterile mele, cât şi pe cele ale cititorului căruia îi este destinat acest eseu. Dealtfel o asemenea aprofundare ar fi şi inutilă în relaţie cu scopul urmărit aici. Deci, e cuminte să renunţăm!

Abia acum suntem cu adevărat îndreptăţiţi să prezentăm culorile spectrale, înţelese ca unde electromagnetice şi în lumina dualismului corpuscul-undă, şi anume în înşiruirea şi cu valorile lor fizice specifice omologate în lumea întreagă de către ştiinţă. Ele sunt, citit de la dreapta spre stânga (vezi nota 71): *roşu, oranj, galben, verde, albastru* şi *violet*. Datorită faptului că spectrul este o bandă continuă ale cărei culori „se scurg" dintr-una în alta, arătând zeci de nuanţe intermediare, înşiruirea de mai sus este una sintetică-rezumativă. Din aceleaşi motive valorile fizice pentru fiecare culoare, redate în tabelul de mai jos, sunt exprimate prin două numere (toate nuanţele intermediare ale *aceluiaşi ton* între prima şi a doua cifră):

CULOAREA	LUNGIMEA DE UNDA	FRECVENŢA UNDEI	ENERGIA UNDEI
Rosu	780-640 nm	384-468 THz	1,6 – 1,95 eV
Oranj	640-600 nm	468-500 THz	1,95 – 2,06 eV
Galben	600-570 nm	500-526 THz	2,06 – 2,17 eV
Verde	570-490 nm	526-612 THz	2,17 – 2,53 eV
Albastru	490-430 nm	612-697 THz	2,53 – 2,88 eV
Violet	430-380 nm	697-789 THz	> 2,9 eV

Legendă: „**nm**" înseamnă *nanometru* (1 nanometru = a miliarda parte dintr-un metru); „**THz**" înseamnă *Terahertzi* (1 Terahertz = 1 bilion de Hertzi, adică un 1 urmat de 12 zerouri!); Hertzul este unitatea de măsură a frecvenţei cu care se repetă un fenomen într-o *singură secundă* – în cazul undelor electromagnetice

1 Hertz însemnă că sinusoida undei (vibraţia!) se repetă *o dată* pe secundă); „eV" înseamnă *electronvolt* – o unitate de măsură a energiei în fizica atomică (desigur energia poate fi măsurată/exprimată şi prin mai cunoscutul *Joule*).

La o privire ceva mai atentă a tabelului constatăm că roşul (nuanţa lui cea mai intensă) are, comparativ cu alte culori, o *lungime de undă lungă*, 780 de nanometri, iar în acelaşi timp o *frecvenţă relativ joasă*, 384 Terahertzi, ceea ce face că şi *energia acestei culori este cea mai scăzută*, 1,6 electronvolţi. Cu cât ne îndreptăm spre capătul celălalt al spectrului culorilor constatăm că *lungimea de undă se scurtează*, în vreme ce *frecvenţa şi energia cresc*. Astfel, nuanţa cea mai intensă de violet are o lungime de undă de doar 380 nanometri, îsă o uriaşă frecvenţă de 789 THz (789 de bilioane de ori pe secundă!!!) şi o energie de minimum 2,9 eV, adică aproape dublă ca cea a roşului. Relaţia matematică dintre aceste trei mărimi – lungimea de undă, frecvenţa ei şi energia ei – explică aproape toate fenomenele privitoare la culori[75].

---

[75] Pentru o accesibilă aprofundare/elucidare arătăm: 1) că *lungimea de undă* (notată în fizică λ = *lambda* în greacă) este egală cu rezultatul împărţirii *vitezei de propagare a undei* (notată mereu în electromagnetism cu **c**) şi *frecvenţa* ei (notată cu *f*); aşadar $\lambda = c/f$. Pentru mai multă claritate citim această ecuaţie în felul următor: $\lambda \cdot f = c$, *adică lungimea de undă înmulţită cu frecvenţa rezultă viteza de propagare a undei* – ceea ce atât matematic, cât şi fizical este exact. Or, viteza de propagare (**c**) are o valoare fixă, este aşadar o **constantă** – ea este în *vid* sau în *aer* (aproximativ) viteza luminii, aşa cum am văzut încă la Maxwell. Asta înseamnă că valoarea lungimii de undă (λ) înmulţită cu cea a frecvenţei (*f*) *cu necesitate trebuie* să rezulte exact constanta **c**. În consecinţă la *o altă undă*, cu o lungime de undă (λ) diferită, va fi şi frecvenţa (*f*) diferită, în sensul că, în comparaţie cu prima undă, dacă λ se *micşorează*, *f* creşte, şi invers. Luăm un exemplu absolut fictiv (pentru stupizenia căruia cerem scuze fizicienilor!): **Cazul I** - să zicem că viteza de propagare (**c**) este 200, lungimea de undă (λ) 50 şi frecvenţa (*f*) 4. Totul e clar: 50·4=200. **Cazul II** - o *altă undă* are însă lungimea de undă mai scurtă, să zicem, 25 în loc de 50. În acest caz frecvenţa va fi de 8 – căci 25 înmulţit numai cu 8 rezultă 200 – constanta care trebuie să fie *mereu* la sfârşitul formulei. *Energia* unei unde electromagnetice este *direct proporţională cu frecvenţa acesteia* (formula ei este $E = h \cdot f$ – unde *E* este energia, iar *h* constanta lui Planck). Aşa se explică „mecanismul" cifrelor din tabelul de mai

sus (care se referă *exclusiv* la propagarea undelor electomagnetice prin vid şi aer), în sensul că, de la roşu spre violet, în vreme ce *frecvenţa şi energia cresc, lungimea de undă scade*. **2**) Parcurgând însă un mediu cu o permeabilitate magnetică redusă, de ex. sticlă, *viteza de propagare a undei electromagnetice* (**c**) *se reduce*. Adăugăm că *permeabilitatea magnetică* a unui mediu este în strânsă dependenţă de aşa numitul *indice de refracţie*, notat în fizică **n**. (în vid **n** este exact 1, în aer 1,000292, în apă 1,33, în lentila ochiului uman 1,35-1,42, în sticla de fereastră 1,52, în cristal 1,93, în diamant 2,42 etc. etc.) Viteza propagării undei înntr-un mediu cu un indice de refracţie *mai mare* decât 1 se calculează astfel: **c**(în mediu)=**c**(în vid)/**n**. Se vede că viteza propagării undei variază în funcţie de indicele de refracţie al mediului prin care ea se propagă – *cu cât mai mare este indicele de refracţie* (**n**), *cu atât mai mică va fi viteza de propagare a undei*. (dacă în vid undele electromagnetice se propagă cu viteza luminii, ca. 300.000 Km/sec., în aer viteza lor este de 299.710 Km/sec., în apă 225.000, iar în unele sticle optice doar 160.000 Km/sec.) Privind acum în această perspectivă relaţia $\lambda \cdot f = c$, constatăm lesne că, odată ce **c** într-un mediu mai puţin permeabil va avea *altă valoare*, devenind un „**c**(în mediu)", ar trebui să se schimbe atât λ, adică *lungimea de undă*, cât şi *f*, adică *frecvenţa*, pentru ca amândouă, înmulţite, să rezulte noul **c**(în mediu) cerut de formulă. Dar nu este deloc aşa! Este ştiut că *la propagarea uneia şi* **aleleiaşi** *unde printr-un mediu mai puţin permeabil decât vidul sau aerul, frecvenţa* (*f*) *rămâne* **constantă**, în vreme ce doar *lungimea de undă* (λ) *se schimbă*. Lungimea de undă preia, ca să zicem aşa, cerinţele modificate ale lui **c**, fără a se mai putea compensa cu frecvenţa (*f*). Reluând primul nostru exemplu fictiv de mai sus, vom spune că de data asta viteza, **c**(în mediu), nu mai este de 200, ci, să zicem, doar de 160. În acest caz, conform formulei de bază $\lambda = c/f$, sau a celei citite „invers" $\lambda \cdot f = c$, relaţia nu mai este 50·4=200, cum era în **Cazul I**, ci 40·4=160 – viteza fiind scăzută la 160, frecvenţa ramânând 4, este „atribuţia" lungimii de undă să se *scurteze* pentru a obţine la urmă *necesarul* 160, cerut de formulă. Concluzie: *scade viteza de propagare, scade şi lungimea de undă, însă frecvenţa, şi deci şi energia undei, rămân aceleaşi*. În realitate, calculele sunt mult mai complicate şi cifrele date mai sus nu au nici o legătură cu realitatea fizică în ce priveşte valoarea lor şi proporţiile dintre ele! Principiul *modificării* valorii lor este însă valabil. Aceasta este explicaţia fenomenului că atunci când un fascicul de lumină „albă" trece printr-o prismă din sticlă, se împarte în mai multe fascicule colorate din care el e compus, fascicule ce au *diferite lungimi de undă* cu toate dependente de **n** (indicele de refracţie), care, la rândul său,

În încheiere, este necesar să notăm că spectrul electromagnetic al culorilor este numai o părticică mică din spectrul electromagnetic cunoscut, însă este singurul segment *vizibil* pentru ființa umană. Astfel, mai la dreapta de roșu se află *infraroșul* (în trei grade), apoi *microundele* (tot în trei grade), și și mai la drepta *undele radio* (ultrascurte, scurte, medii și lungi) ca și *frecvențele joase* a căror extremitate o formează undele ELF (extremely low frequency) care au o lungime de undă în domeniul milioanelor de metri, dar o frecvență de doar 3 Hertzi și o energie măsurabilă în câteva unități reprezentând fiecare un biliard dintr-un singur eV. Invers: mergând mai la stânga de violet întâlnim undele *ultraviolete* (și ele în trei grade), apoi undele *röntgen* și, în sfârșit, cele *gamma* cu o lungime de undă extrem de mică, 10 picometri (1 m = 1 bilion de picometri), cu o frecvență greu de imaginat de 30 de EHz (1 EHz, sau ExaHertz = 1 trilion de vibrații pe secundă – un 1 urmat de 18 zerouri!) și o energie de minimum 120.000 de eV, energie care, concentrată într-o explozie cosmică gamma, ar putea distruge întreaga planetă. ...și noi vedem din toată această înfricoșător de mare scală cu numere abia imaginabile, doar lumină și culori frumoase!... Cu siguranță, e bine așa...

*

---

determina modificatul **c**(în mediu). Lumina dezvăluie astfel componentele ei colorate și, datorită diferitelor *unghiuri de refracție* (am văzut asta deja la Newton), le așează frumos în spațiu formând o bandă minunată care este *spectrul electromagnetic al culorilor*! Aceleași împrejurări mai arată că, în cazul undelor electromagnetice ale spectrului vizibil, *frecvența undei determină culoarea* (căci ea rămâne constantă, ca și culoarea) *și nu lungimea de undă, cum se afirmă dese ori în mod eronat*. Așa se explică de ce un obiect, de pildă verde, scufundat în apă, va apare *mereu verde*, chiar dacă îl privim stând deasupra nivelului apei în care este scufundat, deci unda emisă de el parcurge două medii diferite, dintre care unul (apa) este mai puțin permeabil și *modifică doar lungimea de undă*. **3)** Mai trebuie consemnat că datorită faptului că viteza de propagare a undelor electromagnetice în aer este extrem de apropiată de cea în vid, s-a împământenit în fizică să nu se facă vreo diferență atunci când se vorbește atât despre viteză, cât și despre lungime de undă în cele două medii. Dacă nu e menționată vreo specificație, referința este mereu *la vid și la aer*.

CE SPUNE N E U R O F I Z I O L O G I A DESPRE CULORI?

A arăta şi elucida ce ne spune neurofiziologia şi anatomia despre culori – ceea ce constituie tema prezentului capitol – este, în fond, încercarea de a explica *de ce* şi *cum* aparatul nostru perceptiv-vizual ne determină să „vedem" culori acolo unde ele nu există ca atare, adică în undele electromagnetice, aşa cum ne învaţă fizica. Altfel, şi pe scurt, spus: cum se face că la contactul cu aceste unde avem *senzaţia de culoare*? Filosofic exprimat, problema este: unde şi cum se naşte *culoarea ca atare*? În ce priveşte întrebarea *unde* se naşte sau se iveşte culoarea ca atare, vom începe chiar cu sfârşitul, spunând că ea *se iveşte în subiect*. În ce priveşte întrebarea *cum* se iveşte ea în subiect, trebuie pornit, de data asta, de la începuturile gândurilor legate de această problemă. Asta vom face în rândurile ce urmează.

Mai întâi achit datoria mea faţă de cititor (vezi nota 74), anume aceea de a arăta meritele deosebite ale fizicianului şi fiziologului german Hermann von Helmholtz (1821-1894) în domeniul fiziologiei sistemului vizual uman. Pe lângă numeroase tratate de fizică (termodinamică, hirdodinamică, magnetism, electricitate, meteorologie etc.), Helmholtz a făcut decoperiri epocale în ce priveşte bazele matematice şi fiziologice ale receptării tonurilor muzicale. Pentru teoriile lui privind fiziologia receptării culorilor savantul preia şi apoi nuanţează şi aprofundează teoria aditivă a percepţiei culorilor, enunţată de Thomas Young încă în 1807. În vreme ce Young susţinea că toate nuanţele se formează în cadrul percepţiei pe baza combinaţiei din şase tonuri de bază, Helmholtz demonstrează că toate combinaţiile posibile se bazează pe doar trei culori şi anume *roşu*, *verde* şi *albastru*, şi emite astfel cunoscuta *Teorie tricromatică* – tricromaticitatea vederii culorilor, care e valabilă şi astăzi (sistemul RGB – red, green, blue). Teoria se mai numeşte şi *Teoria Young-Helmholtz*. Ca şi Young, Helmhotz posulează existenţa pe retina ochiului a *trei tipuri de senzori* care reacţionează fiecare la diferite lungimi de undă a luminii.

Fiziologul german Ewald Hering (1834-1918) emite în cadrul cercetărilor sale în domeniul psihologiei şi al fiziologiei creierului uman *teoria culorilor oponente*. Potrivit acesteia sunt patru culori percepute ca fiind pure: *albastru*, *galben*, *roşu* şi *verde* la care se adaugă *alb* şi *negru*. Hering constată că aceste culori, numite de el *originare*, funcţionează în cadrul percepţiei ca fiind perechi oponente: *albastrul* oponent al *galbenului*, *roşu* oponent al *verdelui* şi *negrul* oponent al *albului*. Teoria se aseamănă foarte tare cu teza *culorilor complementare* a lui Newton! Diferenţa este că Hering susţine că această oponenţă se petrece *în creierul uman*. Preluată şi nuanţată de fizicianul suedez Tryggve Johansson (în anii 1937-39), apoi încă o dată de fizicienii suedezi Sven Hesselgreen şi Andreas Hård, teoria lui Hering devine baza pentru sistemul modern NCS, Natural Color System, formulat la Scandinavian Colour Institute, Stockholm, standardizat şi omologat în întreaga lume.

Toate tezele şi postulatele lui Thomas Young, Hermann von Helmholtz şi Ewald Hering au fost confirmate între sfârşitul secolului XIX şi anul 1966 prin cercetările şi descoperirile moderne în domeniul anatomiei şi fiziologiei aparatului vizual uman.

Mai întâi urmărim, foarte simplificat, *doar în perspectivă anatomică*, drumul undei electromagnetice dinspre afară, prin ochiul uman şi până în regiunile foarte profunde ale creierului, acolo unde apare senzaţia de culoare ca atare.

Combinate sau pure, provenind din reflectanţa obiectelor privite, sau dintr-o iluminare specifică a acestora, sau din amestecul ambelor provenienţe, undele electromagnetice care corespund spectrului vizibil (aşadar lumina albă şi toate culorile) pătrund în ochiul uman traversând mai întâi *cornea, cristalinul* şi *corpul vitros*. Apoi ele întâlnesc *retina*. La rândul ei, retina are trei straturi suprapuse. Primul este stratul *celulelor fotoreceptive* care sunt de două tipuri: *bastonaşe* şi *conuri*. Conurile sunt de trei feluri: „S" cu sensibilitate pentru lungimi de undă scurte, „M" cu sensibilitate pentru lungimi de undă medii şi „L" cu sensibilitate pentru lungimi de undă lungi. Celulele fotoreceptive trimit impulsurile primite, deja prelucrate, mai departe către al doilea strat, cel al *celulelelor interneuronale*, care sunt şi ele de trei tipuri: *orizontale, bipolare* şi *amacrine*. Încă o dată prelucrate, impulsurile undelor electromagnetice sunt transmise de celulele interneuronale către cel de-al treilea strat al retinei numit *stratum ganglionare*, care conţine *celule ganglionare retinale*. Axonii foarte lungi ai acestor celule formează împreună *nervul optic* şi părăsesc ochiul înspre *cortexul vizual primar* V1 şi cel *secundar* V2. Acolo, ca şi în alte regiuni ale creierului unde o parte din informaţii ajung, se naşte, prin complicate interacţiuni dintre aceste regiuni, senzaţia de culoare. Pe scurt, drumul undei electromagnetice înspre culoare este: *cornea* → *cristalinul* ochiului → *corpul vitros* → *celulele fotoreceptive* ale retinei (bastonaşe şi trei feluri de conuri) → *celulele interneuronale* (orizontale, bipolare şi amacrine) aparţinând tot retinei → *celulele ganglionare* retinale → *nervul optic* → *cortexul vizual* primar şi secundar → *senzaţia de culoare.*

Dacă şi funcţionalitatea/fiziologia sistemului vizual ar fi fost tot atât de simplă, aşa cum am înfăţişat mai sus foarte schematic morfologia/anatomia lui, totul ar fi fost foarte lesnicios de înţeles. Dar nu este deloc cazul! Procesele ce se petrec în aproape toate „staţiunile" undei electromagnetice în devenirea ei ca senzaţie de culoare sunt pe alocuri extrem de complicate şi nu întotdeauna pe deplin elucidate de ştiinţă. Mai ales în vederea faptului că o descriere completă a acestor procese nu serveşte în mod direct scopul prezentei lucrări, vom renunţa – încă o dată! – la o asemenea întreprindere. Totuşi are sens să marcăm unele aspecte.

Notăm mai întâi că răspândirea celulelor fotoreceptive pe retină nu este deloc uniformă. Aşa numita „pată galbenă" (lat. *macula lutea*) conţine cea mai mare densitate de celule fotoreceptive. Ea are un diametru de 2,5-5 mm. În mijlocul acestei pete se găseşte o adâncitură minusculă (0,5 mm. diametru) numită *fovea centralis* unde imaginea formată este cea mai precisă. În vreme ce cele 6 milioane de conuri sunt împrăştiate în exclusivitate în *fovea*, cele 120 de milioane de bastonaşe ocupă loc pe restul suprafeţei petei galbene numită *perifovea*. În lumină de zi bastonaşele sunt inactive, dar în întuneric ele susţin capacitatea de a percepe culorile, chiar dacă ceva mai redus. Cu asta „misiunea" bastonaşelor se încheie. Percepţia culorilor este aşadar în exclusivitate atribuţia conurilor. Până nu de mult s-a crezut că cele trei tipuri de conuri – L, M şi S, pentru receptarea lungimilor de undă lungi, medii şi scurte – corespund culorilor roşu (pentru L), verde (pentru M) şi albastru (pentru S), adică exact ceea ce a postulat Helmholtz în teoria tricromaticităţii numită şi Teoria Young-Helmholtz. Prin metode moderne s-a măsurat însă că sensibilitatea spectrală maximă a conurilor nu este, aşa cum s-a crezut (roşu, verde şi albastru – RGB), ci conurile numite L răspund la lungimi de undă de ca. 560 nm., ceea ce echivalează unui „galben-verzui", cele numite M răspund la lungimi de undă foarte apropiate de precedentele, 530 nm., ceea ce echivalează unui „verde-gălbui" şi numai conurile numite S răspund la unde scurte, 420 nm., ceea ce echivalează culorii albastru. Teoria Young-Helmholtz nu corespunde cu realitatea fiziologică a aparatului vizual! Ea este valabilă doar ca principiu al tricromaticităţii percepţiei culorilor şi, bineînţeles, în aplicările ei tehnice, care se bazează tocmai pe RGB (de exemplu televiziunea color). Cum se face că din aceste lungimi de undă, echivalente cu „galben-verzui", „verde-gălbui" şi albastru, pot fi percepute mii de nuanţe din toate culorile? Se pare că genialitatea naturii nu are margini! Încă pe retină valorile semnalelor lui L, M şi S sunt supuse unor operaţii de comparaţie, adiţiune sau substracţiune extrem de complicate, după care, în stratul celulelor interneuronale (orizontale, bipolare şi amacrine), iar apoi în stratul celulelor ganglionare retinale, sunt „traduse" în invesul lor, adică fiecare culoare în „oponentul" ei. Este exact ceea ce spunea Ewald Hering despre *culorile originare* împerecheate fiecare cu oponentul ei: *albastrul* oponent al *galbenului*, *roşu* oponent al *verdelui* şi *negrul* oponent al *albului*. În creierul uman aceste valori „inversate", acum foarte diferenţiate şi nuanţate, sunt „retraduse" în senzaţiile de culoare pe care le cunoaştem. Procesele ce se petrec în creier nu sunt încă în întregime elucidate. Descrierea de mai sus este şi ea, aşa cum am anunţat, incompletă şi extrem simplificată.

Poate este bine să mai amintim că retina ochiului este din punct de vedere embriologic o parte din creierul uman (un fel de prelungire a acestuia). De asemeni amintim că unele animale „văd" un alt spectru de culori, mai mărit, sau mai micşorat, decât fiinţa umană.

Ţinând cont de enorma complexitate a sistemului vizual, ca şi de faptul că acesta este compus din extrem minuscule şi sensibile părţi, marea majoritate a oamenilor care văd bine şi normal ar trebui să fie infint recunoscători soartei că în cazul lor nu s-a ivit nici măcar o mică greşeală. Căci se ştie: teoretic cu cât un sistem este mai complex, cu atât cresc şansele unei labilităţi.

*

C O N C L U Z I I LA PARTEA DOCUMENTARĂ

Din toată gândirea în perspectivă filosofică, fizicală şi neuro-fiziologică despre culori putem trage următoarele concluzii:

Cea mai importantă concluzie este că *ceea ce numim culoare nu există în afara subiectului*, mai precis în afara creierului său. Culoarea este doar o *reacţie* specifică la impulsul exercitat asupra ochiului de o undă electromagnetică[76].

În consecinţă un şir întreg de gânditori, de-a lungul a 2300 de ani, au avut dreptate în afirmaţiile lor, mai mult sau mai puţin fundate, mai mult sau mai puţin complexe, potrivit cărora originea culorilor ar fi psihogenă şi nu hylogenă, adică sălăşluieşte în subiect şi nu în substanţa obiectului. Îi amintim pe Democrit care a negat realitatea obiectivă a culorilor spunând că *„în realitate nu există culori"*, ca şi pe Descartes atunci când afirma că există o *„diferenţă între sentimentul* (senzaţia), *aşadar ideea care se formează prin intermediul ochilor în imaginaţia noastră, şi ceea ce aparţine obiectului care produce în noi acest sentiment..."* sau că *„percepţiile reprezintă un ne-lucru, ca şi cum*

---

[76] Cel târziu acum este momentul de a lămuri întrebarea, foarte legitimă, de ce un obiect/materie în stare naturală – adică ne vopsit sau colorat – apare totuşi ca a avea o culoare anume. Realitatea este că materia *nu emite de la sine* unde electromagnetice din spectrul vizibil, ci că ea, datorită unor *însuşiri chimice* specifice, pe de o parte *absoarbe*, iar pe de alta *re-transmite o parte* din frecvenţele undelor electromagnetice ale spectrului vizibil ce o întâlnesc. Această „selecţie" se datorează capacităţii materiei de *absorbţie* şi, respectiv, *remisiune* (mai sus în textul nostru a fost numită şi *reflectanţă*) a diferitelor frecvenţe a undelor electromagnetice. De ex. o frunză verde care s-a ofilit va fi percepută ca a fi galbenă datorită schimbării însuşirilor ei chimice – *remisiunea* ei corespunde acum frecvenţelor pentru galben. Dacă asupra unui obiect nu „cade" deloc lumină, el nu va putea reflecta vreo undă electro-magnetică din spectrul vizibil (vezi culoare). Tocmai de aceea se spune cu dreptate că în întuneric „toate pisicile sunt negre". Iată încă o demonstraţie că **originea** culorii *nu este hylogenă* – nu aparţine materiei în mod direct şi intrinsec, ci doar indirect, prin *remisiune/reflectanţă*. (În rom. *remisiune/reflectanţă = reflectivitate*; iar *absorbţie = absorptivitate*) Numai când privim culorile pure, desfăşurate din lumină albă de o prismă, nu poate fi vorba de vreo remisiune/reflectanţă.

acesta ar fi un lucru"; de asemeni multă dreptate a avut şi John Locke cu a sa elegantă teorie a calităţilor primare, care se află în mod concret în obiect, şi a celor secundare, care *"generează în noi idei* (vezi culori) *care nu au nici o asemănare cu obiectul perceput"* – într-adevăr: ce asemănare este între o undă electromagnetică şi o culoare? Şi Kant a avut dreptate afirmând că ceea ce numim culori *"sunt efecte doar întâmplător amestecate cu apariţia şi astfel legate de ea... şi că ele sunt întemeiate doar pe senzaţii"*. În această lumină mai este de amintit şi Schopenhauer, atât pentru declaraţia lui că o culoare este *enegie*, dar mai ales pentru afirmaţia lui *"Culoarea este activitatea calitativă diferenţiată a ochiului"* – cât de adevărat! Păstrând unele mici rezerve mai constatăm că toate teoriile subiectiviste (cea a halucinaţiei, cea a erorii sistematice şi, fără vreo reţinere!, cea a proiecţiei) descrise de Al-Saleh se înscriu pe linia corectă odată ce ele se bazează pe afirmaţia că ceea ce percepem *în* şi *prin obiect nu este culoare* ca atare, ci doar în noi se iveşte *senzaţia* de culoare. În sfârşit încheiem această enumerare cu celebra afirmaţie a lui Sir Isaac Newton *"Rays are not colored"* (Razele de lumină nu sunt colorate) şi cu cea a profesorului german de biologie şi filosofie (din nou o fructuoasă îmbinare de profesii!) Eckhart Voland *"Generate de creier, culorile sunt trăiri calitative a undelor electromagnetice într-o lume absolut fără de culoare"*. Descifrăm în acest citat atât o undă tristă (o lume fără de culoare!...), cât şi una foarte tonică, în sensul că *aptitudinea de a vedea culori este un dar cu totul deosebit pe care fiinţa umană l-a primit din partea naturii.*

Dar am comite o inexactitate filosofică dacă ne-am opri aici cu concluziile. Până acum am tras concluzii numai din perspectiva *efectului*, a senzaţiei de culoare petrecută doar în *subiect*, şi deloc din perspectiva *cauzei* care, evident, vine de la *obiect*: undele electromagnetice. Dacă, inversând acum perspectiva, vom căuta mai departe *în obiect culori*, am comite o greşeală de ne iertat: ar însemna să *căutăm identitatea efectului în sfera cauzei!...* Nu am ajunge la nici un rezultat! Consider că unii gânditori au comis această greşeală, căutând în cauză exact efectul. Este adevărat că cele două noţiuni – cauză şi efect – trebuiesc puse în corelaţie logică, dar tot atât de adevărat mi se pare că ele, în operaţiile de gândire, trebuiesc *riguros demarcate*, căci ele au în majoritatea cazurilor identităţi diferite. Înţelegând însă prin *cauză* a senzaţiei de culoare *în exclusivitate undele electromagnetice*, ceea ce este pe deplin adevărat, apare cu limpezime că ea, cauza, provine – e drept mijlocit!(vezi nota 76) – din, mai precis *prin obiect*. Doar puţin speculativ am putea spune chiar că această *cauză este indirect hylogenă*. Lanţul devine foarte clar: *originea **cauzei*** senzaţiei de culoare este *determinată hylogen* – în sensul că materia, datorită compoziţiei ei chimice specifice reflectă anume frecvenţe pentru anume culori, în vreme ce *efectul* acestei cauze, (senzaţia de culoare în sine), este fără îndoială *psihogen*. Ce diferite identităţi au cauza şi efectul în problema culorilor! Ce lecţie minunată de filosofie ne prilejuieşte tocmai această problemă!

Ţinând cont de faptul că undele electromagnetice sunt *cauza în şi mai ales **prin** obiect* a senzaţiei de culoare, putem revalorifica o altă serie de afirmaţii rostite de-a lungul vremii referindu-se la rolul obiectului în fenomenul culorilor. Când Democrit spune că impresia unei culori *„se naşte doar ca urmare a poziţiilor atomilor"* în orice caz nu este în opoziţie cu teoria modernă a fotonilor, căci la mărimi sub-atomare (cuante) şi la mişcarea lor filosoful antichităţii nu ar fi putut să se gândească la vremea lui! La fel şi Aristotel când vorbeşte de „însuşirile" obiectului a căror percepţie este doar un proces de *asi-milare* şi *actualizare* a lor în aparatul perceptiv (simţul văzului, respec-tiv ochiul). Nu acţionează unda electromagnetică asupra ochiului? Când Descartes vorbeşte atât de des despre *corpusculi* şi *însuşirile lor geometrice şi kinematice* ale obiectului nu este, în fond, foarte departe de actualele cunoştinţe, ci doar terminologia face o diferenţă (mai ales ideea de *kinematică*, adică mişcare, pare a fi foarte actuală, iar *„corpuscul"* poate fi uşor înlocuit prin *„cuantă"*). Şi toate teoriile obiectiviste (fizicalismul, dispoziţionalismul şi primitivismul) descrise de Al-Saleh au partea lor de dreptate deoarece ele se fundează pe epistemologia percepţiei, potrivit căreia subiectul cunoaşte prin percepţii însuşiri *existente* în lume. Or, atât obiectul privit, cât şi unda electromagnetică emisă de el *există*! În sfârşit, mai toate cercetările fizicii pe tema culorii se referă precumpănitor la obiect şi mai puţin la subiect.

Înainte de a încheia, doresc să fac o mică notaţie. Cel ce va citi texte referitoare la culori va întâlni frecvent noţiunea de *loc al culorii* şi chiar de o *geometrie* a ei. În mod intenţionat nu am pomenit nici un cuvânt despre aşa ceva, căci am convingerea că o culoare nu poate avea nici *loc* şi nici *geometrie*. Toate teoriile legate de locul şi geometria culorii sunt izvorâte din dorinţa de a reprezenta grafic cât mai multe culori şi anume de a arăta în reprezentaţia respectivă vecinătăţile (vezi „înrudirile") dintre ele, ca şi posibilităţile de a le combina. În acest context s-a vorbit chiar de un moment *topogen* al culorii care ţine mai curând de *colorimetrie* (metrica culorilor). Au apărut astfel multe reprezentări bi- sau tridimensionale, cu toate fascinante, cu zeci de nuanţe, dar care vorbesc de locul culorilor *în aceste reprezentări* şi nicicum de vreun loc al culorii ca atare în natură sau în mintea umană. Nici despre temperatura culorii şi alte însuşiri importante ale ei nu am scris nici un cuvânt. De data asta pentru a nu Încărca textul cu informaţii care, în relaţie cu tema principală, nu sunt Importante.

Încredinţat fiind că am arătat cititorului toate aspectele fenomenului de culoare care sunt într-adevăr necesare pentru tema principală a acestui text, închei acum partea documentară a prezentului eseu lăsând loc, aşa cum am anunţat, părţii eseistice. Nu o fac însă înainte de a reproduce încă o dată trei fraze-cheie, deja exprimate mai sus:

- Ceea ce numim culoare nu există în afara subiectului, mai precis în afara creierului său.
- Culoarea este doar o reacţie specifică la impulsul exercitat asupra ochiului de o undă electromagnetică.
- Aptitudinea de a vedea culori este un dar cu totul deosebit pe care fiinţa umană l-a primit din partea naturii.

***

III - PARTE ESEISTICĂ

FIINŢA UMANĂ ŞI DARUL PRIMIT

În prezentul capitol încercăm să analizăm relaţia subiectului cu culoarea. Mai precis: *ce face* subiectul cu culoarea primită ca dar de la natură. Orientându-ne după criteriile *frecvenţei, intensităţii* şi *calităţii* relaţiei fiinţă umană-culoare, distingem mai multe grade/valori ale acesteia.

CULOAREA ÎN VIAŢA COTIDIANĂ

Primul grad al acestei relaţii este şi cel mai scăzut şi are pentru subiect o valoare psihologică minimală; de o valoare spirituală nici că poate fi vorba. Este contactul zilnic, neîntrerupt cu culoarea. În stare de veghe, 15 până la 17 ore, percepem mii, dacă nu chiar milioane de impulsuri de culoare, aproape fără să ne dăm seama. Spunem că în acest caz frecvenţa contactului cu culoarea este imensă, în vreme ce intensitatea lui tinde către zero. Doar dacă, printr-un accident sau boală, am pierde subit capacitatea de a vedea culorile, ne-am fi putut da seama de importanţa şi frumuseţea darului primit de la natură. Dar cum nu este cazul decât extrem de rar, neglijăm culoarea luând-o ca pe ceva de la sine înţeles, la fel ca acţiunea (inconştientă!) de a respira. S-ar putea spune că un asemenea contact cu culoarea este dezamăgitor. Dar nu este tocmai aşa căci, în cadrul relaţiei cotidiene neîntrerupte a fiinţei umane cu culoarea, aceasta din urmă este, ca să zicem aşa, *inflaţionară* – îşi pierde valoarea.

CULOAREA CA INFORMAŢIE

Lucrurile nu rămân însă la acest nivel. Tot în viaţa cotidiană culorii i se atribuie dese ori rolul de a identifica obiecte. De exemplu: „Toarnă-mi te rog cafeaua în cana cea *roşie*" sau „astăzi iau jacheta *verde*". Culoarea devine element de identificare, e drept la un nivel destul de primitiv. În aceeaşi categorie se înscrie şi folosirea *convenţională* a culorii. De pildă semafoarele de circulaţie la care diverse culori *înseamnă* ceva: a te opri, a putea merge mai departe etc. În comparaţie cu primul grad al contactului cu culoarea, frecvenţa este în această categorie ceva mai redusă, în vreme ce intensitatea contactului creşte (dăm mai multă atenţie unei culori), de asemenea şi calitatea lui – culoarea devine deci mijloc de *identificare* sau *informaţie*, de multe ori extrem de importantă. Adăugăm că în fazele de început ale evoluţiei fiinţei umane, ca de altfel şi la unele animale astăzi, culoarea era un mijloc primordial de informaţie cu privire la hrană: unde se găseşte ea şi dacă este aptă pentru a fi mâncată (mai ales în cazul fructelor). Această funcţie, dealfel de ne tăgăduit, determină încă unii filosofi să explice fenomenul culoare în perspectivă *evoluţionară*. Reprezentant de seamă a acestei opinii este filosoful american Daniel Dennett. Şi la fiinţa umană astăzi se mai pot constata urme ale funcţionalităţii originare ale culorilor: nimeni nu va cumpăra roşii care au o nuanţă de verde, căci ele sunt cu siguranţă încă ne coapte. Culoarea transmiţătoare *convenţională* de informaţie!

CULOARE ŞI SIMBOL

O a treia categorie a relaţiei fiinţei umane cu culoarea o formează *simbolica* fiecărei culori în parte. Relaţiile cu culoarea devin în cadrul acestei categorii şi mai intense din punct de vedere psihologic, cu toate că frecvenţa lor scade încă o dată în comparaţie cu primele două categorii (nu ne confruntăm la tot pasul cu simboluri). Este vorba aici de două feluri de simboluri referitoare la culoare: unele stabilite prin *tradiţie* de fiecare etnie, care se pot schimba în diferite vârste ale evoluţiei acesteia, şi altele ivite prin *experienţa proprie* a fiecărui subiect în parte: gradul de acceptanţă (simpatie) pentru o culoare, sau de inacceptanţă (până la repulsie!) pentru o alta. Fiind vorba de o preferinţă personală pentru o culoare sau alta, nu mai poate fi vorba de o simbolică în sensul larg al cuvântului, ci doar de o relaţie psihologică faţă de ea – desigur una cu caracter simbolic. Funcţionalitatea relaţiei cu culoarea, deci şi calitatea ei, rămâne pentru ambele cazuri – simboluri tradiţional acceptate şi preferinţe personale – aceeaşi: culoarea „spune" ceva şi, dese ori afectează psihicul în intensităţi deloc neglijabile. Ca exemple pentru simbolica culorilor amintim: Încă din timpuri străvechi au fost asociate punctele cardinale cu culorile: în civilizaţia maia Estul însemna *roşu*, Nordul *alb*, Vestul *negru* şi Sudul însemna *galben*, în vreme ce în China de odinioară Estul însemna *albastru*, Nordul *negru*, Vestul *alb*, Sudul *roşu* iar centrul însemna *galben*. În tradiţiile populare de mai peste tot în Europa *verde* însemna speranţă, *albastru* înseamnă fidelitate, *galben* gelozie, *roşu* dragoste, *alb* inocenţă şi *negru* înseamnă moarte/necaz. La japonezi, de pildă, culoarea de doliu este *albul*, iar pentru egipteni tonurile de *roşu* şi *ocru* însemnau ameninţare. Misterios şi plin de farmec sună în limbajul alchimiei numele diverselor trepte de iniţiere simbolizate prin culori: *Nigredo* (pentru disoluţie şi decompoziţie), *Albedo* (micile mistere), *Rubedo*, roşu/rubin (marile mistere) iar iniţiaţii se bucurau de viziunea *Smaragdină*, un verde smarald pe care îl întâlnim şi în unele practici esoterice din islam. Mai amintim că în Renaştere a fost introdus un sistem de simboluri care lega planetele, culorile şi câte un element:

galbenul simboliza soarele şi aurul, *albul* simboliza luna şi argintul, *roşul* simboliza planeta Marte şi fierul, *negru* simboliza planeta Saturn şi plumbul etc.etc. Şi diverse combinaţii de culori au primit o simbolică, de exemplu *albastrul alăturat aurului* însemnau bună dispoziţie şi amuzament, în vreme ce *albastrul alăturat roşului* însemna inpoliteţe, iar *negrul alăturat aurului* însemna onoare şi longevitate etc. etc. Exemplele se pot înmulţi considerabil, dar nu cred că servesc decisiv scopului acestui text. În încheiere este de semnalat că preferinţele sau repulsiile personale pentru o culoare pot avea atât cauze „externe", cât şi „interne", ca să zicem aşa. Cauzele „externe" pot avea originea într-o experienţă pozitivă sau negativă cu o culoare; de exemplu nu cred că cineva care a văzut un apropiat de-al său murind într-o baltă de sânge, va mai fi vreodată atras de culoarea roşu... Cauzele „interne" nu au fost încă elucidate de neurofiziologie – vezi *qualiile* (Nota 66)! Eu personal înţeleg, mai precis *simt!*, în albastru deschis cu totul altceva decât arată vreo enumerare de mai sus, iar verdele, în afară de cel al naturii(!), nu îl pot suporta, deşi nu am avut vreo experienţă negativă cu această culoare!

RELAŢIE ACTIVĂ FIINŢĂ-CULOARE

Următoarea categorie a relaţiilor subiectului cu culorile este, în comparaţie cu cele trecute până acum în revistă, una ceva mai specială. Mai specială datorită faptului că pentru prima dată subiectul are o *relaţie activă* faţă de culori, spre deosebire de celelalte relaţii unde el era doar indiferent sau relativ pasiv la receptarea culorilor. Astfel fiind, acest tip de relaţie arată o intensitate şi mai ales o *calitate mult sporită*. Este cazul în care subiectul *aduce activ către sine anumite culori*, bineînţeles preferate, spre a-şi înjgheba mediul privat (vezi locuinţa) sau apariţia sa în mediul social, articulată mereu şi prin vestimentaţie. Dacă subiectul nu este *total* căzut pradă modei, el va alege conform gustului şi personalităţii sale atât culorile ce alcătuiesc „cuibul" său, cât şi pe cele ale vestimentaţiei sale. Alegerea poate fi foarte creativă, formând astfel o treaptă premergătoare a artei (şi artiştii se exprimă foarte des prin culori)! Nu rare ori culorile modei vestimentare alese „vorbesc" şi despre starea psihică a subiectului. Triste şi câteodată chiar dezgustătoare sunt cazurile celor care, mai ales în domeniul vesti-

mentației, sunt „robii" modei, „înrobind" la rândul lor, până la estro-
piere și distrugere, propria personalitate (dacă o mai au!...).

CULOARE ÎN NATURĂ

În sistematizarea noastră a diverselor tipuri, grade și valori ale
relației ființei cu culorile, amintim acum o penultimă categorie pe care
am putea să o numim *fascinația culorilor în natură*. Deși destul de rar,
se întâmplă oricui să privească „spectacole de culoare" ale naturii care
sunt de-a dreptul covârșitoare în frumusețea și măreția lor. Este vorba,
de exemplu, de răsărituri sau apusuri de soare cu mii de nuanțe de roșu,
galben și oranj, de erupții vulcanice, de vreun peisaj montan de iarnă în
care diferitele nuanțe de verde cu tentă albă din primele planuri se
transformă, de-a lungul șirurilor de munți sau dealuri aflate din ce în ce
mai departe, în nuanțe de gri până la albastru și violet, ca și cum ar fi
fost armonizate de mâna vreunui pictor desăvârșit, sau de culorile mării
puțin înaintea unei furtuni. Un asemenea peisaj copleșește, pur și
simplu, ființa. Ea se oprește un oarecare timp în extazul contemplației –
parcă *iese din timpul ei* pentru câteva minute. Ființa încearcă *să ia cu
sine*, să înregistreze în sinea ei, să tezaurizeze în memoria ei, impresia
fascinantă. Spectacolul devine amintire care, de multe ori, nu se șterge
până la moarte. El devine un fel de „arhetip emoțional-estetic". În
asemenea cazuri culorile sunt agentul operator principal al deosebitei
impresii psihologice. Este clar că intensitatea acesui fel de contact cu
culorile este extrem de mare. Din păcate frecvența lui este foarte redusă
– unii oameni au privilegiul de a trăi conștient așa ceva doar de câteva
ori în viață.

CULOARE ȘI ARTĂ

Abia acum putem trece cu îndreptățire la ultima categorie a
relațiilor ființei umane cu culoarea. Este categoria cea mai înaltă, cea
mai complexă, iar calitatea și intensitatea relațiilor subiect-culoare la
care ea se referă este dese ori maximă. Vorbim despre *relația ființei
umane cu culorile* **în și prin** *artă*. De la bun început spunem că în
cadrul acesteia acționează atât *principiul fascinației* (cel puțin ca
deziderat), dedus la categoria prezentată adineauri, cât și acela al
atitudinii active față de culoare (în exclusivitate din punctul de vedere
al artistului) stipulat ceva mai înainte. Ambele principii sunt în relația
culoare în artă-ființă umană mult aprofundate, nuanțate și potențate.

Sper că s-a întrevăzut deja faptul că în acest tip de relaţie avem de a face cu două fiinţe umane: *artistul-emiţător* de culoare şi *iubitorul de artă-receptor* al mesajului cromatic. De la sine înţeles este faptul că ne referim doar la aşa numitele „arte vizuale": pictura, teatrul (înglobând scenografia şi costumele), fotografia, filmul şi, într-o oarecare măsură, arhitectura (înglobând arhitectura interioară) şi spectacolul coregrafic. În toate aceste forme de expresie/creaţie culoarea joacă un anume rol, uneori de primă importanţă, alte ori doar secundar. Mă încumet să spun că aproape niciodată culoarea apare ca a fi *singurul* mijloc de expresie într-un act artistic. Orice operă artistică este un compozit de mijloace de expresie.

Cu toate că există excepţii – unele cu totul spectaculoase şi cu o surprinzătoare eficienţă – consider îndreptăţit să spunem că, îndeobşte, în spectacolul coregrafic şi în arhitectură culoarea, înţeleasă ca mijloc de expresie, joacă un rol mai curând subordonat, în vreme ce în arta fotografiei, a filmului şi a teatrului rolul ei creşte din ce în ce (în această ordine) ajungând la pictură, unde ea devine nu rare ori chiar modalitatea principală a artistului de a se exprima. Ne intenţionând în acest text să operăm o analiză stilistică a rolului culorii în arte în general (ceea ce ar însemna o lucrare întinsă poate pe mai multe volume de carte!), ne mulţumim doar să aducem în discuţie câteva exemple din pictură şi din film. Rămânem doar la nivelul exemplului, însoţit de câteva comentarii scurte, căci, aşa cum am stipulat mai sus, şi în aceste două arte – mai ales în aceste două arte! – elementul culoare este strâns legat în funcţionalitatea sa estetică de alte mijloace de expresie, cum sunt în pictură forma, linia, compoziţia etc., sau în film montajul (ritmul şi felul în care imaginile se succed), muzica, jocul actorilor, compoziţia cadrului etc. Or, a extrage dintr-un asemenea conglomerat organic de mijloace de expresie doar unul – culoarea – şi a-l analiza estetic, aşa ca şi cum ar fi un element singular, consider a fi o greşeală metodologică fatală din care ar rezulta un „discurs estetic" steril, artificial, foarte apropiat de pălăvrăgeală. Analiza stilistică este cea mai importantă şi cea mai dificilă disciplină a esteticii.

ABSTINENŢĂ CROMATICĂ ÎN ARTĂ

În artele bazate pe imagine sunt doi factori posibili care se opun sau se mai opun cromatismului sau cromatismului intens. Primul este

determitat istoric: Picturii nu i-au stat dintotdeauna la dispoziţie întrea-
ga gamă de pigmenţi pe care noi o cunoaştem azi, aşa cum filmului şi
fotografiei nu le-au stat la dispoziţie încă de la începuturi tehnica
„color". Al doilea factor şi cel mai important care duce la evitarea sau
reducerea cromatismului este de *natură estetică*. A existat şi mai există
şi azi o anume sensibilitate estetică a artiştilor care „pune frâu", ca să
zicem aşa, exagerărilor coloristice (tipice multor diletanţi!), ba chiar îi
determină pe unii artişti să se exprime mono- sau bicolor, în orice caz
să reducă drastic paleta lor de culoare. Pentru o anumită „abstinenţă"
cromatică în pictură putem numi un *Autoportret* al lui Rembradt din
anul 1659, *Marietta: Odalisca romană*, 1843, şi *Femeia cu perlă*, 1868-
70, de Jean-Baptiste Corot, *Floarea-soarelui*, pictată de Van Gogh în
1888, toate lucrările în alb-negru făcure de Odilon Redon până în 1890,
ca şi unele lucrări ale grupului pictorilor Nabişti sau Simbolişti. În
acelaşi sens putem numi pentru arta filmului adevărate capodopere
realizate intenţionat în alb-negru cum sunt, de exemplu: filmele lui
Alain Resnais (*Hiroshima, mon amour* şi *Anul trecut la Marienbad*),
Rocco şi fraţii săi, făcut de Luchino Visconti, *La strada*, de Frederico
Felini, *Zorba grecul* în regia lui Mihalis Kakoianis sau *Andrei Rubliov*
realizat de Andrei Tarkovski, film asupra căruia vom reveni. Este foarte
semnificativ că şi acum marea majoritate a expoziţiilor de fotografie
artistică prezintă opere în alb-negru. După părerea mea reducerea şi mai
ales eliminarea cromatismului se înscric într-o tendinţă aproape perma-
nentă în toate artele de a sublima expresia artistică la un minimum
necesar în favoarea conţinutului ei spiritual, cu alte cuvinte a renunţa la
tot ce poate însemna „balast" care ar distrage atenţia privitorului de la
ideea centrală, nu în ultimul rând printr-o emoţionalitate ne dorit de
intensă şi/sau prin mărirea exagerată a elementelor oferite percepţiei.
Procedeele stilizării şi abstractizării nu sunt deloc străine acestei
tendinţe de sublimare.

TREI FUNCŢII ALE CULORII ÎN ARTĂ

Ne întoarcem acum la majoritatea artiştilor imaginii care pre-
ţuiesc cromatismul, dintre care nu puţini sunt chiar fascinaţi de culoare,
mânuind-o cu măiestrie şi astfel înlesnind privitorilor operelor lor să se
bucure la cele mai înalte niveluri de acest dar primit de fiinţa umană din
partea naturii – aptitudinea omului de a vedea culori. Împărţim funcţio-

nalitatea culorii în imagine în trei categorii. Astfel, culoarea poate avea o funcţie *denotativă*, una *decorativă* şi una *conotativă* sau *psihologic-inductivă*. În cadrul funcţiei *denotative* culoarea satisface dezideratul fidelităţii imaginii faţă de natură: alături de formă înţelegem prin ea despre ce obiect este vorba în imagine (foc, zăpadă, apă etc.). În cadrul funcţiei *decorative* culoarea contribuie la aspectul estetic general dorit de artist, vezi compoziţia cromatică, îndeobşte sub imperativul armoniei (există şi voite dizarmonii!). În cadrul funcţiei *conotative* sau *psihologic-inductive* culorii îi este atribuit un rol de primă importanţă, căci ea articulează, în fond, intenţiile şi comentariile personale ale artistului; ea produce senzaţii intense de culoare care *pătrund*, dese ori cu vehemenţă, în psihicul privitorului (de aceea am numit funcţia *inductivă*). Într-un asemenea caz se vorbeşte şi despre efecte de culoare. Culorile funcţionând conotativ/psihologic-inductiv stau cu cea mai mare evidenţă sub semnul *libertăţii*. Este *libertatea totală a artistului* de a da imaginii prin asemenea articulaţii cromatice direcţia emoţională dorită, şi totodată *libertatea totală a privitorului* de a înţelege şi mai ales a simţi prin aceste efecte ceea ce el, personal, doreşte, cu alte cuvinte să meargă independent către *conotaţiile* şi chiar către meta-forele ce i le inspiră culoarea. Amintim că libertatea privitorului în percepţia culorii se datorează în principal indeterminabilităţii corela-tului informaţional şi raţional al unei culori, a aşa numitelor *qualii*, în sfârşit datorită faptului că nici o culoare nu transmite un *semnificat*, deci nu are o *semnificaţie* proprie, unanim acceptată – motive expuse deja în acest text. Este de netăgăduit că funcţia *conotativă* sau *psihologic-inductivă* a culorii în imagine este cea mai înaltă şi fertilă funcţie a ei. Din aceste motive vom da exemple din pictură referindu-ne precumpănitor tocmai la această a treia funcţie a culorii. Însă mai întâi doresc să subliniez că cele trei funcţii ale culorii în imagine nu trebuiesc înţelese ca fiind independente una de alta, şi cu atât mai puţin izolate spaţial: aici o zonă de culoare denotativă, alături alta cu funcţie decorativă şi colo culoarea de efect. Mult mai curând una şi aceiaşi zonă de culoare poate îndeplini două sau, câteodată, poate chiar cele trei funcţii deodată. În acest context remarcăm că atât culorile care funcţionează *denotativ*, cât şi cele care funcţionează *conotativ* înde-plinesc deopotrivă şi o funcţie *decorativă*, căci ele ascută mereu de concepţia cromatică a artistului pentru întreaga imagine (fie în sensul armoniei, fie în cel al voitei disarmonii). Nu mai puţin adevărat este faptul că uneori o zonă cromatică având o funcţie conotativă/psiho-logic-inductivă (efect!) poate elimina funcţia denotativă şi ocupa locul acesteia (de ex. obrazul unui personaj pictat în albastru sau cerul roşu opac). Toate permutările şi toate schimbările centrilor de greuta-te/importanţă între cele trei funcţii sunt posibile – fiinţa artei e logodită pe vecie cu libertatea! Şi acum promisele exemple.

În spiritul celor trei feluri de funcţionalitate a culorii în imagine, postulate mai sus, am ales doar opere în care *în mod vizibil* cromatica nu este supusă *în exclusivitate* funcţiei denotative (fidelitatea faţă de natură), ci contribuie în mod *activ* şi *foarte personal* (prin elemente inedite/surprinzătoare şi efect!) la funcţia decorativă, ba chiar tinde să exercite o funcţie conotativă sau psihologic-inductivă, cum o mai numim. Altfel spus: imagini în care culoarea „vorbeşte" mai mult decât se poate aştepta. Cum se vede, criteriul însăşi este subiectiv, deci asemenea şi alegerea făcută; că aceasta din urmă nu este exhaustivă se înţelege de la sine.

CULOARE ÎN PICTURĂ

După o „călătorie" destul de lungă prin tezaurul universal al ima-ginilor – începută cu arta rupestră preistorică şi continuată cu pictura egipteană, etruscă, greacă, bizantină etc. – ne surprinde din punct de vederc al culorii mai întâi aşa-zisul *duecento* italian. În acest secol (XIII) se formează în bazinul mediteran o nouă sensibilitate artistică animată de cultul foarte răspândit pentru Sfântul Francisc din Assisi dar şi de dorinţa de a se reîntoarce la măreţia imperială romană de mult apusă. Operele produse în acest timp se caracterizează printr-o tendinţă expresionistă şi dramatică. Mai cu seamă la şcoala de la Siena se cultivă *„eleganţa liniilor, acordul rafinat al culorilor, emoţia poetică şi zborul imaginaţiei"* cum spune cercetătorul André Chastel. Deşi îndeplinind încă doar funcţii decorative, culorile unora dintre aceste lucrări se caracterizează printr-o vibraţie şi frumuseţe deosebită. Numim din şcoala seieneză *Naşterea Sfântului Ioan Botezătorul* (ca. 1270-80) de la pinacoteca din Siena, dar, în aceeaşi ordine de idei, putem merge şi mai departe în *trecento-ul florentin* amintind-ul pe Giotto di Bondone cu detaliul de frescă *Sfântul Francisc dându-şi mantia săracului* (ca. 1300) şi, în *trecento-ul sienez*, evocând lucrările lui Duccio di Buoninsegna *Închinarea magilor* (ca.1302-11) şi *Sfintele Marii la mormânt* (ca.1308-11) aflate la Muzeul catedralei din Siena. Ajungând la *quattrocento-ul florentin* constatăm că acordurile şi tonurile culorilor sunt şi mai rafinate, deşi rămân la funcţionalitatea lor decorativă. De ne uitat sunt lucrările lui Giovanni da Fiesole numit şi „Fra Angelico": *Bunavestire* (ca. 1437) frescă la mânăstirea San Marco din Florenţa, un detaliu numit *Încoronarea fecioarei Maria* (1430-40) aflat la Muzeul Luvru sau foarte curajoasa cromatică din *Scene din viaţa lui Cristos, Bunavestire* (după 1450) de la mânăstirea San Marco din Florenţa. Cred că se poate spune cu îndreptăţire că tot *quattrocento-ul*, atât cel florentin, cât şi cel din Umbria, Padova sau Veneţia, excelează prin mari „colorişti" cu o deosebită dragoste pentru culoare şi ştiinţă de a o mânui. Numim, alături de cei deja evocaţi, doar câţiva: Masaccio, Ucello, Piero della Francesca, Botticelli etc. Continuînd „călătoria" noastră prin lumea frumuseţii culorilor, îl întâlnim în *cinquecento-ul* italian pe marele Michelangelo Buonarroti. Ne minunăm de toată opera sa şi, din punctul de vedere strict al culorilor, mai cu seamă de *Sfânta familie* (1503) în posesia Muzeului Uffizi din Florenţa şi de *Iudita*, făcând parte din celebra frescă din Capela Sixtină (1508-12) de la Vatican. Admirăm şi culorile deosebit de tari şi acurate din lucrarea lui Giorgio Barbarelli, zis „Giorgione", *Cei trei filosofi*, ce se găseşte la Kunsthistorisches Museum din Viena. De asemeni ne delectăm cu culorile impresionante, devenite simbolice(!), din lucrarea lui Jacopo Robusti, zis „Tintoretto" (1518-1594), *Cristos mergând pe apă*, de la National Gallery of Art, Washington.

Cu siguranţă influenţată de spiritul Renaşterii, care se răspândea atunci în întrega Europă, dar şi sub influenţa „lecţiei italiene", pictura din restul Europei parcă sa trezeşte din dogma medievală şi se avântă spre rafinament şi chiar spre noi forme de expresie. Un tânăr artist grec, Domenikos Theodokopoulos, după ce a părăsit insula lui de baştină, Creta, şi a zăbovit la Veneţia şi Roma, a ajuns până la urmă în Spania, la Toledo, unde sub numele de El Greco a făcut o carieră fabuloasă. Prin talentul său deosebit şi cunoştinţele sale a contribuit hotărâtor la evoluţia picturii spaniole, aducând tocmai acea „trezire" amintită. Din punctul de vedere al culorii, *Fecioara Maria*, detaliu din lucrarea

Sfânta familie, aflată la spitalul Tavera din Toledo, este atât o capodoperă, cât şi un „unicum" şi un „novum". Izbitor şi fascinant este cum culoarea roz a mantiei – tocmai rozul, atât de riscant în pictură! – se prelungeşte într-o nuanţă mult mai deschisă pe obrazul personajului! În acelaşi spirit amintim şi tabloul *Vedere din Toledo pe timp de furtună* (1608) păstrat la Metropolitan Museum din New York, unde doar două culori, verde şi albastru închis, devin mijlocul principal de expresie, preluând aproape toate funcţiile volumelor, liniilor şi chiar a luminii. Cerul este realizat în acestă lucrare cu libertatea şi ne-convenţionalismul pe care o au doar acuarelele secolului XX!

Este indicat să facem o mică pauză în „călătoria" noastră pentru a sublinia că până la această dată nici filosofia şi nici fizica nu spusese încă vreun cuvânt mai profund despre culori. Când El Greco a pictat ultimul tablou ce l-am evocat, în 1608, Descartes avea doar 14 ani, iar Isaac Newton nu era încă născut! Cât de mult ştiau deja pictorii despre culori, despre tehnicile de a le prepara, posibilităţile de a le amesteca şi, mai ales, de a le armoniza!

Suntem deja în secolul XVII şi îl întâlnim, tot în Spania, pe Francisco de Zurbarán care pe lângă ale sale celebre „naturi moarte" cu un colorit extraordinar de viu, cum este *Lămâi, portocale şi trandafir* (1633), crează un tablou unic: *Sfânta Casilda* (1638-43) expus la Muzeul Prado din Madrid. Această lucrare este uluitoare din punct de vedere cromatic: o îmbinare deosebită între violet, albastru, roşu şi ocru! Cum am amintit, emanciparea în general şi cea cromatică în special, se face văzută în toată Europa: În Olanda prin Jan Vermeer van Delft, dintre lucrările căruia numim *Fata cu turban* (1665 ?); în Franţa îl întâlnim pe Georges de la Tour care, e drept, este în prim rând un mestru încă neîntrecut al luminii, însă redă magistral relaţia culorii cu lumina, cum de exemplu în *Magdalena veghind*, sau în *Sfântul Iosif dulgher* – toate la Luvru în Paris. În sfârşit în următorul secol, al XVIII-lea, nu putem să-l omitem în ce priveşte coloritul pe Giambattista Tiepolo şi evocăm cu mare plăcere *Triumful lui Zefir şi al Florei*.

În spiritul opticii şi criteriilor de selecţie alese de noi – emanciparea culorii – secolul XIX aduce cu sine un adevărat şoc (pozitiv!), un „cutremur" în estetica imaginii. Trecem peste multiplele şi complexele cauze ale ivirii acestei înnoiri – ar lungi insuportabil expunerea! Semnalăm doar că aceste cauze trebuiesc căutate în marile prefaceri şi înnoiri ale secolului în general, începând cu cele politice, sociale, ştiinţifice şi tehnice şi sfârşind cu cele culturale. În ordine cronologică îl numim mai întâi pe artistul german Caspar David Friedrich. El este probabil primul care, în tablourile sale care sunt mai curând viziuni, acordă culorii rolul principal, conferindu-i chiar funcţia numită de noi *conotativă* sau *psihologic-inductivă*. Culorile la Friedrich sunt ireale, accentuat penetrante, obligându-ne să vedem totul printr-un filtru atât cromatic, cât şi, mai ales, subiectiv. Absolut inedite în istoria artei de până acum sunt pânzele *Curcubeu deasupra unui peisaj muntos*, cel numit *Lumina dimineţii* (1808), ambele la Folkwang Museum Essen şi *Pereche contemplând Luna* (1819). Dar adevăratul şoc şi impuls incontestabil pentru arta modernă ce imediat va urma este opera englezului William Turner, considerat încă din copilărie a fi un geniu (a fost admis la cursurile Academiei Regale la vârsta de 14 ani!). El şi-a început cariera pictând acuarele, ceea ce a influenţat foarte tare lucrările întregii sale vieţi. Într-adevăr în pânzele lui cele mai cunoscute, de exemplu *Castelul de la Norham la răsăritul soarelui* (după 1830) şi *Lumină şi culori* (1843), ambele în posesia celebrei Tate Gallery din Londra, culoarea nu numai că are funcţia principală în imagine, ci înlocuieşte toate celelalte mijloacele tehnice (linia, volumul etc). Ca în acuarelele de cea mai bună calitate, culoarea la Turner se prelinge din una în alta, „vorbind" în ansamblul tabloului despre o lume de dincolo de el, perceptibilă însă doar prin senzaţii cromatice. Acest stil şi aspect hieratic al imaginii l-a determinat pe mai bătrânul şi mai tradiţionalistul coleg al pictorului, John Constable, să spună că Turner pictează „cu abur colorat" – ceea ce este exact, însă în cel mai bun sens al cuvântului! Mai amintim lucrările *„Temerarul" remorcat după ultimul său drum* (1838), la National Gallery Londra, *La piazzetta* (1839-40) şi *Funeraliile maritime ale pictorului David Wilkie* (1842), ultimele două la Tate Gallery, Londra. Toate pânzele evocate abia dacă prezintă obiectele ca atare, mulţumindu-se să redea doar prin culoare *impresia* existenţei lor. După părerea mea Turner a pregătit, da, chiar a influenţat şi a legitimat(!), apariţia *Impresionismului*, ce avea să se ivească în Franţa la numai 23 de ani după moartea englezului survenită în anul 1851; dar şi pictura abstractă, apărută ceva mai târziu, îşi poate găsi confirmarea sau rădăcinile tot în opera lui Turner.

Câțiva artiști francezi care refuzau să urmeze principiile academic-conservative privind pictura au constituit în anul 1874 „Societatea anonimă a artiștilor pictori, sculptori și gravori" și au organizat în atelierul fotografului Gaspard-Félix Tourmachon (pseudonim „Nadar") o expoziție ce a fost din păcate foarte criticată. Printre lucrările celor 39 de artiști se afla și o pânză, astăzi celebră, a lui Claude Monet intitulată *Impresie, răsărit de soare* (1872), acum în posesia Muzeului Marmottan din Paris. Trebuie spus că Monet a locuit o vreme în Anglia unde a cunoscut arta lui Turner (tabloul despre care vorbim ar fi putut foarte ușor să fi fost pictat de Turner – atât de mare este asemănarea!). Un critic răutăcios, inspirat de titlul acestui tablou, a numit grupul de artiști „Impresioniști". Impresionismul a rămas pe vecie în istorie, susținut și „înnobilat" de numele și operele primilor organizatori ai expoziției, cum sunt Monet, Renoir, Pissaro, Cézanne și Degas, dar și de cele ale premergătorilor lor, Manet, Boudin și olandezul Jongkind, în vreme ce numele criticului (Louis Leroy) s-a pierdut în negura vremurilor – ce bine! Se poate spune că expoziția din atelierul lui Nadar în 1874 este actul de naștere al picturii moderne. Tema centrală a impresionismului fiind lumina, și culoarea doar ca o consecință a acesteia, nu amintim mai multe pânze aparținând curentului – cu toate că majoritatea lor au un colorit liber și de o vibrație extraordinară!

Cum se știe, după „momentul Nadar-1874", care a fost repetat anual încă de șapte ori, a început în lumea artelor plastice o succesiune alertă de curente, „școli", grupări, care, odată cu începutul secolului XX, a căpătat o și mai mare diversificare și amplitudine, devenind vizibilă în toate – absolut în toate! – artele. Este o epocă deosebit de fertilă, uneori vădit experimentalistă, în care se căutau preponderent mijloace de expresie și tehnici noi. Deși punctul culminant în ce privește emanciparea picturii față de toate legile ei a fost atins încă în 1910, când Kandinski a realizat prima acuarelă abstractă, non-figurativă, fervoarea căutărilor nu a încetat, părăsind mai târziu chiar și domeniul imaginii așezate pe un suport plan (tablou) și abordând prezentarea de obiecte ca atare (Marcel Duchamp cu primul *ready made*, 1917), happening-uri, instalații ș.a.m.d., practicate încă astăzi. Păstrând criteriul nostru de selecție, culoarea ca element din ce în ce mai important în expresia imaginii, vom da pentru această epocă doar câteva exemple, căci de la impresionism încoace „oferta" artei este într-adevăr imensă.

Îl remarcăm pe Vincent Van Gogh *Autoportret cu urechea tăiată* (1889) şi *Lan de grâu cu corbi* (1890). De asemeni pe Paul Gauguin cu lucrările sale *...şi aurul trupului lor* (1901) de la Luvru, *Călăreţi pe plajă* (1902), Folkwang Museum Essen şi neapărat lucrarea intitulată *Fatata Te Miti* (1892) aflată la Washington D.C., National Gallery of Art. Aşa numitul curent *Fauvism* excelează prin intensitatea coloriturilor: Maurice de Vlaminck cu *Portretul lui André Derain* (1905), Henri Matisse cu *Portretul D-nei Matisse*, numit şi „Portret cu dungă verde" (1905) şi celebrul său *Nud roz* (1935), Museum of Art, Baltimore, sau acuarela lui Raul Dufy *Omagiu lui Mozart* (1915) sunt doar câteva exemple. Deoarece cronologia este foarte greu de respectat pentru acest timp, ne permitem să ne reîntoarcem la cumpăna secolelor şi să amintim expresionismul, evocându-l neapărat cel puţin pe norvegianul Edvard Munch cu tulburătorul său tablou *Nelinişte* (1894). Şi genialul Pablo Picasso în perioada sa „cubistă" trebuie amintit cu binecunoscuta capodoperă *Domnişoarele din Avignon* (1907), la Museum of Modern Art, New York. Din gruparea artiştilor numită „Blaue Reiter" trebuie pomenit tabloul *Calul albastru* (1911) şi *Mielul albastru* (1913) ale lui Franz Marc. Ajungem în sfârşit la pictura abstractă din care nu vom da nici un exemplu de lucrare, căci aceast fel de a picta se bazează aproape mereu pe culoare. În pictura abstractă culoarea „vorbeşte" în mod preponderent, iar când ea „strigă" nu poate rămâne ne auzită! Fără culoare nu ar rezista estetic nici o lucrare a lui Kandinski, Klee, Miró, Mondrian şi a atâtor altora „abstracţi". Funcţia culorii în pictura abstractă, non-figurativă, este vădit cea *conotativă* (să spunem psihologic-conotativă) sau, cum am mai numit-o, *psihologic-inductivă*. Pictura abstractă înseamnă, în fond, *culoare şi formă* – culoarea formei sau forma culorii, cum vreţi! – atât, şi nimic mai mult! Dar acest „atât" înseamnă foarte mult! ...el înseamnă *libertatea totală a privitorului...* el înseamnă, poate, tot atât de mult cât muzica! Nu rare ori s-a spus că pictura abstractă este muzică în culoare şi formă! Eu adaug: o muzică fără Timp! S-ar putea spune că muzica este pictură abstractă în timp, iar pictura abstractă este muzică în spaţiu. Una şi aceeaşi Zeiţă a libertăţii în artă acţionează ba în timp, ba în spaţiu. Atât de înrudite sunt muzica şi pictura abstractă!

E drept, enumerarea mea pe criterii *sui generis* a ieşit ceva mai lungă decât aş fi dorit, totodată am senzaţia de culpă că ea ar fi, pentru cititori mai exigenţi şi competenţi, prea scurtă; la urma urmei am numit numai 39 de lucrări pentru a exemplifica evoluţia şi emanciparea culorii în arta imaginii petrecută în cel puţin 800 de ani. Să-mi fie scuzată atât lungimea, cât şi scurtarea sau omisiunile expunerii.

Sugerez cititorului să aleagă la întâmplare unul sau două dintre tablourile evocate, sau din cele probabil mai multe zeci sau sute omise de mine, şi să încerce să şi-le imagineze fără culori. Dacă experimentul reuşeşte, cititorul îşi va da seama cel mai bine ce dar preţios este culoarea, ce „sărace" ar fi aceste tablouri în monocromism şi cât de „sărăcit" ar fi şi el, privindu-le astfel. Toate imaginile evocate, şi încă multe altele făcute de artişti minunaţi, sunt adevărate *„lecţii de culoare"*, *„lecţii de emoţie"* şi, atunci când funcţia conotativă a culorii este activată, ele devin adevărate *„lecţii de independenţă spirituală"*!

CULOARE ÎN FILM

În arta filmului imaginea este într-o mult mai mare măsură decât în pictură „jurată" realităţii pe care o are de înfăţişat. Este evident că imaginea în film conferă culorii, în marea majoritate a cazurilor, doar funcţia *denotativă*, cu toate că un bun operator se îngrijeşte mereu şi de funcţia *decorativă* a culorii, deci de un aspect estetic anume, vezi compoziţie cromatică a cadrului. Foarte rare sunt excepţiile în care culoarea în imaginea de film capătă o funcţie *conotativă*, caracterizând ansamblul estetic printr-un cromatism uneori „ireal", penetrant, devenit agent psihologic de prim ordin, cum se întâmplă atât de des în pictura modernă. Totuşi mărturisesc faptul că am primit tocmai din partea filmului două „lecţii de culoare" din cele mai importante în viaţa mea. Este vorba de epocalul film *Andrei Rubliov* realizat de regizorul rus Andrei Tarkovski. Prima dintre aceste lecţii, pentru mine fundamentale, o voi explica mai jos, în vreme ce pe cea de-a doua o voi descrie în capitolul următor.

În fond, filmul lui Tarkovski povesteşte mai puţin despre viaţa şi lucrul marelui pictor rus de icoane Andrei Rubliov (1366?-1430), ci este mai curând o amplă descriere a vieţii poporului rus din acele vremuri, da, este un omagiu de o vibranţă şi tristeţe uluitoare adus suferinţelor, umilinţelor şi spaimelor îndurate de oamenii simpli, dar şi puterii lor de a îndura, susţinuţi fiind mereu de credinţa în Dumnezeu. Filmul începe cu un simbol: o ceată de ţărani încearcă să zboare cu un soi de balon extrem de primitiv. Încercarea reuşeşte. Euforia este nemărginită: „Zbor!", „Zbor!" – strigă printre râsete cel ce a reuşit *să se ridice deasupra* gliei unde doar se suferă. Dar după foarte scurt timp balonul se prăbuşeşte şi entuziasmul dispare. Mai multe secvenţe în acest film vorbesc despre încercări care nu reuşesc. Se pare că nereuşita este pentru acest popor o simptomatică generală! ...probabil chiar până astăzi! Nu poate fi omis că în film foarte multe personaje se împiedică şi cad, atunci când merg prin zăpadă sau noroi. Doar zugravului de icoane şi unui preot înţelept nu li se întâmplă asta!... Desigur nici celor „de sus", care dealtfel apar foarte sporadic – teroarea este „surdă", nevăzută; în faţa inventatorilor şi agenţilor ei este permisă doar îngenunchierea plină de umilinţă. Timp de trei ore vedem acest infern al nereuşitei, al durerii, al mizeriei, al speranţelor înnăbuşite, lumea „baloanelor" care sunt prăbuşite chiar înainte de a se fi ridicat. Invaziile brutale ale tătarilor (cum îi numeau ruşii pe mongoli), care încă din timpul lui Ginghis Kan, pe la anul 1200, nu au dat o secundă de linişte şi încredere în viitor, câteodată în sinistră alianţă chiar cu ruşi, fii ai întunericului, trădători de neam şi de credinţă, constituie tezaurul inepuizabil de artocităţi al acestui film. De-a dreptul zguduitoare este secvenţa în care tătarii cotropesc o cetăţuie violând femei, omorând copii, vite şi bărbaţi, pe când enoriaşii refugiaţi în biserică îl imploră în cor pe Dumnezeu: „Doamne ajută! Doamne miluieşte!" Cum s-a remarcat, privitorul trebuie să aibe nervi tari la vizionarea acestui film! Foc, animale arzând de vii, schingiuiri, sânge, lacrimi, noroi şi o ploaie parcă interminabilă completează groaznicul decor. Personajele se târesc, la propriu şi la figurat, prin glodul fără de milă al existenţei lor. Totul este intercalat cu lungi discuţii ale pictorului cu un preot sau cu ucenici de-ai săi, în care el întreabă şi se întreabă: Unde este dreptatea? Unde este iubirea de oameni? Unde este mila? Unde este frumosul? Unde este creştinătatea? Nu vine nici un răspuns. Tarkovski şi genialul său operator, Vadim Jussov, vor da răspunsul abia la sfârşitul filmului.

Totul este filmat în alb-negru – dar ce spun *alb*-negru! – este *gri*-negru! Albul pur, curat, abia dacă apare în film. Aproape pot spune că şi în zi este întuneric în filmul *Andrei Rubliov*. Mai ales secvenţele cu discuţii se petrec la lumină de lumânare sau într-un con foarte îngust de lumină venită din afară. Pe alocuri, feţele celor ce vorbesc dispar din lumină, cufundându-se câteva secunde în întuneric (se aude doar vocea), pentru a reapărea în alt loc în cadru, ceea ce sporeşte impresia de taină şi profunzime a meditaţiei. Abia în ultimele 8 minute ale filmului camera „vede" o grămadă de butuci carbonizaţi. Ea insistă aspupra acestei imagini. Încet, aproape imperceptibil, se petrece o adevărată minune: imaginea se colorează, butucii de cărbune fac loc unui detaliu dintr-o icoană a lui Rubliov. Apoi, prin supraimpresiune, apare un alt detaliu, încă un altul şi aşa mai departe, timp de opt minute. Pe ecran are loc o fascinantă paradă de culori, una mai frumoasă decât alta, mereu numai detalii din icoane şi, abia spre sfârşit, apar obrazurile câtorva sfinţi cu o penetrantă expresie dojenitoare şi tristă. Doar ultimul cadru al filmului arată o imagine întreagă şi vie: câţiva cai păscând liniştiţi pe o insulă mică a unui râu. Culorile sunt pastelate şi puţin şterse de o ploaie aversă (ca atât de des în film!). Se aud trăznete şi tunete. Furtună… Filmul se sfârşeşte aici, dar durerea conţinutului său, nu… nu se sfârşeşte… Se pare că cineva, cândva – poate chiar în Rusia, sau altundeva –, va mai face un film asemănător, însă cu un alt titlu decât „*Andrei Rubliov*" …un alt titlu…

Tulburătorul răspuns dat de Tarkovski la întrebările lui Rubliov este: Acolo, *în culoare şi credinţă*, poţi găsi Dreptatea, Iubirea de oameni, Mila, Frumosul şi Creştinătatea. Căci numai acolo, în culoare şi credinţă, eşti tu – tu însuşi! – cu tot ce e mai bun şi adevărat în tine. Este foarte mult în această frază! Este umanitatea însăşi! Eu adaug: de găseşti în *credinţele tale toate* (cum vom vedea în capitolul următor), în *culori* şi în *muzică* Dreptatea, Iubirea de oameni, Mila şi Frumosul, vei fi găsit atunci *umanitatea ta cea adevărată, cea genuină*, şi nu vreuna condiţionată doar de raţiune, învăţată, sau – vai! – impusă de vreo lege statală!

Trebuie să mărturisesc: În pofida faptului că acum aproape 40 de ani am văzut acest film de cel puţin două ori, acum, la re-vizionare, am fost atât de impresionat, chiar covârşit la apariţa culorilor, încât am plâns! Am plâns *pentru şi în faţa culorilor!* Acest lucru mi s-a întâmplat pentru prima dată în viaţă. Tot ce se poate că reacţia mea a fost atât de puternică datorită faptului că prin pregătirea şi scrierea acestui eseu am fost sensibilizat pentru culori. De asemeni un motiv poate fi că cele trei ore de abstinenţă cromatică de dinainte au mărit efectul culorilor fascinante ce au urmat. Posibil. Însă sigur este că minunatele culori mi-au „spus" exact ceea ce a vrut Tarkovski să spună şi încă mult mai mult... Aceasta este prima „lecţie de culoare", o lecţie despre însemnătatea şi eficienţa culorii, pe care am învăţat-o de la filmul marelui regizor.

Cred că două au fost motivele regizorului rus de a trece în filmul său atât de impresionant de la alb-negru la culoare. Primul este de natură filosofică şi teologică: Situaţia dramatică, demnă de deplâns, în care poporul rus de atunci se găsea este greu de imaginat a fi fost filmată în culori tocmai pentru că ea este sumbră, neagră, fără de ieşire. Tarkovski, el însuşi fiind foarte religios, a ales ca mântuire *icoana* – simbol al credinţei în Dumnezeu – cu toată puterea ei de fascinaţie şi atracţie, cu toată liniştea şi consolarea pe care o poate da speranţa în mai bine. Al doilea motiv al regizorului – motiv care în nici un caz nu îl exclude pe primul – este unul de natură estetică: În spiritul tendinţei (amintite mai sus în acest capitol) de a sublima, de „a pune frâu" imaginii artistice pentru a dobândi o esenţializare a ei, cu alte cuvinte a renunţa la tot ce poate însemna „balast" care ar distrage atenţia privitorului de la ideea centrală, nu în ultimul rând prin mărirea exagerată a elementelor oferite percepţiei, Tarkovski a făcut cea mai mare parte a filmului în alb-negru. Soluţia e sobră, „artistică" şi foarte eficientă. Introducând la sfârşit culoarea, el a deschis de-o dată privitorului un câmp al libertăţii emoţional-semantice, un câmp al personalizării percepţiei, ceea ce nu înseamnă altceva decât o „mântuire", o eliberare şi un plus de viaţă cu esenţa şi vibraţia ei.

Am arătat în acest capitol ce întreprinde fiinţa umană cu culoarea-dar-deosebit primit din partea naturii, altfel spus: cum foloseşte ea aptitudinea minunată de a „vedea" culori în anodinele unde electromagnetice? De la neglijare totală a culorii până la extaz în faţa ei!

Consacrăm acum ultimul capitol al eseului întrebării: Care sunt semnificaţiile filosofice profunde ale relaţiei Fiinţă-Culoare?

*

ANTAGONISMUL LOGOS-MITHOS ŞI ŞANSA FIINŢEI UMANE ÎN CULOARE ŞI MUZICĂ

LOGOS ŞI MITHOS - DEFINIŢIE ŞI CONŢINUT

Toate gândurile, convingerile, faptele şi stările emoţionale ale fiinţei umane pot fi împărţite în două sfere: cea a *Logosului* şi cea a *Mithosului*. Prin gândurile, convingerile, faptele şi stările emoţionale pe care le trăieşte, fiinţa umană se apropie sau se îndepărtează de una dintre cele două sfere posibile – Logosul sau Mithosul. În viaţa ei, fiinţa umană este chiar într-o permanentă pendulare şi, dese ori, chiar într-o stare de tensiune, între cele două sfere. Una şi aceeaşi fiinţă se poate înscrie de nenumărate ori ba într-o sferă, ba în cealaltă; în vreme ce unul şi acelaşi gând, una şi aceeaşi convingere, faptă sau trăire emoţională nu poate aparţine ambelor sfere, nici pe rând şi cu atât mai puţin de-odată, ci doar uneia dintre ele. Un gând, o convingere, o faptă şi chiar o emoţie poate purta ori „marca" Logosului, ori pe cea a Mithosului. Cu necesitate însă una dintre cele două.

Mai întâi este necesar să definim ce înseamnă Logos şi Mithos în accepţiunea noastră de aici şi să stabilim criteriile alese pentru înscrierea vreunui „element" (gând, convingere, faptă sau stare emoţională a subiectului) în sfera unuia sau altuia.

Pentru *Logos* vom face o *reducere* drastică a tuturor semnificaţiilor ce au fost atribuite de filosofie acestui concept extrem de prolific de-a lungul miilor de ani[77]. În economia ideilor din acest text,

---

[77] Cuvântul grecesc λόγος (logos), tematizat pentru prima dată de Heraclit, îşi are originea în indo-europeanul *leg-*, *lego-*, care însemna *a aduna*, *a culege, a alege*. În civilizaţia antică greacă *logos* a primit extrem de multe semnificaţii; amintim că, de ex. Platon, în cel puţin 7 din dialogurile sale analizează temeinic *diferite* semnificaţii ale termenului *logos*. Semnificaţiile centrale în greacă sunt: *cuvinte, cuvântare, relatare, raţiune* şi *explicaţie*. Este mai mult decât clar că „*Logica*" şi deci şi toate cuvintele ce se sfârşesc cu „*logie*" (psiho*logie*, geo*logie* etc. etc) îşi au originea în *logos*. Ca şi limba greacă, latina preia cuvântul *leg-*, *lego-* direct din indo-europeană. El devine *legō* cu aceleaşi semnificaţii ca în indo-europeană şi greacă, însă pe lângă *a alege* şi *a culege* înseamnă şi *a citi* (nu este lectura *a culege* şi *a alege* litere şi cuvinte în mod *raţional*?). Abia pe această bază se iveşte în latină o adevărată cascadă de termeni şi semnificaţii. Numim câteva: *col-lĭgo* devine *col-lectio* şi

Logos va însemna în primul rând *raţiune*. În consecinţă tot ceea ce fiinţa umană poate *explica pe baza raţiunii*, chiar dacă un subiect sau altul nu înţelege explicaţia, însă o acceptă ca fiind unanim valabilă şi întemeiată pe raţiune (cum ar fi de exemplu teoria cuantelor a lui Planck pentru un neprofesionist), face parte din *sfera Logosului*. Se vede că pentru fiinţă *Logosul este un element obligativ* – că unul vrea sau nu, că înţelege sau nu de ce, apa fierbe mereu la 100 de grade! Tot ce aparţine sferei Logosului îi arată fiinţei *cum este lumea*, indiferent dacă fiinţei îi place sau nu ceea ce află. Afirmaţia originară a lui Heraclit, potrivit căreia întreaga lume, întregul univers, are ca lege fundamentală *Logos*-ul – înţeles ca *raţiune* – s-a confirmat de atunci neîntrerupt şi se confirmă şi azi, zi de zi, pe măsură ce cunoaşterea lumii se lărgeşte şi aprofundează. Heraclit vorbea chiar de „Raţinuea Lumii"!

Pentru *Mithos* vom proceda invers: vom face o *extindere* – poate la prima vedere neobişnuită! – a semnificaţiilor termenului. În economia ideilor din acest text, Mithos va însemna în primul rând *ceea ce nu aparţine raţiunii*. În consecinţă, tot ceea ce fiinţa umană nu *poate* sau chiar nu *vrea să explice pe baza raţiunii* va fi, în viziunea noastră, înscris în *sfera Mithosului*. În cazul în care fiinţa *nu poate* explica prin raţiune ceea ce percepe în lume, sau chiar vreun gând, vreo convingere, faptă sau stare emoţională a ei, Mithosul devine un *înlocuitor* al Logosului – aşa a fost, mai cu seamă şi foarte evident, în timpurile în care Logosul (raţiunea) nu era în stare să explice mai nimic. În celălalt caz, în care fiinţa *nu vrea* să recurgă la o explicaţie raţională cu privire la ceea ce ea află din lumea din afară, dar mai ales atunci când ea refuză o explicaţie raţională a propriilor sale gânduri, convingeri, fapte sau stări emoţionale, Mithosul funcţionează ca un fel de *agent eliberator* al

---

col-lectivus, *ē-lĭgo* (a alege, a selecta) devine *ēlectio* (vezi electorat în politică), *ē-lĕgans* devine *ēlĕgantia*, *sē-lĭgo* devine *sēlectio*, *intel-lĭgo* (a culege, a aduna în spiritul său *înţelegând*) devine *intellectus* şi *intellĭgentia* şi, pentru a nu lungi prea mult (sunt cel puţin 60 de noţiuni!), amintim că *legō* este obârşia cuvântului *lēctiō* (o lecţie este un segment dintr-o materie, ales pentru a fi citit/învăţat. Cine a învăţat mai multe *lecţii* va fi *selectat* – ai carte, ai parte!). Toate aceste cuvinte, şi încă multe altele, au de a face, atât etimologic cât şi logic(!) cu *logos* şi *lego*.

propriului eu, a propriei individualități – ființa evită obligativitatea Logosului, care i-ar cenzura simțirile, faptele și gândurile, golindu-le de fascinația independenței și a autonomiei. Cele mai bune exemple de Mithos sunt *iubirea* și *muzica*; nimeni nu dorește o explicație rațională a stării de a iubi sau a extazului provocat de muzică – o asemenea explicație ar strica totul... dar, slavă Domnului, ea este imposibilă! Adânc ascuns în ființa Mithosului este verbul *a dori*, iar meșterul care clădește – fie chiar din nisip sau vânt – frumoasele sale castele, se cheamă *„eu"*, *eul* uman! Doar ființa umană este cea care poate naște Mithosul, iar acesta este mereu expresia dorinței ei. În ce privește prezenta extindere a semnificațiilor termenului Mithos, doresc să subliniez că ea nu este o simplă fantezie – ea are unele temeiuri[78].

Este absolut necesar să se țină seama de faptul că atunci când *atribuim* un gând, o convingere, o faptă sau o stare emoțională uneia dintre cele două sfere – a Logosului sau a Mithosului – nu ne gândim nici o clipă că acestea *ar fi* chiar Logos sau Mithos, ci doar că ele sunt guvernate, „marcate", de unul dintre cele două principii.

Sfera Logosului cuprinde fără îndoială tot ceea ce ne învață *științele*, dar și tot ce învățăm din *experiență proprie*, sau *experiență*

---

[78] Cuvântul grecesc **μύθος** (mythos) înseamnă în accepțiunea sa curentă *poveste*, de obicei fabuloasă sau/și cu caracter sacru; nu departe de basm! Dacă termenul ar însemna numai atât, nu am fi procedat la extinderea de sensuri, ca mai sus. Dar cuvântul înseamnă și *idealizare a unui eveniment* sau personaj și *speranță/dorință irealizabilă*. Mai mult: În al său *Dictionnaire étymologique de la langue grecque* (ed. Kincksieck, Paris, 1999), Pierre Chantraine evocă unele derivate ale lui „mythos", pentru noi foarte interesante. De ex. **ακριτόμυθος** (akritomythos) = *dificil de interpretat*, **παρα-μυθέομαι** (paramytheomai) = a *încuraja*, a *încredința* și a *consola*, de unde vine și cuvântul **παραμυθια** (paramythia) care înseamnă *consolare, încurajare*. Lipsește așadar numai un singur pas, după părerea mea nu prea speculativ, pentru a „auzi" în străfundurile semantice ale cuvântului „mythos" o consolare, o încredințare încurajatoare întru speranță (chiar dacă irealizabilă!), e drept, dificilă de interpretat, dar extrem de binevenită sufletește. Mai trebuie să amintim că un copil adoarme frumos și liniștit mai ales atunci când i se povestește un basm? Trebuie să mai subliniem adevărul că adulții, dese ori îngenunchiați și obosiți de atâta rațiune, au nevoie și ei de „basmele" lor, de „mythosurile" lor?

comună acceptată, şi funcţionează cu evidenţă pe principiul *cauză-efect*. În această a doua categorie, dealtfel foarte vastă, se înscriu adevăruri, cum de exemplu că dacă cineva comite un act ilegal poate urma o pedeapsă, dacă cineva îşi cheltuie banii fără chibzuinţă va deveni sărac sau dacă cineva nu-şi tratează la timp o boală aceasta poate deveni fatală. Astfel de adevăruri bazate pe experienţă acceptată nu necesită nici o argumentare ştiinţifică. Cum am arătat mai sus, tot ce se înscrie în sfera Logosului este *obligativ* − subiectul nu se poate sustrage dictatului Logosului!

În sfera Mithosului se înscriu gândurile, convingerile, faptele şi stările emoţionale ale fiinţei umane care *nu ţin cont* de „învăţăturile" cenzurante ale Logosului, vezi ale raţiunii, ci se ivesc *exclusiv în subiect* şi, mai ales, sunt modelate, articulate de el, după placul şi aspiraţiile lui. Nici măcar problema cauză-efect nu se pune în acest caz, cu atât mai puţin o explicaţie raţională ar fi avenită sau posibilă. Numim aici mai întâi convingerile *religioase* (îndeobşte întemeiate pe credinţă şi nu pe ştiinţă) şi toate convingerile, gândurile şi faptele fiinţei care sunt imposibil de argumentat logic/raţional, cum sunt *intuiţiile* şi dese ori *fantezia* sau *creativitatea*. Nu în ultimul rând sunt de amintit aici şi *stările emoţionale puternice* faţă de altă fiinţă (iubirea) sau cele în faţa *artei* şi a marilor *spectacole ale naturii* (cum am evocat în capitolul precedent, că în faţa unui peisaj fascinant fiinţa „se opreşte în extazul contemplaţiei − parcă *iese din timpul ei"*). În cadrul stărilor emoţionale puternice în faţa artei numim, ca fiind specifice şi foarte evidente, *muzica* şi *culoarea*, mai ales atunci când aceasta din urmă funcţionează *conotativ*, sau cum am mai spus *psihologic-inductiv*.

Pentru tot ce aparţine sferei Mithosului se potrivesc de minune nemuritoarele cuvinte ale filosofului Blaise Pascal: *Inima are raţiunile ei pe care raţiunea nu le cunoaşte* (*Pensées* Nr.680, după numerotarea Sellier). Este uşor de înţeles că „raţiunea inimii" (*„raison du cœur"* la Pascal) poate fi asimilată conceptului de *qualii* (vezi nota 66) a căror existenţă este ştiinţific constatată, însă ne explicată.

Din tot ce a fost spus în acest capitol până aici este necesar de reţinut: **1)** Sfera *Logosului* aparţine domeniului *spiritului*, acţionează *obligativ*, iar coordonatorii ei principali sunt *raţiunea* şi *înţelegerea*. **2)**

Sfera *Mithosului* aparține domeniului *sufletului*, acționează *eliberator* și *personalizant*, iar izvoarele ei principale sunt *credința* și *emoția*.

TENSIUNE ÎNTRE LOGOS ȘI MITHOS

Între Logos și Mithos există un conflict ontologic de ne rezolvat. Unul îl combate permanent pe celălalt. Ele sunt principii antagonice. Așa cum spune Pascal ele fac în ființa umană un „război intern". Evoluția spiritualității umane a arătat însă că Logosul a câștigat din ce în ce mai mult teren în relație cu Mithosul. Logosul „fură" drepturile Mithosului, diminuându-i drastic câmpurile de desfășurare. Este și normal, căci însăși spiritualitatea umană se sprijină în evoluția ei pe *a cunoaște*, a cunoaște lumea, ceea ce este, așa cum am stipulat chiar în primele rânduri ale acestui text, „blazonul de onoare" a ființei. Vorbind de revoluția (științifică!) coperniciană, care a arătat omului *cum este* lumea *cu adevărat*, detronând irevocabil viziunea lui Ptolemeu, care era o *credință a omului* despre cum *ar fi* lumea, bazată „doar" pe *percepția directă a naturii* (răsăriturile și apusurile soarelui), filosoful Peter Sloterdijk conchide elegant și precis că *„șocul copernician"* este o *revoltă a Logosului împotriva Mithosului* (vezi nota 70). Revoltele Logosului împotriva Mithosului sunt, în fond, revoltele viziunii *micro-* și *macro-scopice*, bazate pe înțelegere și știință, împotriva celei *mezzo-scopice*, bazată pe percepția directă și subiectivizată; sunt revoltele *lumii așa cum este* împotriva *lumii așa cum ne-am dori-o* sau cum o *credem*; sunt revoltele lui *a ști* împotriva lui *a crede*, în sfârșit revoltele *obiectivului* împotriva *subiectivului*. Antagonismul Logos-Mithos produce în ființa umană o tensiune deloc neglijabilă!

Este imposibil de a neglija, și cu atât mai mult de a nega, extraordinarele contribuții ale Logosului (ale sferei raționale) întru dezvoltarea civilizației umane. Nu numai civilizația noastră materială, cu avantajele ei incontestabile în domeniul confortului vieții și al sănătății, este „opera" raționalității (științei), ci chiar și, de exemplu, luarea de hotărâri pe bază rațională procură ființei nu rare ori un plus important de siguranță. Este o datorie etică a ființei umane moderne să dedice neîntrerupt un imn de laudă Logosului! Eu sunt ultimul care s-ar sustrage intonării unui asemenea imn (sper că asta s-a simțit și în partea documentară a prezentului eseu)! Totuși, o anume întrebare nu îmi dă deloc pace...

Nu cumva într-o lume în care raţionalitatea, sfera Logosului, a pătruns până în cele mai mici unghere ale vieţii, cum este cazul lumii noastre de astăzi, sfera Mithosului este mult prea îngustată? Nu cumva *obligativitatea* Logosului, care hotărăşte până chiar şi felul de nutriţie sau de vestimentaţie al „omului modern" (ca să nu vorbim de încă alte zeci de aspecte), înnăbuşeşte peste măsură, amputează şansele bine-făcătoarei *autonomii eliberatoare* ale eului oferite de sfera Mithosului? Nu cumva riscăm în zilele noastre să ne transformăm în automate ascultătoare şi precise a realizării imperativelor Logosului, venite mereu *din afară*, uitând setea eului de a zbura şi a zburda liber în împărăţia Mithosului, care este mereu şi în exclusivitate numai împără-ţia sa, născută *din el însuşi*? În sfârşit, ne întrebăm: este neapărat necesar ca plata pentru un plus de *obiectivitate* să însemne jertfirea *subiectivităţii*?

Din păcate este aşa. Din păcate, cuprinşi fiind de entuziasmul pentru Logos, uităm euforia Mithosului. Din păcate s-a creat o dispro-porţie între sfera Logosului şi cea a Mithosului – o disproporţie primejdioasă şi dureroasă! Amintindu-ne că încă Heraclit spunea că „*Logosul* (raţiunea) *Lumii*" nu poate fi înţeles şi formulat fără „*Logo-sul* (raţiunea) *fiinţei umane*" gânditoare, devine clar că Logosul apar-ţine fiinţei *în aceiaşi măsură* ca şi Mithosul. Spiritul uman se înte-meiază şi articulează pe *ambele sfere*! În această accepţiune am spus că disproporţia de azi între sfera Logosului şi a Mithosului este una primejdioasă şi dureroasă. Putem oare afirma că azi spiritul uman *schioapătă*, sprijinindu-se în mod exagerat doar pe unul dintre cele două fundamente ontologice ale sale? Întrebarea este cardinală şi răspunsul cere o gândire de o profunzime şi amploare care depăşesc cu mult limitele şi tema acestui text. Nu vrem aici să abordăm tema *disproporţiilor simptomatice* ale spiritului epocii noastre.

În ce priveşte o dorită restaurare a echilibrului între sfera Logosului şi cea a Mithosului, subliniez de la început că o eventuală restrângere a sferei Logosului ar fi o idee absolut inacceptabilă – de altfel şi imposibilă! –, care ar readuce civilizaţia noastră spre primi-tivism. Mult mai curând consider a fi necesară o conştientizare, da!, chiar o cultivare a sferei Mithosului în accepţiunea descrisă mai sus. Nu este vorba de a pleda nici măcar pentru luarea de hotărâri „spontane", ne gândite sau analizate – siguranţa pe care o dau hotărârile raţionale este mult prea preţioasă; cu atât mai puţin nu stă în intenţia mea de a vorbi despre o „revoltă a Mithosului împotriva Logosului". Accentul întru re-echilibrare se pune altundeva!

Este foarte adevărat că atunci când fiinţa umană *interpretează* o situaţie sau un aspect din viaţă (fie din domeniul politicii, fie din al artei, fie chiar şi faptele sau convingerile altei fiinţe), aşadar când *emite păreri*, ea hrăneşte, în fond, tocmai necesitatea profundă de perso-nalizare, de subiectivizare a eului. Omul face asta aproape la tot pasul şi cu foarte mare plăcere – el se re-găseşte, se confirmă ca individ prin asemenea acţiuni. Dar, atenţie!: În orice fel de interpretare sau „părere personală" se ascunde Logosul! Totul este dedus şi apoi argumentat prin logică, indiferent dacă demersul este corect sau nu. Este limpede că acest fel de „exerciţii de personalitate", de altfel foarte binefăcătoare, nu poate fi înscris în sfera Mithosului, aşa cum am stabilit accepţiunea ei în prezentul text. Ele sunt doar o pseudo-autonomie eliberatoare a eului, căci au întotdeauna un corelat raţional şi nu se nasc exclusiv în subiect, ci se referă mereu la un obiect (din afară).

REECHILIBRARE PRIN MUZICĂ

Adevăratul, cu siguranţă cel mai important şi evident *agent eliberator* al eului uman, fără a avea vreun corelat raţional, născându-se exclusiv în subiect şi aparţinând doar lumii lui, este muzica. Acum ca. 14 ani m-am ocupat ceva mai intens de fenomenul muzicii în relaţie cu fiinţa umană. Reproduc mai jos câteva concluzii care se potrivesc contextului de faţă[79]: *„Odată ascultată, deci acceptată, muzica* **fuzio-nează** *– aşa cum spunea Schelling – cu sufletul uman, devine totuna cu el. La contactul cu alte arte subiectul poate, cel mult, să se identifice cu lumile ce i se înfăţişează – numai dacă găseşte puncte comune sau paralele cu acestea; aşadar el face, pur şi simplu, o* **ex-cursie** *în ele. În muzică nu e vorba de o* **identificare** *ci, cum am spus, de o* **fuzionare** *a Fiinţei cu lumea primită. Lumea primită prin muzică devine lumea internă a Fiinţei. Nu mai este vorba deci de o* **ex-cursie** *într-o lume din afară, ci de o* **in-cursiune** *a Fiinţei în ea însăşi. Muzica reînfloreşte în*

[79] Vladimir Brânduş, *Eseuri numite de autor şi Panseluţe* în eseul *Dans, muzică şi moarte*, ed. Clusium, Cluj-Napoca, 2006 (p. 174 şi urm.).

*Fiinţă re-dând formă emoţională mişcărilor ei trecute, prezente şi viitoare. Muzica devine astfel forma emoţională a memoriei, a conştiinţei şi a proiectului Fiinţei – deci a trecutului, a prezentului şi a viitorului ei. Muzica, însoţitoare intimă a Fiinţei, îi oferă acesteia o magică oglindă emoţională, ajutând-o să fiinţeze. În manieră heideggeriană, voi formula: Muzica nu în-fiinţează, nici nu des-fiinţează, ci **con-fiinţează** Fiinţa umană"*[80].

---

[80] Acest termen straniu – *con-fiinţare* – este alcătuit de mine şi presupun că necesită unele lămuriri. În cele ce urmează, asemănarea cu Heidegger este numai în planul formal al limbii. Construcţia termenului porneşte de la afirmaţia că *Fiinţa fiinţează* – adică ea există concret, în timpul dintre *în-fiinţarea* (adică ivirea) ei şi *des-fiinţarea* (adică dispariţia) ei. Acceptând ideea că totul – deci inclusiv Fiinţa – se transformă în mod permanent, reiese că *modul fiinţării Fiinţei* este supus şi el aceleiaşi transformări. Această transformare are loc ca efect al confruntării Fiinţei cu tot ce este în afara ei, să spunem pe scurt: cu viaţa şi cu lumea. În cazul că avem de a face cu Fiinţe conştiente, ele vor încerca, mai devreme sau mai tîrziu, mai limpede sau mai puţin limpede, să definească modul fiinţării lor, adică să cunoască scopurile, modurile şi sensul vieţii lor – să se cunoască pe sine. Altfel spus, Fiinţa îşi redefineşte mereu modul de a fiinţa. Re-definirea presupune un act de cunoaştere, în cazul Fiinţei un act de auto-cunoaştere. Un asemenea act începe întotdeauna cu percepere. Vom spune aşadar că Fiinţa se percepe pe sine, modul ei de a fiinţa, re-definindu-se. Or, această percepţie de sine se împlineşte în viziunea noastră şi cu ajutorul „oglinzii magice" care este muzica în funcţia ei de a da forme, de a articula emoţional, dar şi de a confirma interiorul Fiinţei. Prefixul *con-* înseamnă „împreună cu..." De aceea am spus că *muzica con-fiinţează Fiinţa*. Muzica participă *alături de Fiinţă* la redefinirea modului ei de a fiinţa, la (noua) fiinţare a Fiinţei. Dar acest „*con-*" din expresia con-fiinţare se referă şi la faptul că, alături de muzică, *şi raţiunea*, prin judecăţi şi analize, articulând conceptual interiorul Fiinţei, participă la procesul de conştientizare, la procesul de auto-cunoaştere, la procesul de permanentă redefinire a fiinţării ei. Percepîndu-şi permanent schimbătoarea identitate, în plan emoţional prin muzică şi în plan conceptual prin raţiune, Fiinţa se cunoaşte pe sine redefinindu-şi fiinţarea. *Muzica şi raţiunea con-fiinţează Fiinţa*. Căci Fiinţa fiinţează atît în plan emoţional cît şi în plan raţional. Necunoscându-şi nici originea şi nici sfârşitul, între misterul în-fiinţării şi cel al des-fiinţării ei, Fiinţei nu-i rămîne decît nobila trudă de a se cunoaşte pe sine, permanenta ei *con-fiinţare*. Câtă dreptate avea Socrate!

REECHILIBRARE PRIN CULOARE

Atunci când culorii i se atribuie funcţia ei cea mai înaltă, cea *conotativă* sau, cum am mai spus, *psihologic-inductivă*, atunci, şi numai atunci, culoarea poate fi încadrată în sfera Mithosului şi capătă însemnătăţi spirituale apropiate de cele ale muzicii. Aşa cum s-a văzut de repetate ori în acest text, culoarea, ca şi muzica, nu are nici ea vreun corelat raţional, cu atât mai puţin unul informaţional, se naşte şi ea exclusiv în subiect şi aparţine doar lumii lui. Pentru a întemeia cu şi mai mare claritate aşezarea culorii, în anumite circumstanţe(!), alături de muzică în sfera Mithosului voi descrie mai jos cea de-a doua lecţie de culoare pe care am primit-o din filmul *Andrei Rubliov* al lui Tarkovski. Voi cita dintr-o carte pe care am scris-o acum 38 de ani[81]. După mai bine de o oră în care imaginile sunt compuse, cum am spus, mai curând în „gri-negru", apare pentru prima dată albul în stare pură. Sunt pereţii unei biserici pregătiţi pentru a fi pictaţi. Meşterul Rubliov află că ucenicii lui au fost atacaţi şi schingiuiţi de o hoardă de tătari. Într-un acces spontan de revoltă, pictorul aruncă un pumn de culoare pe un perete alb imaculat. Se naşte un tablou abstract de mare expresivitate. *„În pata aceea de culoare era atâta tensiune, atâta disperare... cât într-un nemaiauzit strigăt! Personajul „Muta" – o fată alienată mintal – se apropie de peretele cu pricina. Treptat, este cuprinsă de o covârşitoare suferinţă, disperare, teamă. Adulmecă vopseaua de pe perete. Îşi lipeşte faţa de ea. Îşi plimbă febril mâinile pe acea suprafaţă. O simte prin toţi porii. O ia în sufletul ei genuin. O frământă. O urăşte. O deplânge. O miroase. În sfârşit, o* **înţelege***. Este poate singurul lucru pe care l-a priceput această fată lipsită de gândire"*. Culoarea „a vorbit" fără cuvinte, fără concepte... culoarea „a spus" totul, fără a se servi de Logos – pe care „Muta" oricum nu l-ar fi înţeles! Parafrazez uşor o frază care urmează acestui pasaj în textul scris în anul 1976: *„Am realizat atunci că ceea ce numim culoare* (în textul original: artă/artă abstractă) *nu are cod. Are doar codificatori. Toţi aceştia sunt fii buni ai aşa-zisului rafinament, ai prejudecăţii şi ticului cultural* (cu pretenţii „academice" sau esoterice)*, sunt duşmanii*

---

[81] Vladimir Brânduş, *Artă şi critică în perspectivă comunicaţională*, ed. Eminescu, Bucureşti, 1979 (p.235-236). Cartea a fost scrisă în 1976 şi, datorită cutremurului din 1977, publicată abia în 1979.

sensibilităţii nealterate… Secvenţa lui Tarkovski e o lecţie de artă în *general"*. Ce culoare a aruncat Rubliov pe perete? Era roşu? Verde? Albastru? Nu vom afla vreodată – ce bine! Era *orice culoare pe care o doriţi* şi mai ales *o simţiţi*! Aici rezidă *principiul libertăţii culorii*. Este *libertatea privitorului* – o libertate soră bună cu cea a ascultătorului de muzică! *Muzica şi culoarea con-fiinţează Fiinţa.* Ele sunt şansele Fiinţei de a-şi satisface nevoia de individualitate prin sfera Mithosului, fără a aduce detrimente sferei Logosului. Poate chiar am putea spune că muzica şi culoarea sunt şi şansele Fiinţei de a re-echilibra cele două sfere ale spiritualităţii ei, Mithos şi Logos, trecând antagonismul lor fundamental într-un plan secund.

REECHILIBRARE PRIN IUBIRE

Aşa cum am sugerat mai sus şi iubirea pentru o altă fiinţă – chiar şi pentru un animal! – se înscrie negreşit în sfera Mithosului, căci şi acest sentiment nu are vreun corelat raţional, se naşte exclusiv în subiect şi aparţine numai lui, la fel ca muzica şi culoarea. O fiinţă iubeşte o alta, şi numai pe aceasta, cu toate că în imediata apropiere se pot găsi şi altele care au însuşiri asemănătoare sau chiar identice cu fiinţa iubită. Este probabil şi aici acel „joc" neînţeles al *qualiilor*! O sumedenie de mici gesturi mobilează şi articulează starea de a iubi, confirmând-o şi con-fiinţând-o. Privite din perspectiva Logosului, astfel de gesturi apar neîndoielnic ca a fi „absurde" – ele nu au nici un corelat raţional! Numesc dintre acestea mai cu seamă gestul mângâierii – un gest aparent absurd şi foarte adesea lipsit chiar de erotică. Despre a mângâia am scris acum câţiva ani următoarele: *„Ce altceva este mângâierea decât un act emoţional de apropiere? Cu sau fără dimensiunea sa fizic-tactilă, actul mângâierii izvorăşte întotdeauna din emoţionalitate, dar o şi produce – atât la cel care e mângâiat, cât şi la cel care mângâie. Mângâierea este un sistem emoţional-dinamic, întotdeauna dual-reciproc. (…) A mângâia înseamnă a fi mângâiat în acelaşi timp. Chiar atunci când „mângâi cu privirea" un peisaj, peisajul este acela care-mi produce starea dulce de gingăşie şi extaz, peisajul este acela care mă mângâie. A mângâia cu gândul şi a-şi lăsa gândul mângâiat este treapta superioară a mângâierii tactile – treapta* *superioară, curajoasă și extrem de eficientă!"*[82]. Distingem așadar două feluri de a mângâia: unul fizic-tactil și altul virtual, „cu gândul". Mângâierea virtuală poate merge mult mai departe decât extazul în fața unui peisaj. Ne gândim aici la acel „înveliș psihologic", emoțional, care acompaniază chiar gândul logic, așa cum se exprima filosoful german Gottlob Frege (însuși matematician și logician!). Cum se poate vedea în eseul meu din care am citat adineauri, punerea întrebării – act deosebit de important în demersul filosofic! – poate (și probabil chiar trebuie!) să fie marcată de acel „înveliș psihologic" pe care îl putem înțelege și ca un fel de „mângâiere virtuală". Întrebarea nu poate fi total despuiată de intenție și probabil nici de emoție! Mai mult: profesorul francez de filosofie Ali Benmakhlouf susține că „învelișul psihologic" adus în discuție de Frege este echivalent cu *„culoarea gândirii"* și astfel *„elementul care îl scoate pe logician din solipsismul său"*[83]. Tocmai caracterul *dual-reciproc* al actului de a mângâia (fie el în sens fizic-tactil, fie virtual) îi conferă acestuia puterea de a *con-ființa Ființa* în minunata emoționalitate a stării de iubire.

Ne întoarcem acum, pentru ultima dată, la cele mai eficiente și importante elemente ale sferei Mithosului care-i stau Ființei umane la dispoziție ca agenți eliberatori ai propriului eu: *Muzica* și *Culoarea*.

A ASCULTA ȘI A CONTEMPLA

Înainte de a încheia este necesar să evocăm câteva idei privitoare la *„posologia"* percepției muzicale și cromatice. (Îmi permit să folosesc acest termen din farmaceutică tocmai pentru faptul că, atât culoarea, cât și muzica sunt „leacuri"/medicamente binefăcătoare ale eului.) Pentru o receptare eficientă a sunetului muzical și a cromaticii, sufletul trebuie să fie *alb*, descărcat și curățat de orice zgomot și reziduri... *alb*, ca albul miresei încă ne-nuntite, *alb* ca pereții unei

---

[82] Vladimir Brânduș, *Gânduri altfel despre...* în eseul *...titirez, fascinație, Oblomov și mângâiere*, ed. Clusium, Cluj-Napoca, 2007.

[83] *Bulletin de la Société Française de Philosophie*, anul 103, Nr.2, aprilie-iunie, 2009. Protocolul ședinței din 22 noiembrie 2008, ed. Vrin, Paris, 2009. Ali Benmakhlouf este profesor de filosofie la Universitatea Sophia Antipolis din Nisa. Teoria sa „Culorilor gândului", cu atât mai mult o culoare a filosofiei (!?), nu o împărtășesc întru totul. Ader însă la ideea „învelișului psihologic" al gândului emisă de Frege.

biserici încă ne-pictate... El trebuie să fie atât de *alb*, încât devine genuin. Abia atunci, primenit, va putea primi și-ntâmpina împărtășania cea adevărată a vibrației muzicale și cromatice. Atunci, sufletul Ființei va primi misterul libertății reale a eului! ...abia atunci... prin *Muzică* și *Culoare*. Ascultând muzică și contemplând culoare, sufletul construiește lumi întregi în care, într-un nemaipomenit dans, poate zbura spre el însuși văzând chiar culorile ascuse-n muzică și auzind muzica de taină a culorii. Orice altă „traducere" a muzicii sau a culorii, de pildă în imagini sau „povești", scenarii etc., diminuează, chiar trivializează trăirea muzicală și cromatică. O asemenea „traducere vitregă" a muzicii sau a culorii ar amesteca în mod fatal în lumea lor pură *conceptul*, fiul credincios al Logosului! *Conceptul omoară muzica și culoarea!* Cu toate că se știe, e bine de a aminti: a auzi e una, iar *a asculta* este cu totul altceva, așa cum a vedea este mult mai puțin decât *a contempla*. Cele două zeițe ale libertății eului uman, muzica și culoarea, pentru a fi cu adevărat zeițe cer a fi *ascultate* și *contemplate*. Or, această ascultare și contemplare *se învață!* După părerea multora, Arthur Schopenhauer a fost cel mai mare – nu numai cel mai celebru – meloman. Puțini au iubit muzica așa ca el, nimeni nu a ridicat-o pe un piedestal de idei mai înalt decât a făcut-o el. Mai ales în perioada de înaintată maturitate, la Frankfurt pe Main, filosoful se ducea aproape în fiecare seară la concert. Biografii lui descriu că de îndată ce răsunau primele acorduri, gânditorul închidea ochii și își lăsa capul pe spate, rămânând așa, nemișcat, până la aplauze. Sunt convins că el se lăsa purtat de muzică, adânc înspre el însuși, *refuzând orice percepție suplimentară* – inclusiv imaginea orchestrei. La ascultarea muzicii era înțeleptul numai cu el însuși, pentru sine și ideile sale înaripate. Schopenhauer recomandă ca percepția muzicii să fie trăită *„numai în și prin Timp, cu absoluta excludere a Spațiului, fără vreo influență a Cunoașterii, a Cauzalității, așadar a Înțelegerii"*. Când filosoful echivalează Muzica unei presupuse și dorite filosofii *complete* și *adevărate*, nu sugerează deloc o banală ilustrație muzicală a ideilor, ci, așa cum se înțelege din opera sa, el spune că Muzica, fiind mult deasupra conceptelor și Ideilor, este *expresia ideală a Voinței Universale*, care este chiar Ființa Lumii.

„Putem spune cu îndreptăţire că Lumea este atât muzică întrupată, cât şi voinţă întrupată", sublinază filosoful[84]. Tocmai de aceea consider că, de exemplu, Modest Musorgski intitulând o compozţie a sa, de altfel foarte frumoasă, *„Tablouri dintr-o expoziţie"* (1874), a riscat ca ascultătorii ne experimentaţi să caute în imaginaţia lor tablourile ce i-au servit ca inspiraţie; să amestece aşadar în muzică imagine descriptivă şi descriptibilă prin concepte. Pe aceleaşi temeiuri refuz încercările unor muzicieni contemporani (de muzică simfonică!) de a susţine produsul atât de înalt al artei lor cu pantomimă şi mimică exagerată – oricât de reuşită din punct de vedere teatral sau coregrafic ar fi aceasta. Sper că am spus îndeajuns despre *posologia percepţiei muzicale şi cromatice*. Venind în întâmpinarea cititorilor iritaţi de termenul „posologie", propun, şi sunt chiar tentat, să numesc aceste gânduri *„higiena receptării muzicale şi cromatice"*. Important este doar ca aceste principii să fie respectate.

MUZICĂ ŞI CULOARE - OPERE DESCHISE

Înscrierea muzicii şi culorii (doar în funcţia ei conotativă) în sfera Mithosului a fost posibilă numai datorită lipsei lor de corelat raţional-informaţional, univoc. Aici, în această *calitate sugestivă* – şi deloc descriptivă! – a muzicii şi culorii rezidă *libertatea* lor, care devine şi *libertatea subiectului* atunci când le ascultă şi/sau contemplează. Văzută din perspectiva Logosului, calitatea sugestivă şi lipsa de corelat raţional-informaţional se numeşte *ambiguitate*. Scriitorul şi filosoful italian Umberto Eco a publicat în 1962 „teoria operei deschise" care a devenit un adevărat cult pentru multe generaţii de artişti[85]. El fundează teoria sa tocmai pe ambiguitatea percepţiei: *„Psihologia şi fenomenologia vorbesc astăzi despre* **ambiguitatea perceptivă** *ca fiind posibilitatea de a depăşi convenţionalitatea cunoaşterii obişnuite pentru a concepe lumea în prospeţimea posibilităţii"* (p. 50). Lucrarea este amplă şi convingătoare. Ea se sprijină, printre altele, mai ales pe cercetările fenomenologice ale lui Edmund Husserl, ale lui

---

[84] Ambele citate din Arthur Schopenhauer, *Die Welt als Wille und Vorstellung I*, §52.

[85] Umberto Eco, *Opera aperta*, Casa Ed. Valentino Bompiani, Milano, 1962. Pentru referinţe şi citate am folosit textul german *Das offene Kunstwerk* (a doua ediţie) Suhrkamp Verlag, Frankfurt am Main, 1977.

Maurice Merleau-Ponty (*Phénoménologie de la perception*) şi pe *Estetica – teoria della formatività* a lui Luigi Pareyson. Caracterul „deschis" al unei opere se datorează faptului că la receptarea ei fiecare subiect/receptor de artă aduce cu sine o anume *„sensibilitate, un anume nivel de cultură, direcţie a gustului, anume înclinaţii sau prejudecăţi personale ... astfel că înţelegerea formei originare se realizează într-o anume **perspectivă personală"** (p.30, s.n.). Pe de altă parte, pe măsură ce ne apropiem de epoca modernă, şi creatorii susţin sporit „ambiguitatea" operei, mai bine spus *conotaţia* în detrimentul *denotaţiei*, elementele *sugestive echi- sau plurivoce* în detrimentul celor *descriptive, univoce.* (În prezentul text am constatat această evoluţie în perspectivă istorică şi pentru culoarea în imagine.) În acelaşi spirit Eco introduce, printre multe altele, un citat foarte elocvent din Mallarmé: *„nommer un object c'est suprimer les trois quarts de la jouissance du poème, qui est fait du bonheur de deviner peu à peu: le suggérer... voilà le rêve..."*[86].

Că orice operă muzicală este preponderent „deschisă", mai deschisă pentru interpretări creative personale decât orice altă operă de artă ce se sprijină pe concept sau chiar numai pe imagine (prin definiţie descriptivă!), nu poate fi contestat. Dar şi culoarea în funcţia ei *conotativă*, făcând parte dintr-o operă de artă sau doar luată din natură, atunci când devine *obiect al contemplaţiei* este fără îndoială şi ea „deschisă" – ea funcţionează şi acţionează asupra spiritului asemenea muzicii! *Culoarea este o „operă deschisă" a Lumii!*

MUZICĂ, CULOARE ŞI ESENŢE

Este un paradox uluitor şi aproape inexplicabil faptul că muzica şi culoarea, tocmai aceste două elemente care generează la recepţia lor cea mai înaltă libertate subiectivă, au la baza lor fenomene fizice pe deplin explicabile prin matematică şi raţiune! *Esenţa muzicii*, înţeleasă ca secvenţe de vibraţii acustice, ca şi *esenţa culorii* care este, cum am văzut, unda electromagnetică (tot vibraţie măsurabilă!), aparţin fără îndoială sferei Logosului! Capacitatea de a percepe în aceste vibraţii

---

[86] Traducere liberă: „a numi un obiect înseamnă a suprima trei pătrimi din marea plăcere a poemului, care este alcătuit din fericirea de a ghici treptat: a-l sugera... iată visul..." (pag. 37 în lucrarea lui Eco).

muzică şi *culoare*, de a le *ridica la statutul unei opere deschise*, rezidă exclusiv în Fiinţa umană – ea este darul cel mai de preţ pe care natura l-ar fi putut oferi omului. Este darul care ţine şi susţine setea de individualitate a Fiinţei. Ce minunată şi binefăcătoare este indiferenţa noastră faţă de esenţe atunci când ascultăm muzică, atunci când contemplăm culoarea sau când trăim starea de dragoste! Filosoful Emil Cioran spune despre esenţe: *„Esenţele sunt o superstiţie a spiritului filosofic ... Orice eveniment al vieţii, gândit până în esenţa sa, ne retrage din viaţă ... Conţinutul fugitiv al iluziilor este o hrană mai bună pentru viaţă decât iluzia substanţială a esenţelor ... De vreme ce esenţele, atât de respectate dar neiubite de oameni, nu au reuşit să salveze nimic, nu rămâne decât curajul iluziilor"*[87]. Or, întreaga sferă a Mithosului este, privită din perspectiva Logosului, doar iluzie! Ce săraci am fi dacă ascultând muzică ne-am gândi la proporţiile matematice ale secvenţei de sunete şi, contemplând culoarea, ne-am gândi la ecuaţiile lui Maxwell! Ce săraci am fi dacă nu am fi putut face din ele o *operă deschisă*! Iar ziua în care vom afla toate procesele electro-chimice care determină în creier starea de a iubi, va fi pentru mine o zi tristă... foarte tristă!

Muzicalitatea, cromatismul – în special receptarea lor emoţională – ca şi iubirea nu suportă comparaţii sau înscrieri „cuminţi" şi „disciplinate" în vreo schemă sau fişier ordonator, iar analiza lor ştiinţifică nu este mereu binevenită! Ele trebuiesc *trăite* – şi atât! *Trăite ca opere deschise*, cu toată fiinţa, întru binele eului!

„AMOR MUSICAE" ŞI *„AMOR CHROMATIS"*

Mărturisesc faptul că la începutul lucrului la acest text am căutat să descifrez, pe modelul expresiei latine *more geometrico*, un *„more chromatico"*[88]... Nu am găsit, aşa cum nu am găsit un *„more musi-*

---

[87] Emil Cioran, *Le livre de Leurres*, p. 249-251 în *Cioran Œuvres* ed. Gallimard, Paris, 1995. (titlul românesc al cărţii: *Cartea amăgirilor* – 1936).

[88] Termenul *chroma, chromaticus, -um* (n) este foarte greu de găsit în vreun dicţionar latin. L-am reperat ca „termen vechi" în *Latin Dictionary Levis & Short*, Oxford University Press, 1962. Originea lui este cuvântul grecesc χρωμα (chroma) care înseamnă culoare. Cuvântul *„more"* este un derivat a lui *mōs, mōris* (m) şi înseamnă manieră de a se comporta, uzaj, obicei etc.; *„geometrico", „musico"* şi *„chromatico"* sunt ablativele cuvintelor respec-

co"... Nu am găsit, pentru că muzica şi culoarea nu se lasă înscrise niciunde, nici măcar într-un *"more"*, adică în schema vreunei datini, tradiţii sau a vreunui obicei. Ele, ca şi iubirea, apar mereu noi şi reînnoite, mereu proaspăte şi primenite, căci sunt mereu *ale noastre în momentul în care le trăim.* În loc de un *"more"* am găsit însă un *"amor"*, o iubire, o atracţie a Fiinţei pentru muzică şi culoare. Atâta vreme cât avem şi simţim acut un *amor musicae* şi un *amor chromatis*, atâta vreme cât avem şi înclinaţie pentru iubire, vom putea fi împliniţi sufleteşte, eul nostru va înflori şi, acum eliberat şi echilibrat, va putea iubi chiar şi întreaga Lume şi Viaţa însăşi.

În numele lui *amor musicae* şi *amor chromatis*, în numele iubirii, în numele setei de subiectivitate şi libertate a propriului eu, este imperios necesar *să re-învăţăm ATENŢIA.* În tumultul de zi cu zi, mânaţi şi hărţuiţi de Logos, ne-am dez-văţat să dăm *atenţie* şi lucrurilor care nu au tangenţă imediată cu interesele noastre egoiste sau cu siguranţa proprie. Uităm prea des să dăm *atenţie* frumuseţii specta-colului lumii, de la viaţa celei mai mici gâze sau frunzuliţe până la marile drame ale semenilor. Uităm că cine nu ştie să dea *atenţie* lumii, nu va şti să dea *atenţie* propriului eu – se va întrebuinţa întreaga viaţă ca o "maşină socială" a producţiei de succese şi onoruri calpe. Este vorba de acea atenţie pe care o recomandă mai toate filosofiile orientale: o *atenţie smerită* şi *tandră* pentru întreaga lume şi tot ce se află în ea, o *atenţie gânditoare* şi *plină de respect*, o atenţie fără de care *meditaţia* şi *contemplaţia* nu pot avea loc. O *atenţie* fără de care eul uman nu poate primi seva necesară pentru a înflori în plină libertate. Să dăm atenţie Lumii, să dăm atenţie muzicii şi culorii, să dăm atenţie iubirii, căci doar atunci va apare în spiritul nostru, înflorit, acel *fabulos dans de stări sufleteşti* în perpetuă schimbare, care ne *con-fiinţează propria Fiinţă* şi propria, adevărata, individualitate!

În srăvechea mitologie indiană "dansul fabulos" pe care l-am evocat este, în fond, *dansul lui Shiva.* Zeitatea supremă ţine şi susţine

---

tive. Cuvintele *"musicae"* şi *"chromatis"* precedate de *"amor"* înseamnă iubire pentru muzică, respectiv culoare; formele lor gramaticale sunt aşa-zisul *genitivus obiectivus.* Pentru aceste expresii am fost inspirat de filosoful Friedrich Nietzsche care vorbeşte des despre un *"amor fati"*, ceea ce înseamnă iubire pentru soartă/destin.

Lumea în viaţă prin dansul ei – încetează Shiva să danseze, dispare lumea. Poate cel mai avizat cercetător şi interpret al culturii indiene străvechi, Ananda Kentish Coomaraswamy (1877-1947), spune că *„Locul acestui dans, Chidambaram, este centrul Universului şi se găseşte înăuntrul inimii"*[89].

Locul dansului lui Shiva, *Chidambaram-centrul-Universului*, se găseşte aşadar *înăuntrul inimii*, în *eul Fiinţei*! Confirmarea vine, câteva mii de ani mai târziu, tot în orient, în China. Filosoful chinez din timpul dinastiei Ming, Wang Shouren (1472-1529), a fost un reprezentant de seamă al curentului neo-confucianist, curent în care se considera conştiinţa umană ca fiind originea a tot ce există în lume. Shouren a spus despre *percepţie* şi *atenţie* următoarele cuvinte de o imensă însemnătate şi înţelepciune: *„Înainte de a contempla aceste flori, atât ele, cât şi inima ta se găseau într-o stare de goliciune mută. Abia în momentul în care le-ai privit, culorile florilor au strălucit, câştigând apariţia lor clară. Din asta poţi să vezi că florile nu există în afara inimii tale!"*.

Eu nu mai ştiu, nu mai pot şi poate nici nu mai vreau să spun ceva în plus despre *Culoare şi Fiinţă*.

Cel mult, aş putea să mă adresez acum unui prieten, unui prieten bun, apropiat, unui prieten de suflet şi gândire:

CUVÂNTARE DE ÎNCHEIERE

Prietene, fiindcă ne cunoaştem de-atâta timp – o viaţă-ntregă! – îmi permit acum, la vârsta părului albit, să-ţi spun câte ceva. Te-am admirat întotdeauna pentru cât ai învăţat, pentru cultura ta. Chiar te-am invidiat, în modul cât se poate mai prietenesc, pentru râvna ta întru a şti. Felul tău de a gândi, argumentaţiile tale deseori briliante, au coborât mereu direct din raiul cel mare al Raţiunii. Încântător ai fost şi eşti, prieten drag! E o plăcere să vorbesc cu tine!

Pe de altă parte, ştiu că în sufletul tău a sălăjuit întotdeauna şi o imensă dorinţă, chiar o necesitate de a gândi şi acţiona aşa cum vrei tu, cum simţi tu ...aşa cum îţi dictează inima. Şi asta a fost frumos în

---

[89]Ananda K. Coomaraswamy, *La danse de Çiva - quatorze essais sur l'Inde*, ed. L'Harmatan, 2000. Mai mult despre însemnătăţile zeului Shiva şi interpretarea lor se poate citi în eseul meu *Tăcerea, cifra zero şi liniştea*.

persoana ta! Te înţeleg. În dorinţa şi necesitatea de a fi tu, tu însuţi, citesc atracţia pentru drogul libertăţii. Nu, nu te speria! Nu-ţi sugerez că drogul ar fi o libertate, ci numai că libertatea are **puterea** unui drog – întrebă orice încarceruit ce zace în puşcăria ca atare sau în marea puşcărie virtuală a lui **a trebui**; el îţi va povesti despre valoarea lui **a vrea**. Aşa ai încercat să te eliberezi şi-ai luat în viaţă hotărâri spontane, ne chibzuite, încinse de febra nerăbdării. Primul moment a fost deliciu pur – drogul libertăţii! –, dar în momentul următor ţi-a fost dat să te loveşti de consecinţele logice şi raţionale ale situaţiilor. „Raţiunea Lumii", **cea din afara ta**, şi-a spus cuvântul. Raţiunea are mereu „ultimul cuvânt"! Deliciul libertăţii s-a transformat în chin şi lacrimă. Asta, exact asta, prietene, m-a mâhnit, îngrijorându-mă pentru tine. Îmi amitesc de prima şi de-a doua căsătorie a ta... de atâtea legături de „mare dragoste" ce le-ai avut... Îmi amintesc de „nebunia" ta de a te reinventa în permanenţă, de a-ţi schimba mereu ţelul şi modul vieţii ...mereu pornind din inimă şi nicidecum dintr-o raţiune sănătoasă ...mereu încoronat de un „eşec strălucitor". Hm... ca Alexis Zorba... Prăbuşirile pot fi şi ele, uneori, frumoase... însă întotdeauna dureroase, dragul meu prieten!

De ai citit eseul meu „Culoare şi Fiinţă " – scris tocmai pentru tine – ai înţeles de bună seamă ce îi doresc eu Fiinţei tale: hrăneşte-ţi dorul de zbor şi libertate prin artă, prin Muzică şi prin Culoare! Numai aşa nu vei intra vreodată în conflict cu ceea ce numim Raţiune. Ştii bine, dragul meu, că adevăraţii oameni de ştiinţă, supuşi mereu raţiunii, pun foarte adesea mare preţ tocmai pe Muzică şi artă. Adapă-ţi „înlăuntrul" tău, adapă-ţi eul însetat de libertate prin nectarul cel indescriptibil al Muzicii şi al Culorii, căci tocmai acum, în „timpurile Raţiunii", ele sunt singurele care te pot con-fiinţa în plină siguranţă.

Adevărata şi profunda percepţie a Muzicii şi a Culorii, a asculta şi a contempla, este o procesiune sacră şi intimă. Să le trăieşti mereu de unul singur, numai tu cu tine însuţi; să nu cumva să-ncerci să le-nţelegi şi nici cu alţii despre ele să vorbeşti vreodată! Căci aceste trăiri sunt numai ale tale! Să uiţi, prietene, tot ce au spus iluştrii filosofi, să uiţi şi prisma lui Newton, ecuaţiile lui Maxwell, nanometri şi Teraherţii sau lungimile de undă. Să dai uitării bastonaşele, conurile şi ganglionii retinali... Să uiţi chiar şi de qualii... Apropos de qualii, îţi spun acum o *istorioară care sper că-ți va descreți oleacă fruntea: filosoful american contemporan Ned Block povestește că marele jazzman Louis Armstrong, întrebat fiind ce este și de ce îi place jazzul, a răspuns: „Dacă trebuie să întrebi, n-ai să înțelegi niciodată". Așa ceva se simte, sau nu – la fel ca toată Muzica și Culoarea!*

Prietene, îți întind acum mâna. Pune-o pe a ta într-a mea. Simți că mâna-mi este cam nesigură, nehotărâtă? Tu crezi probabil că este lipsa de puteri a bătrâneții... Nu, nu, dragul meu, nu este șubrezenia vârstei... nu este încă! Este un anume dubiu înțelept, dacă vei urma întrutotul sfatul meu... îndoiala că m-ai înțeles... Poate... poate ar fi fost mai bine să te fi mângâiat pe creștet... în loc de a fi scris acest eseu...

Am încheiat lucrul la acest text pe data de 22.06.2014. E o vară nehotărâtă, capricioasă.

Gheruţă
un text din lumea emoţiilor

De un timp încoace te surprind adesea cum te opreşti din joaca ta – un iureş fermecător ce descreţeşte fruntea! – şi mă priveşti îndelungat, fără mişcare, direct în ochi. Chiar şi în somnul tău cel molcom şi liniştitor se-ntâmplă să-ţi ridici căpşorul şi să mă ţintuieşti minute-n şir, neîntrerupt, cu ochii tăi rotunzi şi verzi.

Fiinţă dragă, mă tulbură privirea ta atât de neobişnuită!... Mă tulbură prin insistenţa ei de o penetranţă pe care n-am mai întâlnit-o... Ea îmi spune că tu ai vrea să-mi spui ceva... să-mi spui ceva de-ai şti şi ai putea să te exprimi în graiul meu...

O lege rece şi tăioasă a naturii a rostuit graiul meu să nu se potrivească cu al tău. Nu fi trist, află că nici semenii mei nu se înţeleg mereu, vorbind chiar în acelaşi grai... Câtă jale aduce neînţelegerea, nu-ţi voi spune – te-ar amărî prea tare... Să ştii: e bine câteodată să nu ştii chiar tot... mai ales despre oameni să nu ştii tot de ceea ce ei sunt în stare! Eu însă am încercat să te-nţeleg, chiar dincolo de graiul care ne desparte; să-ţi înţeleg sufletul şi firea, dorinţele, bucuriile şi fricile ce te cuprind.

Ziua în care te-am adus la mine a fost o sărbătoare pe care nu o voi uita vreodată. A fost ziua în care viaţa s-a schimbat, ziua în care, doar prin faptul de a fi, ai alungat singurătatea şi goliciunea ce mă măcina. Mă înfior încă acum amintindu-mi ce mic erai în ziua în care te-am adus la mine: încăpeai cu totul în palma mea. Erai atât de firav şi neajutorat, încât mă urmărea fără-ncetare o teamă că de ţi s-ar întâmpla ceva, chiar un nimic!, firul de viaţă ce-l aveai ar fi putut să nu mai fie. Aş fi fost în stare să fac orice doar pentru a te apăra. Ce sentiment frumos ai trezit în mine prin slăbiciunea ta!

La început te-am hrănit, ca pe copii, cu biberonul – erai şi tu doar un copil! Te mângâiam şi-ţi povesteam că am să fac din tine un motan falnic, cu prestanţă şi chiar cu aere regale, majestuoase. Lăbuţele tale albe ca bulgări de zăpadă în miniatură ascundeau, abia vizibil în puful lor, ceva ce aducea a gheare, însă ascuţite foc – mai mult o glumă decât o gheară adevărată şi periculoasă! Te-am numit atunci „Gheruţă".

Doamne, cât de mult mi-ai dăruit, micuţă vietate! Mai înainte, nici n-aş fi crezut că aşa ceva ar fi posibil! De-ndată ce ai crescut puţin, ai început o joacă ne-ntreruptă, un foc de artificii vesel, şugubăţ, ce-mi încânta privirea. Săreai, făceai tumbe peste tumbe, te alungeai, te subţiai ca şnurul şi câteodată chiar în ghem te prefăceai. Mă amuzam să-ţi fac biluţe mici din staniol strălucitor. Când le rostogoleam în faţa ta pe podeaua lustruită fugeai nevoie mare ca să le prinzi, însă odată prinse le împingeai din nou, şi mai departe, ca iar să fugi şi să le prinzi a doua, a treia şi a patra oară... important era ca jocul să nu se termine! Într-o bună zi îmi veni năstruşnica idee să leg la capătul unei vergele un buchet de pene colorate − ciudat: pe-atunci tocmai scriam ceva despre culori! Penele erau în roşu şi albastru viu, în violet şi galben sau turcoaz. De-ndată ce agitam vergeaua-n faţa ta, înnebuneai în entuziasmul ce te cuprindea şi încercai cu orice preţ să capturezi podoaba cea frumoasă şi naivă. Oamenii, care cel mai adesea nu au înţelepciune nici măcar o iotă, ar spune că joaca ta neîntreruptă nu are sens: ea nu aduce mai nimic şi, acolo unde se sfârşeşte, deîndată, fără noimă, reîncepe. Să ştii, Gheruţă, că cei ce spun aşa ceva nu înţeleg nimic din viaţă. Eu unul, îţi mulţumesc din suflet că prin giumbuşlucurile tale m-ai re-învăţat ce-nseamnă *Seninătatea* − o stare pe care o uitasem, vai!, de-atât amar de timp... Îţi mulţumesc, Gheruţă drag!

Prin dragostea şi devoţiunea pe care mi le-ai arătat, m-ai copleşit de-a dreptul! De fiecare dată când veneam acasă, deschizând uşa locuinţei te găseam acolo, în prag, de parcă aşteptai. Ştiai că eu sunt cel ce vine! Începeai atunci un dans mlădios în cercuri, jur-împrejurul meu, şi mieunai discret, frumos, cerând o mângâiere de bun-venit; şi o primeai întotdeauna. Iar când mă pregăteam să plec de-acasă, simţeai din timp şi deveneai uşor nervos, îngrijorat; mă petreceai până la uşă de parcă ai fi vrut să mergi cu mine. În ziua în care o furtună violentă, cu tunete şi trăznete cumplite, s-a abătut peste oraşul nostru ţi se făcuse frică. Te-ai cuibărit în poala mea. Ochii îţi erau sticloşi şi mari. Simţeam cum inimioara ta bate neobişnuit de repede. Te-am mângâiat spunându-ţi că nu-i pericol şi totul va trece deîndată. Ai adormit. Nu m-am încumetat să te trezesc o oră-ntreagă. Am vrut să uiţi, Gheruţă drag, tot ce este rău şi-ncearcă să se strecoare în lumea ta frumoasă.

Şi tu ai ştiut să-ndepărtezi gânduri negre şi urâte din mintea mea. Când seara, frânt de oboseală şi sfârtecat de griji, mă alungeam şi încercam s-adorm, simţeai că nu mi-e bine şi îţi făceai culcuş pe lângă trupul meu. Torceai atunci neîntrerupt de parc-ai fi avut în tine un harnic motoraş. Monotonia lui mă liniştea. Te mângâiam, şi mângâierea cea domoală pe trupul tău ca de mătase mi se-ntorcea, de zeci de ori mai tandră, în sufletul sleit. Aşa, în ore grele ca de plumb, tu-mi alungai neliniştea şi mă purtai încet-încet şi legănat, ca pe o barcă ce pluteşte pe apă lină, spre alte lumi mai bune şi mai simple ...mai bune şi mai simple decât acelea pe care oamenii le-au înjghebat. Tu mă ajutai să re-găsesc *Liniştea* – cea mare, cea adevărată, cea pe care doar puţini oameni au înţeles-o aşa cum se cuvine. Să-ti spun, Gheruţă mult iubit, şi pentru asta doar un „mulţumesc", e prea puţin... mult prea puţin!

Dacă a visa, a crede-n visul tău şi-a te putea juca cu el înseamnă a fi copil, atunci să ştii, Gheruţă, că ţie, şi numai ţie, îţi datorez bucuria de a fi avut puterea şi înţelepciunea să mă întorc din nou la vârsta-ceea minunată. Cu tine am re-devenit copil, chiar dacă numai, în fiecare zi, doar pentru câteva ceasuri binecuvântate! Visam la ziua în care vei fi devenit impunător şi mare. Voiam să-ţi fac atunci din poleială aurită coroană mândră şi să-ţi-o aşez pe cap. Din acea clipă nu ţi-aş mai fi spus „Gheruţă", ci *Majestatea Sa Gheară I – Împărat al neamului felinelor*! Te-aş fi plimbat prin toate curţile vecinilor unde ştiam că locuiesc semeni de ai tăi, să te arăt şi să arăt mândria mea de-a fi prieten chiar cu Împăratul. În visul-joc-nebun pe care îl aveam, plimbarea cea de pomină ar fi fost tocmai încoronarea ta. Încă din vreme te pregăteam pentru înalta funcţie pe care ţi-am prescris-o. Te sfătuiam în visul meu c-ar fi nevoie mare să înfiinţezi şcoli pentru cei mici din neamul tău, ca ei să-nveţe bunele maniere, să nu fure prea mult (oleacă e chiar permis!), să nu chinuie prea tare şoriceii pe care-i vânează şi mai ales să miaune frumos şi melodios, aşa cum tu atât de bine ştii să faci. Ţi-am dat povaţă să înfiinţezi şi tribunale, unde judecători în vârstă, semeni de-ai tăi cu multă experienţă şi înţelep-ciune, să-mpartă dreptate adevărată în caz de ceartă şi chiar să pedepsească – nu prea tare, Doamne fereşte! – pe cei ce nu ascultă de obştea lor şi aţâţă către rău sau duşmănie. Ţi-am spus de multe ori că ar fi bine să-i înveţi pe supuşii tăi să fie generoşi şi să împartă din bunurile pe care le au cu cei ce nu mai au puteri sau n-au stăpân, culcuş şi nici vreo ocrotire; din când în când vreun şoricel sau vreo pralină, chiar furată, este de-ajuns pentru a le face viaţa ceva mai bună. Visam că tu vei fi în stare să faci de-a dreptul un rai pentru supuşii tăi – un rai, aşa cum îl doresc şi pentru neamul meu de oameni. Iar când ţi-am vorbit de tribunale şi de şcoli nu am voit o clipă ca să preiei orânduiri din neamul meu – orânduiri de mult prea obosite, complicate şi pe alocuri pervertite – pentru al tău. Mult mai curând e invers! Noi, oamenii, suntem cei ce au acum nevoie mare de simplitate, claritate şi dreptate. Aşa a fost visul-joc al meu cu tine! O utopie din cele mai frumoase. Ce stare încântătoare este copilăria ce mi-ai redat-o!

Gheruţă fiinţă dragă, nu încape nici o îndoială: cu vremea, am ajuns să fim un trup şi-un suflet amândoi. Tocmai aşa cum spus-a odinioară Michel, cel din Montaigne, unul dintre puţinii oameni care-au gândit şi-au fost şi buni la suflet: *„Tu eşti pisica mea, iar eu sunt omul tău"*. Trăiam prin tine, şi tu prin mine. Nimic pe lumea asta n-ar fi putut să ne despartă!

Dar faptul de a te fi adus la mine este umbrit şi de-ntrebări şi remuşcări ce nu-mi dau pace nici acum.

Te-am îndepărtat de mult prea mic de mama şi de fraţii tăi. Când te-am adus acasă, ai fost de-odată atât de singur... atât de singur, încât inima-mi plângea. Îmi părea că vrei să-i cauţi pe-ai tăi prin toate ungherele locului nou în care te aflai şi nu-i găseai. Despărţirea preatimpurie de mamă o ştiu preabine: când eram copil, cam pe la vârsta ta, urlam de-a dreptul când mama trebuia să plece în oraş doar pentru o oră scurtă. Credeam că lumea se prăvăleşte pe capul meu şi singur voi rămâne întotdeauna. Dar tu după un timp ai învăţat – a *trebuit* să-nveţi! – că eu îţi sunt mamă şi tată şi frate şi chiar prieten bun. Eu şi numai eu!... Recunosc, Gheruţă, n-a fost tocmai cinstit din partea mea să te oblig *aşa* a mă iubi... Mă iartă pentru asta, suflet bun şi drag! Am fost chiar egoist... aşa sunt oamenii, să nu uiţi niciodată!

Mai rău a fost că încă din clipa în care te-am adus la mine am pus hotare vieţii tale: te-am încuiat pentru totdeauna în locuinţa mea de doar trei camere şi încă la etaj. De pe pervazul unei ferestre puteai să vezi grădini întinse cu iarbă, cu copaci şi cu tufişuri dese. Ore întregi stăteai privind prin geam cum viaţa cea adevărată mişuna, forfotea şi se desfăşura printre crengi şi prin arbuşti. Erau acolo veveriţe, fluturi, păsărele de tot soiul, cu siguranţă chiar şi şoricei, şi mai veneau adesea semeni de-ai tăi de prin vecini. Nu pot să cred o clipă că n-ai fi vrut şi tu să te avânţi în lumea-ceea mică plină de aventură şi mister, în lumea aceea liberă, făcută ca pentru tine. Ţi-am interzis o viaţă-n libertate de teamă că s-ar putea să te rătăceşti sau chiar să fugi de-acasă şi să nu mai vii vreodată şi mai ales de teamă că s-ar putea să-ncerci a trece strada şi să te calce o maşină – tocmai asta a fost obsesia mea, frica cea mare. De te-ai fi avântat de unul singur în lume, ai fi putut să întâlneşti chiar şi pericole de-a dreptul înfiorătoare: nu numai câini de zece ori mai mari ca tine ce vor cu orice preţ să vă vâneze, să vă muşte şi chiar să vă omoare, dar mai ales un anume soi de oameni ce n-au vreun scrupul şi nici fir de bunătate pentru animale şi… mai mult nu vreau să-ţi spun ce fac atunci cu voi… Am procedat aşa, şi nu altfel, ca să te apăr de orice nenorocire ce te-ar putea atinge. Mi-a fost întotdeauna groază că ţi s-ar putea-ntâmpla ceva îngrozitor şi nu aş fi ştiut de-aş fi putut să-ndur asemenea necaz. Vezi, fiinţă dragă, din nou acel egoism ce ne este nouă, oamenilor, atât de tipic? „Eu şi numai Eu", mereu acelaşi „Eu", rosteşte omul ne-ntrerupt în fiecare zi şi chiar în somnul cel adânc din noapte.

O rană-n suflet ce nu se va închide niciodată este amintirea unei anume zile pe care-am petrecut-o alături de tine: Dimineaţa devreme, după ce te-am hrănit, te-am încuiat în cuşca ta „pentru voiaj" care dintotdeauna nu-ţi plăcea defel. De data asta însă, mi se păru că eşti mai agitat ca de obicei şi mieunatul tău suna a spaimă. După un drum destul de scurt am ajuns cu tine la un medic veterinar. Pe o masă albă, într-o încăpere puternic luminată, descuiasem cuşca, dar tu n-ai vrut să ieşi. Simţeai că nu-i a bine. Te-am scos. Lăbuţele îţi tremurau, pupilele din ochii tăi erau mărite, aşa cum n-am văzut vreodată. Doctorul s-a apropiat de tine şi, după două mângâieri fără tandreţe, a-nfipt acul seringii cu narcoza. Aşa cum te-ar lovi un trăznet ai căzut pe-o parte. Nu mai mieunai. Nu mai tremurai. Erai ca mort. Imaginea trupului tău ca şi lipsit de viaţă, zăcând acolo pe albul nemilos al mesei, în conul de lumină orbitoare ce tăia de-a dreptul m-a tulburat nespus de mult. Am vrut să fug, să fug departe, să strig din răsputeri deznădejdea ce mă cuprinsese şi să-mi dau singur palme pe obraz pentru a-ţi fi pricinuit aşa ceva. M-am abţinut, desigur. Am apucat să văd cum doctorul se îndreptă din nou spre tine ţinând în mână un bisturiu lucios… Am închis ochii – n-am vrut şi n-am putut să văd şi asta… După o vreme am auzit vocea lui spunând cu aer de învingător: „Operaţia s-a sfârşit! Totul este în ordine!". Calvarul meu şi-al tău se terminase! Ce n-a ştiut doctorul este că atunci când a tăiat ceva din tine, cu acelaşi bisturiu lucios făcuse o rană în inima-mi plângândă. Am aşteptat trezirea ta ca pe o binecuvântare, ca pe o reîntoarcere la viaţa noastră atât de plină şi frumoasă. Târziu, pe când în minte încolţeau deja gândurile cele mai negre, s-a întâmplat, încet-încet, minunea: Ai deschis ochii, ai mieunat fără putere – erai încă buimac şi foarte obosit, dar, slavă Domnului, trăiai! Tu n-ai ştiut, n-ai fi putut în nici un chip să înţelegi sau să-ţi dai seama că de acum încolo o jumătate din tine, o jumătate din firea şi menirea ta, de la natură moştenită, nu mai era. Ţi-a fost răpită, furată, amputată cum se spune mai elegant în neamul meu de oameni. Ce bine-i câteodată, Gheruţă drag, să nu ştii tot… să nu-nţelegi… să nu-ţi dai seama… Ce bine!

Te-am făcut prea timpuriu orfan şi te-am însingurat, ţi-am răpit libertatea şi pe deasupra te-am mutilat, furându-ţi firea şi menirea ta adevărată. Să fie ăsta tâlcul privirilor tale atât de penetrante? Să fie un „De ce?" sfâşietor pe care mi l-ai adresa de ai putea vorbi în graiul meu? Mă consolam cu gândul că probabil tu nu pricepi sau simţi prea mult din toate loviturile pe care ţi le-am dat. Mă amăgeam că tot ce am făcut a fost spre a-ţi oferi o viaţă liniştită, o viaţă bună. Ce consolare vană! Ce amăgire falsă! Sufletul meu va rămâne pentru totdeauna încărcat de remuşcări, regrete şi durere pentru-a fi făcut ce ţi-am făcut. Să-ti spun, Gheruţă, pentru toate astea doar un „Iartă-mă, fiinţă dragă", e prea puţin… mult prea puţin!

E drept, ţi-am dăruit întreaga dragoste de care am fost în stare, dar ea n-a fost mai mult decât o mantie ce-a-nvăluit durerea – durerea ta, dar şi a mea… Învăluisem amândoi durerea în mantia duioasă a iubirii…

Aşa e, Gheruţă, cu iubirea şi durerea: ele se gonesc una pe alta, ca soarele şi luna. Pe când iubirea se iveşte, durerea se micşorează, fuge, câteodată chiar dispare; iar când iubirea se ofileşte, leşină sau se piere, durerea abia aşteaptă să revină, adeseori cu muşcătură şi mai tare. De-ai înţeles, să nu uiţi asta niciodată – s-ar putea să-ţi prindă bine în viaţă.

Tocmai de aceea îți spun: De se va întâmpla să plec înaintea ta într-acolo de unde nimeni nu se-ntoarce, de se va întâmpla așa și vei rămâne singur, fără ocrotire, dăruiește altora iubire, la fel cum ai făcut cu mine, căci doar astfel mai ai o șansă să-ți fie viața bună. Doar prin iubire poți să alungi durerea ce ne paște la fiecare pas pe noi toți cei ce trăim și încă n-am plecat.

Dar să fii atent, suflet bun, suflet curat, să fii cu ochii-n patru cui îi dăruiești iubirea ta. Căci nu toți oamenii vor ști să aprecieze și să înțeleagă darul tău de preț. Nu toți oamenii vor fi dispuși să-ți dea în schimb, la rândul lor, iubire, ocrotire și un culcuș mai bun.

Să nu cumva să te-ncrezi întotdeauna în fapta și în cuvântul omului. De multe ori ele sunt înșelătoare și pot ascunde-n ele ce nici nu bănuiești. Mai cu seamă în cuvântul omenesc este pitit pericol mare, căci el arată adesea ce nu este, iar ce este nu arată. Ca să îți spun pe înțelesul tău: cuvântul omului este un șoarece din pâslă – te amăgește, te păcălește și nu îți dă nimic din ce promite. Că oamenii apreciază și chiar iubesc fățărnicia cuvântului – care în sine nu înseamnă nimic și poate însemna chiar totul! –, că ei țes din pâslă de cuvânt delicii culturale bine lustruite ce îi îmbată până la extaz, să nu te intereseze… Lasă-i în plata lor! E jocul lor cu biluțe colorate sau cu perle doar din sticlă… Dar tu, să fii atent, să fii al dracului de-atent când ai de-a face cu vorbă omenească!

Și fapta semenilor mei nu rareori se schimbă; unei fapte bune, blânde, poate să-i urmeze în mod subit o altă faptă: rea, chiar dușmănoasă. Este de ajuns ca „bunul" om să se isterizeze – atunci se-ndepărtează de tot ce-nseamnă bine, cumpăt și rațiune. Se împătimește peste poate, strigă, țipă ca un sălbatic, lovește în dreapta și în stânga uitând de legi și de principii, uitând de ce înseamnă iubire, de promisiunile făcute, de datini și de obligații, uitând chiar și de mamă, de tată și prieteni și chiar de propria persoană. Istericul nu are nici un Dumnezeu, în afara ideii care l-a isterizat. El e periculos din cale-afară! Un politician în vârstă, din cei puțini ce sunt cu adevărat inteligenți, și-a exprimat îngrijorarea că mai toți oamenii pot deveni isterici! Este adevărat: sunt de ajuns câteva vorbe și idei cu șiretenie ticluite și oamenii – mai cu seamă când sunt mai mulți – sunt gata isterizați, sunt gata pentru orice, sunt în stare de a comite orice faptă…

Dar, Gheruţă drag, mi-e teamă că nu prea înţelegi toată povestea cu isteria şi cu isterizarea semenilor mei… Poate vei pricepe mai bine când îţi voi povesti un fapt ce s-a întâmplat cu-adevărat. Este un exemplu de lugubră celebritate: A fost cândva un personaj cu funcţie însemnată care şi-a întrebat poporul, încă dinainte de el însuşi isterizat, dacă oamenii doresc unt, ca să mănânce bine, sau tunuri, ca să lupte şi să acapareze şi mai mult. Cu toţii au răspuns cu-n singur glas: „Vrem tunuri". Şi li s-au dat… Şi isterizaţii au început război nemernic… Au tras cu tunuri şi alte arme nimicitoare împrăştiind moarte, pârjol şi durere nemăsurată prin toate neamurile vecine şi şi prin cele mai îndepărtate. Dar cei loviţi atât de crunt s-au adunat în deznădejdea lor şi au întors şi moartea şi pârjolul şi durerea cea nemăsurată în ţara celor ce nu au vrut unt, ci tunuri… Nenorocirea a fost una a lumii-ntregi şi nu există lacrimă pe-acest pământ care să o poată plânge atât cât se cuvine. Acum ai înţeles, Gheruţă, ce poate aduce isteria, mai cu seamă atunci când este colectivă? Nu te nelinişti! Pârjolul nu mai vine pe-aici pe unde locuim – sperăm cu toţii că lecţia crâncenă a fost probabil învăţată. Probabil…

Însă de însemnătate mare pentru tine şi semenii tăi, şi chiar şi pentru alte animale, este să ştiţi cu toţii că năravul omului de a se isteriza n-a dispărut cu totul. E de ajuns ca vreun profesor cu nume mai sonor să scrie într-un jurnal de trei parale că voi purtaţi bacterii rele şi viruşi din cei periculoşi care se pot transmite la om aducându-i boli cumplite, infecţii neiertătoare şi chiar moarte. Atunci frica se transformă în isterie care repede se năpusteşte asupra voastră. Istericii vor să scape de voi şi vă alungă, vă abandonează la marginea şoselei, dacă nu chiar vă omoară. Nici unul dintre cei isterizaţi nu se gândeşte o clipită că însuşi omul poartă bacterii cu duiumul, că-i mai murdar ca orice animal şi că posedă foarte des cel puţin doi viruşi din cei mai primejdioşi pe lumea asta: prostia şi răutatea… Cu toţii uită că spusele „domnului profesor cu nume mai sonor" sunt infirmate de realitate: omul moare de mână omenească de zeci de mii de ori mai des decât din cauza vreunui animal – de orice fel ar fi acesta! În ce priveşte neamul tău atât de blând, Gheruţă, n-am auzit vreodată că aţi fi adus vreunui om pieirea; el însă v-a adus-o de-atâtea ori… de-atâtea ori…

Omul este lacom. Lăcomia lui nu are margini și nici frâu. De îndată ce-a dobândit ceva ce și-a dorit, vrea și mai mult, mereu mai mult... rareori se mulțumește cu ce are. Spre deosebire de animale, când omul e sătul, îi este și mai tare foame. Pornește atunci o luptă acerbă, o luptă fără scrupule, fără morală – nimic nu mai respectă, nimic nu îi mai este sfânt în dorința lui de a avea! Această luptă a omului, care durează viața-ntreagă și deseori se-ntoarce chiar împotriva lui, nu este altceva decât o altă formă de isterie. Lăcomia fără de hotare și de sens *este* isterie! E drept: o isterie ceva mai liniștită – nu se strigă, nu se țipă ca un sălbatic –, o isterie „manierată", bine îmbrăcată și parfumată, ai cărei principali actori arată des chiar și un zâmbet pe care îl cred a fi prietenos. O isterie „distilată", nu ca aceea pe care-o întâlnești prin cârciumi și pe străzi. Nenorocirea și jalea sunt mari când vreunul ce stă la pupitrul de comandă al isteriei globale întrezărește în cineva sau în ceva o sursă de câștig. Protagonistul manierat și bine parfumat îi momește pe oameni promițându-le avere și deseori le dă în schimb doar sărăcie și chiar foame. Iar când prinții negri ai lăcomiei văd în voi, în animale, posibilitate de câștig, începe chiar un genocid. Slugile lor, și ele cuprinse de isterie, vă vânează în tot locul, și mici și mari, pentru pielea, blana sau pentru carnea voastră. Vă omoară în mod bestial, așa cum numai în infern ar fi posibil. Nici măcar cei mari și cei puternici nu scapă: crocodili, tigri, rechini și elefanți sunt sacrificați și transformați și ei în bani din dragul isterizat pentru câștig. În fața lăcomiei omenești nu aveți nici unul dintre voi vreo șansă! ...nici unul...

Deși există multe opere și fapte de-ale omului de rară frumusețe și demne de-admirat, mi se întâmplă câteodată, în seri târzii de gând și meditație, să-mi amintesc ce fac oamenii din lăcomie cu voi, animale și mici și mari, să-mi amintesc și de război, de cât de des își omoară omul semenii, chiar și părinții sau copiii, de câte ori jignește și lovește omul în fel și chip... Atunci își face loc în cugetul dezamăgit ideea grea ca plumbul, ideea cea mai rea: anume că mi-e rușine că sunt un om...

Gheruță, ființă mult iubită, ți-am spus toate astea ca să știi cum să te aperi de unii oameni când vei rămâne singur, de eu voi fi plecat într-acolo de unde nimeni nu se-ntoarce.

***

Dar, Doamne... sunt, din păcate, un om... doar un om... Şi cum nimic din ce-i uman nu mi-e străin, din timp în timp mă atinge, da!, mă loveşte şi raţiunea. Această bestie umană – atât de umană!... – ştie prea bine să alunge, să distrugă visul, de multe ori mult mai frumos decât realitatea! Severa raţiune-maşteră mă obligă acum să recunosc: Gheruţă nu a existat vreodată! ...şi tot ce-am scris, am gândit şi am simţit până acum este sortit a deveni cenuşă! De ce oare suntem capabili să ne omorâm visurile? De ce ne este dat atât de rar să visăm chiar până la sfârşit? De ce? Raţiune!, de ce aduci de-atâtea ori decepţie?

Micuţa vietate, atât de mult iubită, a fost doar o plămadă a minţii mele însingurate şi a inimii tânjind după iubire. Ea n-a avut dreptul să fie realitate, căci nu sunt chiar stăpân atotputernic pe viaţa mea – depind de alţii... Gheruţă le-a fost visurilor mele tată şi-n acelaşi timp copil; iar dorurile mi le-a legănat şi alinat – el a fost doica blândă a dorurilor mele, o viaţă-ntreagă neîmplinite de vreo fiinţă omenească.

Să-i mulţumesc himerei pentru asta, sau mie însumi, pentru a fi reuşit s-o inventez? Nu! Nu e loc de mulţumiri. Ar fi banal şi chiar stupid. Din toată această deznădăjduită poveste de dragoste se iveşte doar o obligaţie:

Gheruţă, de te vei naşte cândva cu-adevărat şi eu voi fi deja plecat în dincolo, să ştii şi să nu uiţi că acolo, sus în ceruri, voi aranja cu Bunul Dumnezeu să vă dăruiască vouă, animale mici şi mari, o stea din cele atât de multe de pe bolta cea măreaţă. Să dai de veste necontenit la toate animalele că de-odată ce vor pleca din lumea asta rea şi duşmănoasă, vor ajunge pe steaua cea strălucitoare. Acolo va fi raiul vostru, unde nici un picior de om nu va călca. Acolo veţi trăi cu toţii în veci, în plină siguranţă şi după legi ce sunt doar ale voastre. Să le mai spui la toţi că-n oră grea şi de primejdie mare e bine să se uite-n sus, la steaua minunată, spre a se consola puţin şi a-şi alina întrucâtva frica şi groaza pricinuită de unii oameni. Mai cu seamă cele mai oropsite dintre animale, ce-şi lasă viaţa cu miile în abatoarele apo-calipsei, ar fi bine să privească în clipa de pe urmă la steaua dăruită.

Voi veni şi eu o dată, doar o singură dată şi numai pentru câteva minute, pe steaua voastră. Îţi voi aduce ţie, Gheruţă mult iubit, o bocceluţă mică şi bine închisă. Te rog încă de pe-acum să o îngropi pe-o pajişte frumoasă şi însorită. Căci locul ei nu poate fi decât acolo, lângă voi, pe steaua aceea atât de luminoasă. Nu e nevoie să povestești la alții despre strania bocceluță. Tu însă poți și trebuie să știi că-n ea se află dorul meu mumificat...

Am sfârșit acest text azi, 16 august 2014. Trebuie să mărturisesc faptul că pe parcursul lucrului m-a urmărit de câteva ori gândul că aceste rânduri s-ar putea să fie ultimele pe care le scriu. Poate va fi așa sau poate nu... Nu știu nici eu... Dar gravitatea și greutatea stării de bază a acestor rânduri corespund exact stării mele interioare! Nu am mințit niciodată în vreun text de-al meu.

CUPRINS

—— **xxx** ——

Notiţe